本书受河北省青年拔尖人才项目“数字政府的信息服务质量与规范研究”资助出版

Research on Public Knowledge Communication in the Open-content Web

内容开放式平台中的知识传播研究

陈则谦◎著

科学出版社
北京

内 容 简 介

内容开放式平台是网络环境下实现知识传播的重要途径。它通过搭建网络平台，为知识的传播与共享活动提供虚拟空间、运行机制和管理支持。

本书分析了知识传播活动的三类参与者及其行为，采用“动机-行为”分析框架，借助MOA框架设定了影响知识传播活动不同参与者及其行为的动力要素模型。同时，在系统理论和非营利组织理论的基础上，以“组织-环境”为分析框架，设定了影响内容开放式平台提供方的动力要素模型。通过对实证分析结果的解释，发现了两个模型之间的关联，在此基础上建构了知识传播动力机制的综合模型，阐述了知识传播动力机制在我国运行的政策环境。

本书可供互联网公司、政府机构及相关研究人员，以及信息管理领域的高校教师及研究生参阅。

图书在版编目（CIP）数据

内容开放式平台中的知识传播研究 / 陈则谦著．—北京：科学出版社，2019.12

ISBN 978-7-03-063693-5

Ⅰ.①内…　Ⅱ.①陈…　Ⅲ.①知识传播-研究　Ⅳ.①G2

中国版本图书馆CIP数据核字（2019）第281595号

责任编辑：付 艳 苏利德 高丽丽 / 责任校对：韩 杨

责任印制：李 彤 / 封面设计：润一文化

编辑部电话：010-64033934

E-mail：edu_psy@mail.sciencep.com

科学出版社 出版

北京东黄城根北街16号

邮政编码：100717

http：//www.sciencep.com

北京中科印刷有限公司印刷

科学出版社发行　各地新华书店经销

*

2019年12月第 一 版　开本：720×1000　B5

2019年12月第一次印刷　印张：14 1/4

字数：235 000

定价：88.00元

（如有印装质量问题，我社负责调换）

前　言

公共知识是人类以一定的符号系统记录在相关载体上的能够被明确表达、被特定社会范围内所有成员公开获取并有较少使用限制的知识。知识传播活动是经由不同类型主体之间的交互行为所形成的知识的生成、传播与接收行为的总称。知识的价值需要通过传播与利用活动加以转化。知识传播是一种具有开放性和公益性的社会活动，可以将特定社会环境中的个体、群体、组织与社会紧密联系起来，使得知识交流活动制度化、规范化和有序化，在推动知识传播与共享最大化的同时，还能够促进知识的社会化，提升社会成员拥有知识的水平，保持知识积累在时空意义上的延续性。

自由软件和内容开放运动促进了知识的生成和交流模式的发展。基于共同兴趣的交互式知识生成与共享是互联网技术的发展与人类协作、共享精神相结合的产物，它确立了全新的内容生成与传播方式，也直接推动了公共知识传播活动在互联网空间的产生与发展。基于互联网所诞生的网络百科全书、科普网站、知识问答社区、开放获取项目等都是知识传播活动在网络空间的具体表现形式。

动力是推动事物发展的力量，具体表现为影响事物产生与发展的各类内部和外部的要素。无论是人的活动还是组织的运作，都需要动力的激发与维持。知识的传播与共享也不例外。

网络空间的知识传播活动在很大程度上具有公共物品的属性特征，使得传播与共享活动在资金、制度、人员、技术等诸多方面存在着不确定性，对其可持续性发展造成了现实和潜在的威胁。尽管已经有部分学者开始关注这方面的问题，但是其研究路径和研究结论都有一定的局限性，无法系统、全面地反映关于知识传播活动的动力要素以及动力要素之间的关联，以至于通过现有研究我们仍无法窥见维持知识传播活动的动力机制的全貌。

因此，研究知识传播活动的参与者究竟是出于何种原因愿意无偿地贡献自己的时间、精力和知识，致力于公共性的知识生成与传播活动；研究在互联网空间里开展知识传播活动的各类动力要素与运作机理，以保障公共性的知识传播活动的可持续性发展，是一项有理论意义和现实意义的研究活动。

本书的目的是通过分析内容开放式平台中的知识传播活动，探索影响网络空间知识传播活动的动力要素、动力要素间的关联与组合方式，以及知识传播与共享动力机制的运行条件和政策环境，主要内容包括四个方面。

1）对公共知识的研究。公共知识是本书的逻辑起点。目前，对于公共知识相关问题的研究呈散点状分布在不同学科和不同的研究主题之下，表述方式和内容的差异都比较大。本书通过归纳和总结，对公共知识的概念、特征、作用及其传播活动进行准确和清晰的描述。

2）对知识传播活动和内容开放式平台的研究。网络环境下的知识传播活动具有新的特征。内容开放式平台是本书提出的新概念，也是一种在网络空间开展知识传播活动的新形态。本书对内容开放式平台的性质、特征、结构、运行原理以及知识传播活动等方面进行了系统分析，形成了整体性认识。

3）对知识传播活动的动力要素和动力模型的研究。模型分析是在研究知识的传播、转移、共享相关问题时的常用方法。模型分析不仅能够用来分析各类动力要素，也能够用来设定动力要素之间的关联与组合方式。本书基于内容开放式平台，分析知识传播活动参与主体的不同行为，在系统理论和人性假设的基础上构建其行为动力模型，通过制作量表和调查问卷，确认模型中影响参与者行为的动力因素。

4）对知识传播活动动力机制的研究。在实证分析结果的基础上探索模型之间以及模型要素之间的关联，进一步阐述知识传播活动的动力机制问题，并依据相关的研究内容提出保障其动力机制有效运行的基本条件与政策环境。

这是笔者的第一本学术专著，主要观点和内容来自笔者的博士论文，虽然增补了些许内容，但是受研究能力和时间所限，有些问题尚未解决，不足之处请各位读者朋友多包涵。

衷心感谢关家麟、赖茂生和周晓英三位老师，他们是我学业和人生的导师，曾给予我莫大的帮助。感谢我的家人、朋友和同事，感谢所有关心我、帮助我，教我懂得去爱和成长的人们。

感谢各位编辑为本书出版付出的辛劳。

感谢每一个翻开这本书的人。

陈则谦

2018年12月

于河北大学毓秀园

目　　录

前言

第 1 章　绪论……1

1.1　网络环境下知识传播问题的产生……2

1.2　国内外知识传播研究成果概述……8

1.3　网络环境下知识传播的研究价值……18

1.4　本章小结……19

第 2 章　知识传播的基本问题与相关理论……21

2.1　公共物品理论与公共知识……22

2.2　传播学的过程理论与公共知识传播……30

2.3　其他相关理论……35

2.4　本章小结……40

第 3 章　内容开放式平台中的知识传播……43

3.1　内容开放式平台的概念与特征……44

3.2　内容开放式平台与知识传播之间的关系……45

3.3　内容开放式平台的结构与运作机理……46

3.4 内容开放式平台的主要类型……49
3.5 内容开放式平台的实践形式……51
3.6 内容开放式平台中的知识传播要素……69
3.7 本章小结……72
第 4 章 内容开放式平台中的知识传播动力模型……73
4.1 对知识传播动力机制的解释……74
4.2 知识传播的参与者行为分析……75
4.3 知识传播参与者的人性假设……78
4.4 MOA 框架的一般形式及其核心概念……83
4.5 基于 MOA 框架的公共知识传播的动力要素模型……89
4.6 平台提供方的动力要素模型……109
4.7 本章小结……113
第 5 章 知识传播活动的动力要素模型的验证……115
5.1 问卷编制与调查……116
5.2 问卷的信、效度检验……120
5.3 问卷的验证性因素分析……129
5.4 对公共知识传播动力要素模型检验结果的分析……134
5.5 对平台提供方动力要素模型的数据分析与结果讨论……139
5.6 本章小结……143
第 6 章 知识传播的动力机制与运行条件……145
6.1 知识传播活动动力机制的综合模型……146
6.2 知识传播动力机制的运行条件……150

6.3 保障知识传播活动的动力机制有效运行的建议 157
6.4 本章小结 159
第 7 章 知识传播动力机制运行的政策环境 161
7.1 对非营利组织的管理 163
7.2 对网络空间的治理 169
7.3 税收优惠与立法 180
7.4 政府资助 183
7.5 公益精神与志愿者 184
7.6 本章小结 189
参考文献 191
附录 199

图 目 录

图 2-1 传统型知识传播过程 33
图 2-2 基于互联网的知识传播过程 33
图 3-1 内容开放式平台的结构图 47
图 4-1 公共知识传播的参与者及其行为 78
图 4-2 MOA 框架的一般形式 85
图 4-3 知识传播的动力要素模型的基本假设 89
图 4-4 管理支持行为动力要素的模型假设 95
图 4-5 知识获取行为动力要素的模型假设 100
图 4-6 知识贡献行为动力要素的模型假设 108
图 4-7 平台提供方的动力要素模型假设 112
图 5-1 知识获取行为动力要素模型的路径分析 130
图 5-2 知识贡献行为动力要素模型的路径分析 131
图 5-3 管理支持行为动力要素模型的路径分析 132
图 5-4 知识传播活动的微观动力要素模型 139
图 5-5 影响平台方提供方行为的动力要素模型 141
图 6-1 平台提供方的动力要素模型与知识传播微观动力要素模型的关系 147
图 6-2 平台提供方动力要素与行为动力要素的关系 148
图 6-3 知识传播动力机制的运行条件 150

表 目 录

表 1.1　知识传播动机类型、组成因素及理论依据……10
表 5.1　知识获取行为动力问卷的样本特征描述……117
表 5.2　知识贡献行为动力问卷的样本特征描述……118
表 5.3　管理支持行为动力问卷的样本特征描述……119
表 5.4　问卷的可靠性统计……122
表 5.5　问卷的 KMO 和 Bartlett 球形检验……122
表 5.6　知识获取行为动力问卷因子分析解释的总方差……123
表 5.7　知识贡献行为动力问卷因子分析解释的总方差……123
表 5.8　管理支持行为动力问卷因子分析解释的总方差……123
表 5.9　知识获取行为动力问卷因子分析的旋转成分矩阵（N=152）……124
表 5.10　知识贡献行为动力问卷因子分析的旋转成分矩阵（N=91）……125
表 5.11　管理支持行为动力问卷因子分析的旋转成分矩阵（N=61）……126
表 5.12　问卷各维度内部的信度与效度检验……128
表 5.13　各模型的拟合度指标测量结果……129
表 5.14　知识获取行为模型假设检验结果……133
表 5.15　知识贡献行为模型假设检验结果……133
表 5.16　管理支持行为模型假设检验结果……134
表 5.17　各模型的实际影响因素……138
表 5.18　不同主体对影响平台提供方外部动力因素的认知结果……139
表 7.1　网络环境下知识传播活动的部分相关政策法规……162

第 1 章

绪　论

知识共享是真正的知识社会的拱顶石。[①]共享知识不能像分配战利品一样，把知识作为一个整体分发下去；也不能简化为每个人仅仅凭借掌握一部分知识或技能占据了某一专业或专长领域。新的知识如果不是在以前知识的基础上萌发，就是在否定以前知识的基础上诞生。知识的进步需要人的合作才能完成。

在网络环境下，共享精神与开放性和好奇心相互伴生，知识在个体或者群体之间交换和共享的可能性被无限放大。环境的变化为知识的普遍获取与共享提供了有利条件。我们有理由设想，在知识社会中，人们不仅可以通过竞争甚至是必要的争夺模式来丰富自身的知识和提高自身的能力，还可以遵循一种为共同利益展开合作甚至是无私奉献的精神来完成知识的生成与共享。内容开放式平台的出现，为我们认识知识的传播与共享问题，提供了新的机会。

1.1 网络环境下知识传播问题的产生

1.1.1 基于互联网的新型知识传播与共享方式的出现

互联网的诞生和发展是人类历史上的一次革命性变化，深刻地影响着社会的各个领域。Web 2.0 是互联网发展的新阶段，是一系列新型互联网应用技术的统称，同时也代表了一种新的互联网传播理念，通过以用户为中心的网络应用促

① 联合国教育、科学及文化组织 . 从信息社会迈向知识社会：建设知识共享的二十一世纪 . http://www.un.org/chinese/esa/education/knowledgesociety/intro.html [2018-07-13].

进人与人之间的信息交换与协同合作。

Web 2.0 包含了我们经常使用的服务，如博客、维基百科、社交网络等，它使人与互联网融为一体。对于个人来说，网络不仅仅是一个海量的知识仓库，而且是建立直接或间接关系的协作共享平台，个人不再是置身于互联网之外的个体，而是通过具有很强身份标识作用的网络节点将不同的个体在网络中进行连接，并且通过“自链 / 他链”进行群体类聚，形成以人为中心的具有不同主题内容的知识生成社群。不同功能、不同性质社群中的各个成员既是知识内容的使用者又是创造者，他们参与其中，主动维护和分享自己的知识，并从其他成员那里分享更多的知识。因此，Web 2.0 环境下的知识拥有者不再是一个单一的小群体，而是一个能够创造知识、传播知识并推动知识传播的复杂群体；创造知识也不再是少数人的事情，大多数知识拥有者都可参与知识的生产和传播。这一变化使得知识的生成、传播与接收之间的运转更为流畅，发展更加平稳和高效，消除了传统环境下知识传播与共享的瓶颈和障碍，同时也使知识的运行环节和机制发生了新的变化。

获取知识的手段多种多样是网络社会的一大特点。这种多样性与两种垄断的终结有关：一种是学校的垄断；另一种是书籍的垄断。Web 2.0 技术的广泛运用，打破了传统静态的知识传播环境，为多路径、多元化的知识传播与获取提供了可能。正如 Kovacs 所总结的，互联网至少给知识传播带来四项益处：可检索到大量的非正式传播的知识；迅速地与知识传播者进行沟通；无限扩大知识传播的受众范围；及时发现与自己有同样兴趣的知识传播者并与之合作。①

网络化社会倾向于向非常自由的合作组织模式提供便利，在此类模式中，由网络结构本身创建对共享过程进行集体控制的条件。②新的开放式传播与共享理念的产生，以及随之而来的交易成本的降低，使得基于互联网的知识传播活动从同一个群体内部的交流和合作开始，扩展到不同群体之间的合作，到最后形成了大规模的协作式知识生成与传播，其中较为知名的是建立在 Wiki 技术基础之上的维基百科和互动百科等网络百科全书。此外，基于用户生成内容的方式提供服务的社区网络、视频分享网络、照片分享网络、知识分享网络，以及近年来非

① Kovacs D K, Robinson K L, Dixon J. Scholarly e-conferences on the academic networks: How library and information science professional use them. Journal of the American Society for Information Science, 1995, 46(4): 244-253.

② 朱诗勇 . 知识经济的哲学意义 . 学理论，2009（9）：39-40.

常火爆的微博等，都可以看作是对这种新型知识生成与传播方式的具体应用。

新型的知识传播与共享方式在方便互联网用户进行知识的生产、传播、获取和利用的同时，也在一定程度上导致出现了日益严重的网络知识侵权现象。这些现象的出现，一方面是由于互联网的开放式传播使得以数字化形式存在的知识作品的著作权难以从技术层面得到有效控制，著作权人的各项权利得不到有效保护；另一方面也反映出现有的知识产权制度存在着一定的局限性，无法适应网络环境下知识的广泛传播与自由共享的要求，难以实现个人利益与公共利益之间新的平衡。

1.1.2 内容开放运动及其对知识传播与共享的影响

知识产权制度是一种“垄断”制度，从其产生之初就意味着知识产权的专有和垄断地位的建立。不可否认，知识产权制度在保护个体智力劳动成果、激励创新、促进社会和技术进步方面具有重要的推动作用，但是随着社会的发展，越来越多的人开始意识到传统的知识产权制度在网络化和数字化环境下的局限性，他们在以“开放”为核心理念的驱动下，积极探索和尝试有利于知识的快速传播与共享的举措，并发起了全球性的“开放”运动。

Stallman 是美国自由软件运动的精神领袖、GNU 计划[①] 以及自由软件基金会（Free Software Foundation，FSF）的创立者，他最大的影响是发起了自由软件（free software）运动，并为其建立了道德、政治以及法律框架。

自由软件运动也称为开源软件运动。自由软件并不是指软件的免费使用，而是指用户运行、拷贝、研究、改进软件的自由。为了将自由软件运用到实践中，Stallman 发展出了通用公共许可证（general public license，GPL），使用者有权为了任何目的运行在 GPL 协议下的软件程序，并获得源代码，从而对该软件进行复制、传播和改进。使用者在发布源代码和进行一切派生工作时，不收费、不附加其他条款，且必须附带 GPL 条款。为了突出 GPL 与传统商业软件的不同，Stallman 将这种授权方式称为内容授权（copyleft）。GPL 通过“copyleft”的方法，使原作品的衍生作品也成为自由软件，即采用 GPL 授权的作品虽然允许他人改

① GNU 计划（GNU Project），又译为“革奴计划”，GNU 是“GNU's Not Unix”的递归缩写。更多内容参见：http://www.gnu.org/。

动，但 GPL 要求衍生作品的著作权人也选择 GPL 作为该衍生作品的授权方式，这就是所谓的自由软件的自由理念。① 其本质是通过订立契约来变更和调整知识产权的权利人与使用者之间的权利与义务。② 其目的是在不否定版权（copyright）制度的前提下，使版权材料更多地用于共享而不是牟利。

自由软件运动的兴起催生了开放内容运动。开放内容运动产生的主要原因是在网络环境下数字作品的版权问题在传统的知识产权框架内无法得到合理、有效的解决。一方面，知识内容生产者在权益网络环境下得不到有效保护，另一方面，大量的知识内容在既有知识产权制度的约束下得不到有效传播和利用。

Wiley 于 1998 年使用了"开放内容"（open content）一词③，指的是采用开放内容授权或其他类似授权的知识作品。之后用来泛指任何在比较宽松的版权协议下发布的知识作品，其特征是版权人保留部分权利而非全部权利。这类作品允许任何第三方在不受传统版权较为严格限制的情况下自由地复制。有些作品还允许第三方不受限制地对原作品进行修改或再发布。

就像开放源代码软件有时被称为"自由软件"一样，开放内容材料有时也被称为"自由材料"（free material）或"自由文档"（free documentation）。目前，国际上比较有影响的内容开放项目很多，如古腾堡计划（project Gutenberg，PG）、Linux 文档计划（Linux documentation project，LDP）、麻省理工学院开放课件（MIT OpenCourseWare，MIT OCW）、开放音乐注册表（open music registry，OMR）、维基百科、公共科学图书馆（public library of science，PLOS）等。而常见的开放内容授权协议包括"革奴"自由文档许可证（GNU free documentation license，GFDL）、开放出版物许可证（open publication license，OPL）、开放内容许可证（open content license，OCL）、知识共享协议证（creative commons license，CCL）。

知识共享（creative commons，CC）既指一个组织，也是一种由该组织倡导的知识授权协议。知识共享是由美国哈佛大学教授 Lessig 发起、成立于 2001 年的非营利性机构。该机构向艺术家以及其他创作者免费提供知识共享许可协议，帮助他们标识自己作品的权利状态及其所赋予使用者使用的条件，倡导灵活的"保留一些权利"的著作权利用模式，对受著作权保护的内容进行合法的分享

① 范俪．数字版权语境下的知识共享许可协议研究．西南政法大学硕士学位论文，2011：9.

② 张平，马骁．共享智慧——开源软件知识产权问题解析．北京：北京大学出版社，2005：57.

③ 百度百科．开放内容．http://baike.baidu.com/item/ 开放内容 /15662071?fr=aladdin[2019-09-06].

与使用，希望通过“私人的权利来创造公共的资源”。2002年，知识共享组织发布了第一版“CC”协议。它所针对的是网络环境下除软件以外的各种数字作品，是一种基于OCL、类似于自由软件授权模式的数字作品授权方式。知识共享的目标不只在于增加可供公众“免费”使用的网站、学术、音乐、影片、摄影、文学、教材等在线资源，更重要的是，使这些在线资源容易被公众获取，让公众能够以特定的方式自由运用这些作品进行商业或非商业的再创作。

开放内容运动的兴起，为解决网络环境下知识传播活动中所广泛涉及的知识内容的权利问题提供了合理、有效的框架和依据。包括“CC”协议在内的一系列开放内容协议的出现及广泛应用，使得之前基本处于无序状态的互联网知识传播活动受到了约束和规范，既保护了知识生产者的合法与合理的权益，维持了他们通过互联网生产并传播知识的热情，又使得知识在既有知识产权框架体系内得到最大程度的公共积累与传播，为知识获取者快速获取和利用知识提供了更多的机会和便利，在一定程度上实现了个人利益与公共利益之间的平衡。

1.1.3 情报学研究的知识化趋势

情报学是一门组织及利用信息和知识的学科。情报理论的产生与发展源于情报活动的实践，并随实践活动的发展而变化。在知识经济时代，情报理论知识化发展的特点也更加鲜明和突出。

有研究者通过分析我国改革开放以来的情报学研究现状发现，20世纪90年代后期，情报学界开始关注知识的传播、处理与利用，并从知识的组织、获取、管理等视角进行研究，对知识的组织、管理、创新等领域的研究热度上升，情报学研究进入了“知识观”时代。①情报的知识性已经得到了广泛的认同，情报学研究的知识化趋势也日益明显。

情报学研究的知识化趋势是指情报学研究从文献层次向知识层次的深化、演进与发展②，这种趋势的构想可以追溯到布鲁克斯的“知识地图”思想、斯·科·森的“情报基因”理论①以及刘植惠的知识基因理论等，以上学者认为知识经济的兴起及其对人类社会的影响以及现代信息技术在图书情报部门、知识管理

① 邱均平，杨思洛，周春雷．改革开放30年来我国情报学研究论文的作者分析．图书情报知识，2009，28(4)：626-633；陈颖．十年来情报学的发展及其哲学思考．情报杂志，2004，(11)：12-14.

② 肖勇．论基于知识的情报学发展．情报理论与实践，2004，27(2)：124-126.

领域的广泛应用，是推动21世纪情报理论研究知识化的两大直接原因。王知津和李德升[①]较早地对情报学的知识化研究趋势进行了分析与评价，他们认为情报活动已从经济、科技中走出来，融入社会各个领域中，它所研究的情报不仅仅是某一部门的知识，而是整个人类普遍的知识，情报交流已不再局限于科技情报，而更重视处理作为经济生产要素的知识。

情报理论以情报为研究对象，情报是激活了的、活化的知识，因此，情报学必然是基于知识之上的理论，是一种以知识为对象和中心的理论。[②]周晓英认为情报学是解决人类知识困境的学科，认为情报学的任务可以看作是让人们能有效地传播已积累的知识，不断吸收并应用新知识；通过信息的存储和检索，唤起人们对知识的记忆；通过对信息和知识的有效利用，推动人类社会、经济和科技进步。[③]情报学从开始至今所追求的目标一直都是：使人类正在增多的知识得到更为充分的利用。知识成为情报学的主要研究对象，知识化的研究倾向引发情报学产生了一系列的深刻变革，以知识为中心的学科体系正在形成，并在很大范围内进行重组和创新。[④]

当然，在对待情报学理论研究出现知识化倾向这个问题上，并非所有学者都持肯定的态度。彭泽华认为我国情报学理论研究的知识化倾向如果得不到遏制，那将会造成情报学价值观念的无序性、情报学理论研究成果的重复性，导致情报学理论的不可兼容性，并导致情报学理论研究中出现实用主义功利性思想。[⑤]

无论如何，当今情报学基础理论研究中，情报的知识属性已得到了普遍的认同。可以说对情报的研究，更深层次是对知识的研究。对于知识，无论是从其收集、组织、交流和传播来看，还是从其利用和决策支持来看，一开始就已是情报学研究的重要领域。[⑥]因此，以知识为核心对象和概念是情报学在今后发展过程中必须唤醒的基本理念。以知识为中心，以知识发现、知识挖掘、知识组织、

---

① 王知津，李德升．情报学的知识化趋势 // 张力治主编．情报学进展（第三卷）．北京：航空工业出版社，1999：31-52.

② 张艳鸣．论情报理论的知识化研究．图书情报工作，2005，49（11）：30-33.

③ 周晓英．情报学的形成与定位．情报资料工作，2006，（2）：5-10.

④ 贺德方等．数字时代情报学理论与实践——从信息服务走向知识服务．北京：科学技术文献出版社，2006：111-120.

⑤ 彭泽华．我国情报学理论研究中知识化倾向评析．情报科学，2005，（23）2：179-182.

⑥ 张艳鸣．论情报理论的知识化研究．图书情报工作，2005，49（11）：30-33.

知识管理、知识传播、知识共享、知识创新为主干的知识体系研究，成为情报学研究的主要内容及学科体系成长与发展的标志。

1.2 国内外知识传播研究成果概述

近年来，对于“知识传播”“知识共享”“知识转移”的研究，是企业管理、知识管理、教育管理和图书情报等学术研究领域的热点问题。笔者以“知识”“公共知识”为主题，并分别与“传播”“转移”“共享”“动机”“动力”“动力机制”等标题词组合，对国内（中国知网、维普网、万方数据库）和国外（Elsevier、SAGE、ProQuest、EBSCO、Emerald）较为常用的大型全文数据库进行了全面检索，得到的整体性认识是：国内外对于知识传播、知识共享和知识转移的研究论文数量非常多，在这三个主题中研究知识共享和知识转移的文献数量要明显多于研究知识传播的文献数量，这一结果可能与知识管理理论在企业管理中的盛行以及网络环境下社会各个领域对知识共享价值的关注有关。与此形成对照的是，无论是知识转移、知识传播还是知识共享，关注其动机的文献数量较多，而直接研究其动力和动力机制的文献数量偏少。

虽然公共知识目前还是一个未能获得学界广泛接受的具有严密界定的学术概念，但是对公共知识的研究已经在图书情报、技术创新和知识管理等领域相继展开。尽管直接以“公共知识”为研究对象的文献和成果数量不多，具体到公共知识传播的动力 / 动力机制的文献数量更少，但是与公共知识相关的研究的数量很多且内容非常庞杂。

1.2.1 关于知识传播与共享动力及动力机制的研究

基于数据库的检索结果，未发现直接以“公共知识传播的动力机制”为标题的文献。但是关于私人组织（企业、网络社区等）和公共组织（政府部门、图书馆、科研机构、学校等）在“知识传播”“知识转移”“知识共享”的动力和动力机制方面的研究成果，则可以反映出包括公共知识传播在内的以知识传播动力机制为主题的研究概貌。

1. 国内外关于知识传播与共享动机的研究

动机心理学家普遍认为动机具有动力的特征，而动力指的是动机能激发、维持、调节和支配行为的强度。动力在个体层面往往被界定为动机。动机是由目标或对象所引导、激发与维持的个体内在心理过程或内部动力。①动机是产生行为的动力来源之一，在作为动词时多被称作“激励”。知识传播动机的研究主要是对组织内部成员之间进行知识传播时的心理状态及其动力来源进行解释和验证。②

（1）国外关于知识传播与共享动机的研究

笔者通过对现有文献的分析，将这方面的研究划分为两个维度：一是基于内部/外部动机的研究；二是基于经济/非经济动机的研究。

Deci首次以内部动机和外部动机为依据对个体活动进行研究，认为与外部动机相比，内部动机可以保持个体活动的持续性。③Osterloh和Frey认为外部动机对显性知识的传播有一定的影响，而内部动机可以促进隐性知识的产生和传播。④Linderberg在内部/外部动机二分法的基础上，将内部动机划分为规范型（normative type）动机和享乐型（hedonic type）动机。⑤Lambermont-Ford和Lam将这种动机框架应用于知识传播的研究，发现两种类型的内部动机之间及其与外部动机之间相互作用对知识传播的意愿与行为的产生具有重要影响。⑥

内部动机源于社会规范和个人规范，外部动机源于奖励和惩罚。⑦内部动机对知识传播的影响非常大，而外部奖励（如奖金和认可）不能对传播知识的意

① Pintrich P R，Schunk D H. Motivation in Education: Theory, Research and Applications . London: Pearson Education, 1996:15.

② 陈则谦 . 知识传播动力机制研究的国内外文献综述 . 情报杂志，2011，30（3）：131-137.

③ Deci E L. Intrinsic Motivation. New York: Plenum Press, 1975: 5.

④ Osterloh M, Frey B. Motivation, knowledge transfer, and organizational forms. Organization Science, 2000, 11(5):538-550.

⑤ Lindenberg S. Intrinsic motivation in a new light. Kyklos, 2010, 54(2&3):317-342.

⑥ Lambermont-Ford J, Lam A. Knowledge sharing in organisational contexts: A motivation-based perspective. Journal of Knowledge Management, 2010, 14(1): 51-66.

⑦ Wei J C, Liu L, Francesco C A. A cognitive model of intra-organizational knowledge-sharing motivations in the view of cross-culture. International Journal of Information Management, 2010, 30(3): 220-230.

愿产生强烈而持久的影响。①知识传播需要信任和互惠，没有这两个条件，知识传播的意愿会被明显削弱。②Chennamaneni 把影响知识传播的外部动机归结为组织奖励、互惠的期望、赞誉和损害知识权力，把影响知识传播的内部动机归结为亲社会行为、利他主义、助人为乐和（促进）社会进步。③

文鹏和廖建桥把国外与知识传播相关的动机归结为经济动机、交往动机、认知动机和利他动机四个方面。④赵书松、廖剑桥和张可军对知识传播的经济动机与非经济动机的组成因素与理论依据进行了详细的划分，其结果如表 1.1 所示。⑤

表 1.1　知识传播动机类型、组成因素及理论依据

动机类型	组成因素	理论依据
经济动机	薪酬奖励	理性行为理论、经济交换理论、知识市场理论、外部动机理论
	货币报酬	
	预期货币报酬	
	感知的组织奖励	
	预期的组织报酬	
	联合报酬系统	
非经济动机	互惠	社会交换理论、外部动机理论
	成就感、工作责任、获得认可、工作自主权、晋升机会和工作、挑战性	激励理论
	社会交往、受人尊重和自我实现	
	获得承认的充分性	
	报酬公平性	
	自我效能感 / 自我价值感	社会认知理论、理性行为理论、外部动机 / 内部动机理论
	结果期望	
	预期关系；预期贡献	
	公平、创新和归属感	
	利他心理、助人为乐感	个性特质理论
	所有权优势地位	社会交换理论

① Lin H F. Effects of extrinsic and intrinsic motivation on employee knowledge-sharing intentions. Journal of Information Science, 2007,33(2): 135-149.

② Scott J E. Facilitating interorganizational learning with information technology. Journal of Management Information Systems, 2000, 17(2): 81-113.

③ Chennamaneni A. Determinants of knowledge sharing behaviors: Developing and testing an integrated theoretical model. The University of Texas,Doctoral dissertation, 2006: 91-101.

④ 文鹏，廖建桥 . 国外知识共享动机研究述评 . 科学学与科学技术管理，2008，29（11）：92-96.

⑤ 赵书松，廖剑桥，张可军 . 个体知识共享动机：国外研究综述与本土化的理论拓展 . 情报杂志，2010，29(1)：114-122.

（2）国内关于知识传播与共享动机的研究

国内的有关研究从理论到方法基本沿用了国外的研究模式，在具体的研究设计上依据本土实践有所差别。激励个人传播知识最主要的心理动机是成就感，激励个人吸收知识的心理动机主要是对工作挑战性的追求；组织归属感与个体的知识传播和知识吸收均显著相关。[①]李涛、谢伟和徐彦武发现，只有成就感、责任心和工作挑战性等激励因素对知识传播质量具有显著影响。[②]肖小勇和李自如认为知识传播效率不但与被传播知识的特性密切相关，而且与知识源、知识接受者传播知识的动机有很大的关系，传播不同特征的知识需要不同的传播动机。[③]唐炎华和石金涛认为中国企业知识员工的知识传播动机由情感动机、成就动机、兴趣动机和利益动机四个维度组成，四类动机对中国知识型员工知识传播行为的作用强度依次递减。[④]邓灵斌、罗贤春和刘海红提出知识传播的动机由内驱力和外推力共同组成。组织情感、兴趣爱好、互惠互利、声誉、个人成就感是知识传播的内在驱动力。知识接受成本的需要和社会知识传播的需要是知识传播的外推力。[⑤]张大为和汪克夷认为互惠、声誉、自我实现的需要以及组织承诺和期望产出等外在诱因是知识源转移知识的主要动机。[⑥]

2. 国内外关于知识传播与共享动力机制的研究

“动力”与除动机之外的更多因素之间存在紧密相关性。知识传播的动力机制实质上是知识系统内部动力要素结构以及这些要素与系统外部环境之间的交互条件。对知识传播动力机制的研究，涉及个体因素、组织因素、社会因素等诸多方面的问题。本书主要从管理学、传播学和系统理论的视角对现有的研究进行概括。[⑦]

（1）基于管理学、传播学的视角

国内外关于知识传播与共享动力机制的相关研究大多基于这一视角展开。

---

① 李涛，王兵．我国知识工作者组织内知识共享问题的研究．南开管理评论，2003，6（5）：16-19.

② 李涛，谢伟，徐彦武．基于信息技术的组织内知识共享动机的研究．情报学报，2004，23（3）：275-281.

③ 肖小勇，李自如．基于知识特性与转移动机的知识转移机制研究．社会主义研究，2005，（2）：111-114.

④ 唐炎华，石金涛．我国知识型员工知识转移的动机实证研究．管理工程学报，2007，21（1）：29-35.

⑤ 邓灵斌，罗贤春，刘海红．社会关系中的知识转移动因研究．情报理论与实践，2009，32（3）：22-24.

⑥ 张大为，汪克夷．知识转移研究述评与展望．科技进步与对策，2009，26（19）：196-200.

⑦ 陈则谦．知识传播动力机制研究的国内外文献综述．情报杂志，2011，30（3）：131-137.

这方面的研究以传播学、管理学和社会学的相关理论和方法为依据，以组织的管理、效率和竞争优势为落脚点，对组织内部/外部开展知识传播与共享的各种推动因素（motivator/facilitator）和阻碍因素（barrier/obstacle）进行系统的分析。这方面的研究成果可归结为三类。

第一类，在知识分类的基础上探讨不同类型的知识之间如何实现转化的问题。这类研究始于 Polani、Nonaka、Prusak 和 Hansen 等对于知识类型的划分。其中，以日本学者 Nonaka 和 Takeuchi 创立的 SECI（socialization，externalization，combination，internalization，SECI）知识转化模型对此问题的研究最为深入，影响也最为广泛。另有研究者基于技术和个人两个维度将知识传播的方式归结为编码化（技术维度）和个人化（社会维度）。①

第二类，探讨影响组织知识传播与共享的各类要素。Chennamaneni 认为导致知识传播行为的发生有两类决定因素：基于心理-社会-技术的决定因素和基于行为的决定因素。前者包括组织激励、互惠收益、地位提升、乐于助人、组织氛围、工具和技术等；后者包括知识共享的态度、主观规范和行为控制。② Chang 和 Chuang 的研究发现，利他主义、身份认同、互惠和共同语言对知识传播具有明显的积极作用；信誉、社会交往、信任对知识传播的"质"（quality）而非"量"（quantity）具有积极影响。③ Wang 和 Noe 将前人对影响知识传播要素的研究归结为环境、个体和动机三个维度，三个维度中的各个要素通过直接或间接的关联对知识传播的意图产生影响，并最终导致知识传播行为的发生。④

第三类，重点探讨组织知识传播与共享的各类障碍。Rosen、Furst 和 Blackburn 认为知识传播与共享的障碍主要包括对建立信任关系的约束、时间限制和期限压力、知识共享的技术限制、团队领导对知识共享的限制、交互记忆系统开发失败、知识共享的文化限制⑤。Barson 等把组织之间和组织内部影响知识

① Hansen M T, Nohria N, Tierney T. What's your strategy for managing knowledge?Harvard Business Review, 1999,77(2): 106-116; Kasvi J J, Vartiainen M, Hailikari M. Managing knowledge and knowledge competencies in projects and project organizations. International Journal of Project Management, 2003, (21)8: 571-82.

② Chennamaneni A. Determinants of knowledge sharing behaviors: Developing and testing an integrated theoretical model.The University of Texas,Doctoral dissertation, 2006:45-46.

③ Chang H H, Chuang S S. Social capital and individual motivations on knowledge sharing: Participant involvement as a moderator. Information & Management, 2011, 48(1): 9-18.

④ Wang S, Noe R A. Knowledge sharing: A review and directions for future research. Human Resource Management Review, 2010,20(2): 115-131.

⑤ Rosen B, Furst S, Blackburn R. Overcoming barriers to knowledge sharing in virtual teams. Organizational Dynamics, 2007, 36(3): 259-273.

传播与共享的障碍归结为个人、组织和技术三个维度。[①] 曾永刚等认为没有良好的环境平台、没有良好的物质技术系统平台、组织文化制度和价值观障碍、激励机制不完善、组织结构不合理、缺乏交流场所或社区、知识主体障碍和知识本身的特性是影响组织员工传播与共享知识的主要因素。[②]

（2）基于系统理论的视角

社会网络可以促进知识的传播。[③] 社会邻近度（social proximity）和潜在知识的复杂性对知识传播与共享的影响显著。[④] 社会网络结构影响知识的传播[⑤]，社会网络中的相互信任能够有效地促进知识的流动，网络中的弱联结（weak tie）有利于显性知识的传播，而强联结（strong tie）则为隐性知识的传播提供了条件。[⑥]

Hai 和 Guo 认为邻近性维度（proximity dimension）是促进知识传播的重要手段。[⑦] 在此基础上，Knoben 和 Oerlemans 区分了七种不同的邻近性维度：地理的、组织的、文化的、制度的、认知的、技术的和社会的。[⑧] Dangelico 等基于由知识、邻近性和企业集聚过程产生的复杂动力学现象，采用系统动力模型对这一问题进行了分析，结果表明认知邻近性和组织邻近性的增强会促进知识的传播。[⑨]

国内学者从系统论的视角出发，认为知识传播的动力既来自系统内各要素及其相互作用，也来自外部环境对它的作用。邓灵斌认为知识传播的动力由内驱力和外推力共同组成：内驱力（满足人们自我实现的需求以及节约知识获取成本的需要）是促使人们进行知识传播的根本动力，而外推力（实现社会知识创新和

① Barson R J, Foster G, Struck T, et al. Inter-and intra-organisational barriers to sharing knowledge in the extended supply chain. http://www.researchgate. net/publication/228912594[2010-12-10].

② 曾永刚，钱省三，周园，等 . 基于 CRT 及 ISM 的组织内员工知识共享障碍因素分析 . 图书情报知识，2010，（2）：100-105.

③ Anderssona U, Holma D B, Johansonab M. Moving or doing? Knowledge flow, problem solving, and change in industrial networks. Journal of Business Research, 2007, 60 (1): 32-40.

④ Sorenson O, Rivkin J W, Fleming L. Complexity, networks and knowledge flow. Research Policy, 2006,35(7): 994-1017.

⑤ Cowan R, Jonard N. The dynamics of collective invention. Journal of Economic Behavior and Organization, 2003, 52 (4): 513-532.

⑥ Mu J F, Peng G, Love E. Interfirm networks, social capital, and knowledge flow. Journal of Knowledge Management, 2008, 12(4): 86-100.

⑦ Hai Z, Guo W Y. Virtual knowledge service market–For effective knowledge flow within knowledge grid. Journal of Systems and Software, 2007, 80(11): 1833-1842.

⑧ Knoben J, Oerlemans L A G. Proximity and inter-organizational collaboration: A literature review. International Journal of Management Reviews, 2010, 8(2): 71-89.

⑨ Dangelico R M, Garavelli A C, Petruzzelli A M. A system dynamics model to analyze technology districts' evolution in a knowledge-based perspective. Technovation, 2010, 30(2): 142-153.

知识共享的需要）是人们完成知识传播的催化剂，只有通过外推力来推动内驱力因素的产生、强化，才能实现有效的社会知识传播。①

国内学者在知识传播动力机制方面还提出了知识势差理论，认为知识传播发生的必要条件是知识传播双方存在着知识势差。研究者认为知识资源的非均衡性和知识的专业化使得知识势差的存在成为可能，知识势差的存在才会导致知识流动与知识传播。②影响知识流动的因素有三个：主体因素（知识源的主观意识和知识输出能力、知识受体的意识与能力、知识源与知识受体之间的距离）、客体因素（知识）、环境因素（硬环境和软环境）。③借助流体力学的原理，李顺才建立了知识流动模型，该模型的三个维度分别是知识区位（知识差势 / 势能）、动机水平和环境因素。④

孔翔和曾刚则结合上述观点提出，社会环境中的经济、政治、文化、教育等方面对知识传播的作用形成了传播系统的外部动力，距离、势差、传播渠道是影响知识在不同主体间传播的三个主要因素。⑤

1.2.2 与内容开放平台中的知识传播动力机制有关的研究

目前，与内容开放平台中的知识传播动力机制有关的研究主要集中在开源社区和知识大众生产两个主题。

开源软件的基础在社区，开源社区是开源运动赖以生存的土壤，其维持是依靠开源软件开发人员持续不断地参与并做出贡献实现的。Ghosh 等借助社会运动有关理论，提出并分析了开源社区参与者的三类主要动机，包括社会性动机、职业或金钱动机和政治动机。⑥

Bollinger 对 2784 位开源社区参与者的在线调查显示⑦：参与者主要是年轻

① 邓灵斌．社会关系视角下的知识转移策略研究．武汉大学博士学位论文，2008：34-35.

② 陈武．知识传播机理的物理学视角探讨——从知识势差的角度解释知识流动．科技和产业，2010，10（1）：110-113；李顺才，邹珊刚．知识流动机理的三维分析模式．研究与发展管理，2003，15（2）：39-43.

③ 范丹宇，金峰．创新系统中知识流动的机理及其影响因素．科学管理研究，2006，24（3）：92-95.

④ 李顺才．基于知识经济的知识存量与流量的测度研究．华中科技大学博士学位论文，2002：34-35.

⑤ 孔翔，曾刚．全球技术空间体系及我国的对策初探．人文地理，2003，18（5）：42-45.

⑥ Ghosh R A, Glott R, Krieger B, et al. Free/ libre and open source software: Survey and study. International Institute of Infonomics, University of Maastricht, The Netherlands, 2002: 3.

⑦ Bollinger T. Use of Free and Open-Source Software(FOSS)in the U.S. Department of Defense. https://www.researchgate.net/publication/281562475_Use_of_free_and_open-source_software_FOSS_in_the_US_Department_of_Defense/ [2011-11-09].

的男性，他们参与开源社区中的项目是因兴趣而非为了拿到报酬。除了工程师和程序员，学生也是重要的参与群体，但是成绩突出的和扮演领导角色的则是经验丰富的专业工作人员。比较他们最初加入开源社区的原因和持续参与的原因，发现最初参与主要是出于提高个人技能、与他人交换知识和信息资源的目的。随着时间的推移，参与者的动机中增添了商业因素和政治因素。同时，学习技能和分享知识也是参与者期待能从其他人那里得到的收益。

Lakhani 和 Wolf 以开源社区中参与 287 个开源软件项目的 684 位软件开发者为对象，调查了他们投身于开源软件项目的动机，研究发现，乐趣、提高工作技能、对团队的热爱和提升社区角色的地位等动机对参与行为有着显著的正向影响。①

谭佳佳通过实证发现，开源软件开发人员的外部动机因素（知识交流、事业进步）和内部动机因素（乐趣、社区身份）显著正向影响参与满意度，开源软件开发人员的使用需要、知识交流、社区身份和感知行为控制对持续参与意愿有显著正向影响。②

知识大众生产是一个典型的复杂系统。基于系统动力学的视角，钟永光、贾晓菁和李旭认为在一定的时间和空间范围内，大众生产系统的发展受到互联网环境、社会经济发展水平、内部管理和外部组织竞争等综合因素的影响，由于正反馈和负反馈的相互作用机制，它是一个复杂系统，具有增长上限的反馈结构，其内部的正负反馈环决定了大众生产系统的演化与发展。③大众生产系统产出知识产品的使用者、知识产品的生产者、大众生产知识产品的数量、大众生产知识产品的质量，这些因素是大众生产系统发展的动力因素，构成了大众生产系统的增长子系统。④潜在可生产新知识产品的困难度、潜在可提高知识产品质量的困难度、外部组织竞争、生产者和使用者流失等削弱了大众生产系统吸引力的制约反馈关系，构成了大众生产系统的上限子系统。⑤

维基百科和百度百科是采用大众生产这一新型知识生产方式运作的在线百

① Lakhani K, Wolf B. Why hackers do what they do: Understanding motivation and effort in free/open source software project // Feller J, Fitzgerald B, Hissam S, et al (Eds.). Perspectives on Free and Open Source Software. Cambridge: MA MIT Press, 2005: 44-47.

② 谭佳佳 . 国内开源软件开发人员的开源社区持续参与意愿研究 . 浙江大学硕士学位论文，2008：11-13.

③ 钟永光，贾晓菁，李旭 . 系统动力学 . 北京：科学出版社，2009：89-95.

④ 王其藩 . 系统动力学（修订版）. 上海：上海财经大学出版社，2009：46-48.

⑤ 李旭 . 社会系统动力学：政策研究的原理、方法和应用 . 上海：复旦大学出版社，2009：65-68.

科全书。用户的积极参与和贡献是网络百科系统成功的关键。常静和杨建梅以百度百科为研究对象，构建了百度百科用户参与动机和参与行为关系的结构方程模型，结果显示，实用价值动机、兴趣动机、胜任性动机、交往动机和求知动机都会影响其参与行为。[①] Nov 通过对维基百科用户的调研，发现维基百科用户参与编写的主要动机包括价值观、社交需要、自身知识水平的提高、对职业的帮助、归属感、个人声望的获取、快乐感和意识形态，并指出快乐感和对知识自由共享的意识形态的认同是促进其参与的主要因素。[②] Peddibhotla 和 Subramani 认为维基百科用户的主要参与动机包括自我表现、个人发展、参与的回报、快乐感、社会归属感、利他主义等。[③] 除动机视角以外，许博从网络百科系统管理的角度分析了如何促进社区成员的知识贡献。研究结果表明，社区成员对网络百科系统的社区认同和义务、网络百科社区的百科协议和编辑原则、优质词条的评选以及积分和等级制度，对成员的知识贡献有着显著的影响。[④]

维基百科是一个开放的知识系统，从而不可避免地会受到外部环境的影响。罗志成和付真真选择可信度危机和政府限制访问两个方面来探讨外部环境对维基百科序化过程的影响，认为不管是可信度危机还是对维基百科访问的限制，都没有改变维基百科用户访问量不断增加、规模不断扩大的趋势。但不可否认的是，上述两个事例都对维基百科的序化过程产生了一定的影响。[⑤]

1.2.3 研究述评

学者从 20 世纪 90 年代开始讨论知识传播的动机问题，早期研究大都局限于定性分析。2000 年之后，研究状况发生转变，定量分析成为研究知识传播与共享动机的主流方法，学者不仅关注知识传播与共享动机的组成因素，如个人因素、任务因素、组织与环境因素，而且对各项动机因素在影响人们知识传播与共享行为过程中的作用强度更感兴趣。

对于知识传播动力问题的探讨，目前学术界呈现出两种不同的研究倾向。

---

① 常静，杨建梅．百度百科用户参与行为与参与动机关系的实证研究．科学学研究，2009，27（8）：1213-1219.

② Nov O. What motivates Wikipedians? Communications of the ACM, 2007, 50(11): 60-64.

③ Peddibhotla N B, Subramani M R. Contributing to public document repositories: A critical mass theory perspective. Organization Studies, 2007,28(3): 327-346.

④ 许博．网络百科全书管理机制与公众参与行为研究．图书情报知识，2011，（3）：10-15.

⑤ 罗志成，付真真．外部因素对维基百科序化过程的影响分析．图书情报知识，2008，（3）：28-33.

在知识管理领域，研究人员倾向于从组织行为学的角度对组织内成员间的知识传播与共享进行分析，研究其传播或不传播、转移或不转移、共享或不共享知识的动机及其促进或阻碍因素，阐述组织应该通过何种方式激发员工的知识传播行为。而其他领域的研究人员往往把知识传播与共享视为某一类组织的特殊职能，对其动力（机制）问题的探讨仅限于理论层面的界定和论述，缺乏实证性的检验和支持；或者把知识传播视为普遍存在的社会现象，从宏观层面泛泛而谈其原因、作用和规律等，缺乏针对性，也没有说服力。

动机理论、知识势差理论、系统理论（含系统动力学、社会网络和复杂系统网络）是解释知识传播与共享动力现象的主要理论。

动机理论是从微观层面解释事物内部动力来源的主要依据。个体动机是影响知识传播最重要的因素之一。心理学、管理学、经济学是组织知识传播与共享动力研究的三大理论来源。有关知识传播与共享动机的研究主要以马斯洛的需求层次理论、赫茨伯格的激励-保健双因素理论、弗鲁姆的期望理论、霍曼斯的社会交换理论、班杜拉的社会认知理论等理论为基础。这方面研究的不足之处在于动力研究假设的简单化。大部分既有研究都认为组织或网络中的知识传播动力来源于个体的动机，而动机只是行为产生的必要条件，而不是充分条件。动力的产生是一个复杂的过程，远不止动机这一个因素。除了动机之外，环境、能力、机会等都是导致行为发生的重要因素。

知识势差理论借助物理学中的势能和势差的概念，依据流体力学，导出知识势能与知识势差的存在，运用这些物理学概念来阐明知识传播的机理和知识流动的机制。系统动力学因其使用因果关系图并借助计算机仿真技术，而在管理工程和系统工程领域悄然兴起，国内外一些学者已经尝试使用这样的方法研究知识传播与共享的动力问题。国内外的学者也已经开始运用复杂网络演化动力学来解释不同情境下的知识传播与共享及其动力问题。

随着开源社区、网络百科全书的兴起，新型的知识传播与共享方式受到了研究者的关注。网络的开放性和共享性，使得基于互联网的知识传播活动呈现出复杂系统的特征。对这类活动的研究也更多地借助了复杂网络、系统动力学、社会网络等理论。网络环境下对于知识传播活动的研究虽然是基于系统理论的，但其不足之处在于过多地关注了知识传播的“网络”部分，而未能将视野拓展至支持“网络”活动的实体要素。

从既有研究来看，系统论思想渗透在关于知识传播动力问题的研究之中。尽管系统动力学和复杂网络理论为知识传播研究注入了新鲜的血液，也代表了一股把知识传播作为复杂系统进行研究的潮流，但是就方法本身和目前的研究现状来看，这两种方法（思想）只能提供对特定环境下的知识传播与共享现象的因果分析和整体性描述，并不能深入知识传播个体的微观层面对具体的知识传播行为动因进行合理解释。

此外，目前的研究缺乏对动力机制问题的关注。知识传播活动是一个动态的过程，涉及各类要素和主体。与知识传播活动相关的各类动力要素是以某种特定的机制关联在一起，相互影响，共同推动知识传播与共享行为的发生。但这些动力要素各自是什么，又是如何关联在一起的？动力要素如何作用于知识传播活动的各类主体？维持知识传播活动的动力机制的条件有哪些？已有研究尚未系统地分析这些问题。

1.3　网络环境下知识传播的研究价值

事物的发展变化与自身的特性和各类相关资源的存续有关，这些条件实际上构成了影响事物发展变化的力量。动力与动力机制对于事物发展的意义体现在两个方面：一是动力和动力机制虽然抽象，但却是一种客观的存在。无论是人的活动还是组织的运作，都需要相应动力的激发与动力机制的维持，如果出现动力缺失或者动力不足，则会对事物的发展和变化产生负面影响；二是如果缺少对影响事物发展的动力和动力机制的认识，或者事物发展的动力和动力机制本身还未得以明确或者确认，也会对事物的发展和变化产生负面影响。

探索影响事物发展变化的动力与动力机制问题，可以帮助我们更深入地认识和了解事物，把握其发展变化的规律，及时解决事物发展过程中已经出现的问题或者预防潜在的威胁，发挥其对于个人、群体、组织和社会的最大价值。

网络空间中的知识传播活动已经广泛开展起来，但是无论是对网络知识传播活动本身的研究，还是对其动力机制的研究，都尚未进行系统性的分析和得出系统性的结论。缺乏对这些问题的认识，可能会导致内容开放式平台的发展面临诸多现实和潜在的威胁。

本书尝试研究内容开放平台中的知识传播活动的动力机制问题，一方面有助于认识知识传播活动在网络空间的运行情况，探索并利用其动力机制，更好地推动知识传播活动的开展，实现知识的流动与价值的转化；另一方面，对于网络平台的运营机构而言，也可以此为参照，全面、直观地认识本机构和网络平台的内部与外部环境，通过改善组织的内部管理与外部环境保持组织自身的活力与网络平台的可持续性发展。另外，研究结论还可以为政府的社会管理活动和有关社会组织的发展提供参考与借鉴。

知识传播行为的发生有着复杂且多变的动机组合。对该问题的研究，为组织开展知识传播的激励和约束工作提供了理论参考和实践指导。

本书的研究内容属于情报学、信息资源管理、知识管理、组织行为学以及传播学等学科的交叉领域，借鉴了不同学科的相关理论与方法，对各个学科的研究视野和理论积累都具有一定程度的贡献。以网络环境下的知识传播活动为基点，一方面契合了情报学研究的知识化趋势，在理念上拓展了情报学研究的范围和概念体系；另一方面也基于公共性和网络环境的视角，重新审视知识传播活动的内在机理，进一步丰富和完善了知识传播的理论研究体系。

1.4　本章小结

知识的有效传播和社会个体的生存与发展、组织的维系与创新，以及社会的稳定与传承都有着重要关联。内容开放运动和网络技术的结合造就了内容开放式平台，它具有不同于传统的实体组织和一般意义上的网络社区的特征，是网络空间中开展知识传播活动的重要形式。

研究影响网络环境下知识传播的动力与动力机制问题，可以帮助我们更全面地认识知识传播活动的特征，把握其发展变化的规律，及时解决其发展过程中已经存在的问题或者预防潜在的威胁。

国内外对知识传播、知识转移、知识共享的研究数量非常多，观点和视角也各不相同。动机理论、知识势差理论、系统理论（含系统动力学、社会网络和复杂系统网络）是目前解释知识传播动力现象的主要理论。系统论思想渗透在知识传播的动力机制问题的研究之中。虽然一些新的方法越来越受到研究者的关注，但是基于行为动机理论的分析和测量方法依然是解决知识传播的动力和绩效问题的主要方法。

第 2 章

知识传播的基本问题与相关理论

知识传播活动是一种复杂的社会现象，其动力机制也是一个复杂的系统过程，涉及个体、组织、社会、技术与管理等诸多因素。本书中关于知识传播动力机制的理论来源也是各领域相关理论的集合，从各理论与本书论述主题的相关程度出发，将其分为两类：一是本书的基础理论——公共物品理论和传播学的过程理论；二是对本书中的基本概念和观点具有支持作用的相关理论——情报学的相关理论、知识管理理论、组织行为理论和非营利组织理论。本书在充分吸收和借鉴相关理论内容的基础上，对知识、公共知识和知识共享的基本问题予以界定。

2.1 公共物品理论与公共知识

2.1.1 公共物品理论

“公共物品”（public goods）这一概念是20世纪五六十年代随着学术界对政府职能和国家财政等有关“公共”问题的研究而引入西方经济学中的。“公共物品”这一概念从被提出起，对其就一直有着两种不同的定义方式：一种是将定义的核心限定在物品提供主体上，如“公共物品是国家对人民的一般给付”；另一种是把概念的内涵放到了消费环节，如“公共物品是一些个体可对其公共消费或无竞争消费的物品”[①]。前一种定义主要用于政治学领域，后一种定义主要用于经济学和管理学领域，更具一般性和主流色彩。

① 郑谦．公共物品的公共性探讨．兰州学刊，2009，(9)：41-46.

现代经济学意义上的公共物品一般是和私人物品（private goods）相对的，其概念最初是由瑞典经济学家 Lindahl 在 1919 年提出的，后由 Samuelson 等加以系统化的发展。①

1954 年，Samuelson 在《公共支出的纯理论》（*The pure theory of public expenditure*）一文中给出了公共物品的经典定义，他认为公共物品是指“每个人对这种产品的消费，并不能减少任何他人也消费该产品”②。由此，Samuelson 归纳出了公共物品在消费中不同于私人物品的两个基本特征：一是非排他性；二是非竞争性。同时符合这两个条件的物品被后人称为“纯公共物品”。此后，Musgrave、Coase、Buchanan、Atkinson 、Stiglitz 和 Tiebout 等分别从不同角度对公共物品进行分析，从而形成了丰富的公共物品理论。③其中，公共选择理论的重要代表人物——经济学家 Buchanan 在其 1965 年撰写的《俱乐部经济理论》（*An economic theory of clubs*）一文中对公共物品的定义做了重要修正，他认为除了“纯公共物品”之外，公共物品领域还存在着大量的“准公共物品”，即不同时具备非排他性和非竞争性的公共物品，主要包括俱乐部物品和共同资源（公共池塘资源）物品。前者的特点是在消费上具有非竞争性，但是却可以较轻易地做到排他；后者的特点是在消费上具有竞争性，但是却无法有效地排他。“准公共物品”一般具有拥挤性的特点，即当消费者的数目增加到某一个值后，就会出现边际成本增加的情况，每增加一个人，都将降低原有消费者的效用。④这类定义将消费过程中不具有排他性和竞争性，同时又具有显著外部效应的物品称为公共物品。即公共物品的公共性指向物品的非竞争性和非排他性，这也构成了公共物品的基本特征。

具体而言，公共物品的公共性一般表现为以下三点。

1）消费的非竞争性。它是指个体对某一种公共物品的消费并不会影响其他个体同时消费该产品。

2）受益的非排他性。它是指某人在消费一种公共物品时，不能排除其他人消费这一物品及其从消费中获得的效用，或者排除的成本相当高。

---

① 程万高. 基于公共物品理论的政府信息资源增值服务供给机制研究. 武汉大学博士学位论文，2010：47.

② Samuelson P A. The pure theory of public expenditure. The Review of Economics and Statistics, 1954, (36)4: 387-389.

③ 周静. 公共信息资源服务模式研究. 同济大学硕士学位论文，2006：27.

④ Buchanan J M. An economic theory of clubs. Economica, 1965,32(125): 1-14.

3）效用的整体性。公共物品是向全社会提供的，整个社会的成员共同享用公共物品的效用，而不能将其分割为若干部分，分别归属于某些个人、家庭或组织享用；也不能按照谁付费谁受益的原则，限定为付费的个人、家庭或组织来享用。

前两种公共性的表现可以归结为公共物品对消费者有较少的使用限制，第三种表现可以归结为公共物品的使用范围较广泛。公共物品的非竞争性和非排他性特征并不是绝对的，它会随着技术条件、制度条件以及消费者人数的变化而发生变化，使其非竞争性程度与非排他性程度降低或上升。这种可能发生的变化意味着过去非排他性和非竞争性程度高的公共物品由于条件的变化，现在完全可能变为非排他性和非竞争性程度低的公共物品。①

此外，在有关公共物品供给的具体情境下，公共物品的“公共性”又有着其特定的含义和内在逻辑，它既应该表现为帕累托最优的实现，又要表达出公平正义的价值主张。②即从公共物品的“提供”而非“消费”的视角来看，公共物品的“公共性”应该与特定社会范围内公共利益的实现程度有关。

公共物品理论认为，私人物品消费严格遵守竞争性、排他性原则，所以私人物品在市场机制下由私人供应，容易实现社会需求的最优水平。而公共物品由于存在消费的非竞争性、非排他性特点，会产生“外部性”和“搭便车”行为，造成公共物品提供的“市场失灵”。公共物品提供一直被视为以政府活动为基本标志，但这并不等于政府就是公共物品唯一的供给者，一个能力有限的政府不可能生产并提供所有的公共物品。

2.1.2 公共知识

1. 公共知识的概念

知识是人对客观事物认知的结果，它源于个体对客观事物的感知和体验，形成于交互式的社会构建。私人性（个体性）和公共性（社会性）是知识的两种基本属性。公共知识是一个偏正式的短语，由“公共”和“知识”两个词语共同组成，表达“具有显著公共性的知识”的概念。

① 程万高．基于公共物品理论的政府信息资源增值服务供给机制研究．武汉大学博士学位论文，2010：50.
② 郑谦．公共物品的公共性探讨．兰州学刊，2009，(9)：41-46.

Brightman 在其 1968 年出版的《公共知识的状态》（*The State of Public KnowLedge*）一书中，首次使用了“公共知识”一词，并将其界定为“可以被所有人分享的知识，它在某种意义上是一个中立的公共参照框架”①。随后，经济学家 Aumann 将其引入博弈论中，认为公共知识有别于普通意义上的知识，它是博弈论中用以研究人“知道”的结构。②

泰勒认为公共知识是众人之间通过符号互动实现的个人知识的协同，它跨越了个人知识间的距离，把人们连接在一起，影响并改变了所有参与者的个人知识。③因此，任何个体的认知和行为都会受到公共知识的影响。龚蛟腾和文庭孝认为公共知识是社会大众公有共享的知识，具有客观性和社会性的特征。④他们的这种概括代表了一般人对于公共知识的认知，但是过于笼统，不能直观地反映公共知识的本质。吴建国认为公共知识是由社会全体成员的知识贡献而形成的知识集。⑤柯平⑥、王众托⑦则认为公共知识是人们在长期的交往实践中所形成的共识性的、约定俗成的规定，具有明显的公共性、公益性的特点。

Campbell 较全面地列举了公共知识的不同类型，他认为公共知识是由面对共同问题（具有实际影响）的人所创造、共享和运用的知识，具体包括：已经在众人及其机构中传播的知识，能够被所有人访问、评价和利用的知识；为专家所知并得以传播，能够为众人和机构集体利用的知识；众人和机构在公共领域合作时，创造和共享的知识；在公共领域里，通过参与和行动产生的可创造、可共享、可运用的知识。⑧

上述各种定义虽然在论述的视角和表达的方式上有所区别，但是其核心问题都指向对知识“公共性”问题的认识与探讨。

“公共性”是人们相互作用的产物⑨，它根植于人的社会本性，是关于人类

① Brightman R.The State of Public Knowledge. London: Faber and Faber Press, 1946: 12-13.

② 韩忠亮．集体行动困境与激励约束的博弈均衡：线性契约与“公共知识”约束．新经济导刊，2009，(2)：89-95.

③ Taylor J E.Public knowledge and technologies in use. http://pkjournal.org/blog/?page_id ＝ 80 [2009-05-28].

④ 龚蛟腾，文庭孝．公共管理框架下的公共知识管理——兼答张践明同志之商榷．图书情报工作，2006，50(6)：93-97.

⑤ 吴建国．从私人知识到公共知识的建构．自然辩证法研究，2004，20（12）：62-65.

⑥ 柯平．知识管理学．北京：科学出版社，2007：405.

⑦ 王众托．知识管理．北京：科学出版社，2009：147.

⑧ Campbell C C. Journalism and public knowledge. National Civic Review, 2004, 93(3): 3-10.

⑨ 蔡芸．论公共性的本质特征．内蒙古财经学院学报，2008，(3)：13-18.

共在和共处活动与现象的基本属性的反映和概括。[①] 公共性所表明和揭示的是人们超越个人生活的狭隘范围而实现共同生活和相互交往的特定状态与性质。其首要含义是普遍的公开开放性，其次是它的理性商谈性和公共利益性。[②] 公共物品理论中的“公共性”是从经济学视角进行阐述的，可以作为一项简单实用的标准，把具有典型“公共性”的事物与其他事物区别开来。

公共知识具有典型的公共物品属性。首先，公共知识的利用存在明显的非竞争性。它可以同时被多个人使用，用户数量的增加并不会增加额外的成本，即由于增加消费而发生的边际成本为零，知识利用者之间不存在相互竞争的关系。其次，公共知识的非排他性可以从如下三个方面理解：第一，公共知识难以有效地做到排他。因为这些知识都是面向全社会公开的知识，不同的人可以通过多种不同的渠道获取。第二，公共知识的利用不应该排他。自由公开地获取公共知识是公民的一项基本权利。第三，公共知识是每个社会成员必备的生存条件之一，没有必要排他。[③]

因此，公共性是知识的基本属性。知识的公共性具体表现为：①内容上的公共性。知识反映的是人类关于事物的规律性认识，是基于主体间性的社会建构的结果，知识的内容具有共在性、共识性的含义。②形式上的公共性。知识具有公共性的形式，可以被明确地表达和传递，具有公开、共通的含义。③使用上的公共性。知识为任何一个个体所共享，但又不为任何一个或一部分个体所占有或控制，具有公有、公利的含义。

公共性与私人性相对，它们是知识的两种基本属性。知识会因为存在环境或所有权状态的变化而呈现出公共性和私人性在构成比例上的变化。例如，在个人知识之外有共同知识（common knowledge）、组织知识（organizational knowledge）、地方知识（local knowledge）、本地知识（indigenous knowledge）等概念，这些概念所限定的是某个特定社会范围内具有不同程度公共性的知识，与特定的社会情境和文化特征有着直接的关联，一旦超出了这个范围，所谓的公共知识也就具有了相对意义上的私人性。反过来说，私人知识也会因为社会情境和私人对于知识所有权的放弃，而具有明显的公共性。依据知识连续体理论，本书

① 郭湛．社会公共性研究．北京：人民出版社，2009：69-84.
② 杨仁忠．公共领域论．北京：人民出版社，2009：213-215.
③ 程万高．政府信息资源增值服务供给机制研究．北京：科学出版社，2011：66-67.

认为知识的公共属性与私人属性此消彼长，构成了一个连续体。公共知识和私人知识位于连续体的两端，处于两者中间的大量知识是具有公共性和私人性的混合型知识。公共属性方向上的知识表现出公开、公有、共享、公用的特性，私人属性方向上的知识表现出专有、专享、专用的特性。

公共知识是具有显著公共性的知识。“显著”仅表明知识的公共性程度，即在特定语义和情境下，知识的公共性程度大于其私人性程度，是一种相对而非绝对的状态。具体表述为，公共知识是人类以一定的符号系统记录在相关载体上的能够被明确表达，并被特定社会范围内所有成员公开获取和较少使用限制的知识。

依据 Samuelson 和 Buchanan 等对于公共物品类型的划分，本书将公共知识划分为两种基本类型：纯公共知识和准公共知识。纯公共知识，即完全进入公共领域的知识，是具有典型的非排他性和非竞争性的公共物品，知识的权利主体除保留（或放弃）人身权利外，其财产权利已经超出了保护期限，可以被自由地获取和使用。准公共知识，即知识的权利主体保留了包括人身权利在内的一些权利，知识并未完全进入公共领域，具有某种程度上的排他性和（或）竞争性，但是一般情况下可被以相同的方式共享。这种类型的公共知识混合了部分私人性的特征，但是在知识的获取形式和利用限制方面具有显著的公共性，属于准公共物品的范畴。

2. 公共知识的特征

公共知识的来源主要包括科学（技术）知识的生产（制度化生产）和日常生活知识的生产（个体或群体分布式非制度化构建）两个组成部分，通常已经过编码化或结构化的处理（属于显性知识的范畴），具有规范性和系统性。作为知识的一种相对公共性的形态，公共知识不同于其他类型知识的主要特征包括以下四点。

第一，知识内容的共识性。公共知识源于个人的知识贡献，是诉诸每个人的逻辑理性的同一性的知识。[①] 公共知识所反映的内容不仅是可传达的，而且是可以通过公共的方法验证的。一方面，所有知识都源于人类个体对事物的体验和

① 张文辉，罗云平．论默顿的公共知识观以及科学论文制度在中国的异化．甘肃高师学报，2010，15（1）：134-137.

感知，包含着个人化的成分；另一方面，这种个人主观认识的结果只有经过他人的可重复性检验，才能具备知识的完整形态。一定社会范围内的公共知识具有共识性和客观性。

第二，知识形式的编码化。个人知识依存于人的大脑，是未经编码化的知识，公共知识是借助工具和符号将个人知识编码化的结果。知识只有具备公共性的形式才能够被传达。知识编码化使得知识获得了公共性的样态。与个人知识的隐性化和不确定性相比，公共知识是被外化、被表征、被编码的知识。

第三，知识获取途径的公开性。公共知识能够被社会范围内所有成员公开获取和使用，自由、平等地获取知识是社会成员的一项基本权利。社会成员对公共知识的需要将会通过各种公共的渠道，在不付费或付较低费用的前提下获得满足。另外，能够在多大范围（集体、群体、组织、地方、区域或社会）内被自由获取，也体现了知识的公共性程度。可以公开获取的、在公共领域中较少使用限制的知识属于公共知识的范畴。

第四，知识使用的较少限制。知识产权制度以法律的形式确立了私人对知识资产的专有权，对私人知识的使用需要经过知识权利主体的授权或法定许可。公共知识是进入或部分进入公共领域的知识内容，其所有权呈现出不同程度的公有性。公共知识一旦在公共领域得以公开，对他人的后续使用限制便较少。①但是公共知识的较少使用限制并不意味着以公共知识为内容生产出来的知识产品都是无偿提供的。

除了以上主要特征之外，公共知识还具有公益性、普遍性、公开性、共享性等特征。公益性，主要指采用无偿或低价服务，不以营利为目的；普遍性，是指为社会公众提供普遍性的公共产品，通常以免费的形式为全体社会公众特别是弱势群体提供服务；公开性，是指可以向所有人公开，一般不涉及国家秘密、国家安全和个人隐私；共享性，是指可以在全社会或一定区域内共享。

基于以上论述，公共知识的本质特征可以概括为：公开性、共享性。公开性表明公共知识可以向特定范围内的所有人公开，共享性表明公共知识的获取与使用具有较少限制。作为知识的一种形态，公共知识本身蕴含了知识的公共价值特性。如无特别说明，本书使用的“知识传播与共享”中的知识指的都是公共知识。

① Fauchart E, Von Hippel E. Norms-based intellectual property systems: The case of French chefs. Organization Science, 2006, 19(2):187-201.

3. 公共知识的作用

知识具有六种不同的价值：工具价值——通过知识的应用提高人类应对环境的能力；竞争价值——给予知识拥有者一种借以谋生或确立某种竞争优势的稀缺资源；累积价值——社会的复杂性要求我们在借助他人知识成果的基础上才能取得科学和学术的进步；教育价值——知识为人类后代改进他们的生活品质和环境质量提供条件；文化价值——知识在增强凝聚力、提高公共生活质量方面的价值；超越价值——知识在满足审美、宗教、精神或更高层次需要方面的价值。[①]

其中，竞争价值是知识作为私人物品时具有的价值属性，其他的价值则是知识作为公共物品时具有的价值属性。具体来讲，公共知识的社会作用体现在以下四个方面。

第一，公共知识是整个社会的知识存量。无论个人还是组织都必然要从这个巨大的知识库里获取必需的知识和技能，才能够具备生存和发展的基本条件。在人类社会中，任何新知识的产生都只能是建立在现有知识存量的基础之上；而任何新知识最终的归宿，无论受到过何种严格的保护，都会通过正式或非正式的传播与扩散被社会大多数人所认识和掌握，最终成为公共知识的一部分。

第二，公共知识是社会成员社会化的前提。我们每个人从出生到死亡，每天都在通过各种渠道接触大量的公共知识。人并不是天生就具有了知识，而是后天通过家庭、学校、组织、社会等途径不断学习获得的。对知识的学习使得个人完成了对生活世界的基本认知，获得了社会化生存所必需的基本知识和技能。此外，人的社会化过程不是一次性完成的，而是随着时间的延长逐步实现的。在这一过程中，个体通过对公共知识的持续性获取，不断丰富自身的知识储备，提升自身运用知识的能力，在完成知识更新的同时，实现知识的创新。

第三，公共知识是实现社会交流、维系社会存续的纽带。在任何一个国家，公共知识都以法律、道德、政策、制度、规则、文化等社会基本构成要素的形式存在。公共知识形成与传播的过程，实际上是社会机制对现存知识总体进行筛选和取舍后表达主流价值观和意识形态的重要途径，带有强烈的政治性和社会性。这些不同性质、不同作用的公共知识数量众多、关系复杂，但其最终目的都在于培育共同的精神基础，增加社会资本，维持社会秩序。

---

① Levine P. Building the electronic commons. The Good Society, 2002, 11(3):1,4-9.

第四，公共知识是实现知识创新的基础。科学知识的发展实际上就是知识不断产生和积累的过程，是个人知识—公共知识—个人知识循环转化、往复运动的结果。[①]所有的公共知识都是历史的继承和当代创造的产物。当公共知识被不断积累并得以广泛共享的时候，它就变成了一种其他人可以用来创造新知识的知识来源。[②]

2.2 传播学的过程理论与公共知识传播

2.2.1 传播学的过程理论

传播的基本意思是与他人建立共同的意识，在传播学中被定义为带有社会性、共同性的人类信息交流的行为和活动。传播学是研究人类传播活动及其规律的学科，涉及信息理论、符号理论、意义理论、传播过程与效果的理论等一般理论。本书主要就传播学的过程理论展开分析和论述。传播学的过程理论主要涉及三个主要问题：传播要素、传播过程和传播模式。

传播是一个包括多因素、多环节的过程。Schramm 认为传播至少要具备三个要素：信源、信息和信宿。但是，仅有上述三个要素尚不足以构成一个现实的传播过程，还必须要有使这三个要素相互连接起来的工具或渠道，即媒介。上述四个要素构成了一个物理学意义上的传播过程，但是对于考察社会交互行为的传播学来说，这个过程仍然不算完整。在传播学中，一个完整的传播过程，应该把受传者的反应与反馈包括在内。因此，一个基本的传播过程，是由以下要素构成的。[③]

1）传播者。其指的是传播行为的引发者，即以发出信息的方式主动作用于他人的人。

2）受传者。即信息的接收方、传播者的作用对象。受传者和传播者并不是固定不变的角色，在传播过程中，两者会发生角色的转换或交替。

---

① 王知津，李培，李颖．知识组织理论与方法．北京：知识产权出版社，2009：7-10.

② Alavi M, Leidner D E. Review: Knowledge management and knowledge management systems: Conceptual foundations and research issues. MIS Quarterly, 2001, 25(1): 107-136.

③ 王明．重庆城市形象传播研究．重庆工商大学硕士学位论文，2010：5.

3）传播内容。传播内容又称信息，是传播者和受传者之间进行社会互动的介质，通过信息，两者之间发生意义的交换，达到互动的目的。

4）传播媒介。传播媒介又称传播渠道、信道、手段或工具。媒介是信息的搬运者，也是将传播过程中的各种因素相互连接起来的纽带。

5）反馈。反馈指受传者对接收到的信息的反应或回应，也是受传者对传播者的反作用。发出反馈信息是受传者能动性的体现。反馈是体现社会传播的双向性和互动性的重要机制。

在互联网出现之前，既有的传播模式主要分为三种类型：以 Lasswell 和 Shannon 为代表的直线模式；以 Schramm 和 Osgood 为代表的循环和互动模式；以 Matilda Riley、John Riley 夫妇和 Maletzkes 为代表的系统模式等。

从传播方式上看，人类的传播活动主要以两种方式进行，即人际传播和大众传播。人际传播是人与人之间进行的传播活动，一般不需借助其他媒介，是一种点对点的传播。大众传播是将信息向不特定的多数人的传播，它是一种点对面的传播。大众传播一方面需要有专门机构来进行信息的采集、整理，另一方面又需要借助传播媒介使信息传达到不特定的多数人。从人际传播到大众传播，既是传媒的进步，也是社会的进步。

2.2.2 公共知识的传播过程与构成要素

知识传播是人类社会特有的一种普遍存在并不断发展的社会活动，最终目的是尽可能地在最大范围内使知识被人们认识和利用①，是人类社会得以不断发展、完善的不可缺少的社会动力。尽管研究个体知识传播和组织知识传播的成果比较多，但是大都把知识传播看作一种社会活动或组织职能。倪延年于 1999 年出版了《知识传播学》一书，书中对于知识传播作为一门学科的各个方面进行了系统阐述。他认为知识传播学是传播学的一个分支学科，是以人类知识传播活动现象及其规律为主要研究对象的，相对独立的、完整的应用性学科。②知识传播是一部分社会成员在特定的社会环境中借助特定的知识传播媒介，向另一部分社会成员传播特定的知识信息并期待收到预期传播效果的社会活动过程。③

① Wang P, Tong T W, Koh C P. An integrated model of knowledge transfer from MNC parent to China subsidiary. Journal of World Business, 2004,39(2): 168-182.

② 倪延年．知识传播学．南京：南京师范大学出版社，1999：323.

③ 倪延年．知识传播学．南京：南京师范大学出版社，1999：294.

知识传播过程是知识生成主体发布知识、传播内容并通过传播媒介传递给知识需求主体的过程。要完成传播活动，知识贡献者必须要有特定的知识传播内容、明确的传播目的、既定的传播对象，并选择适当的传播媒介创造最佳的传播环境，进而才有可能获得最佳的传播效果。知识传播是人类社会发展到一定阶段的产物，并且随着知识自身和科学技术的发展，知识传播的内容、形式、手段、方法也处在不断发展、完善的过程中。

1. 公共知识传播的概念与过程

从字面上来看，公共知识传播有两种含义：一是公共知识的传播，强调知识的公共性；二是公共性的知识传播，强调知识传播活动的公共性。知识的公共性传播是指知识在社会交流系统中通过一系列公共传播机构进行非营利的、有组织的、整序化的中介交流活动。它扩展了知识流通的范围，使受众在特定时间和空间范围内获得并利用知识。

公共性是知识的本质属性，而与“转移”相比，“传播”一词本身就含有公共性的意蕴，因此，公共性是公共知识传播的最根本的特征。本书中的公共知识传播是指具有显著公共性的知识的公共传播，即公共知识传播是在特定社会环境下，经由不同类型主体之间的交互行为所形成的公共知识的生成、传播与接收行为的总称。公共知识传播将个人、群体、组织与社会紧密联系起来，使得知识交流活动制度化、网络化和有序化，在推动知识的社会传播与共享最大化的同时，还能够提高知识的社会化程度，保持知识积累在时空意义上的延续性。

如无特别说明，本书使用的“知识传播”即为“公共知识传播”。

公共知识传播包括传统形式的知识传播和基于互联网的知识传播两种形式。传统形式的知识传播是一种社会制度安排，往往以公共组织为依托，利用大众传媒和教育机构，采用一对多的线性模式，在实体空间中面向全部或特定社会成员传播知识内容，公共组织一般是以传播主体的形象出现，参与到知识传播的活动中，控制着传播内容，主导着传播过程。而依据知识内容生成方式的不同，基于互联网的知识传播又可分为组织主导和用户主导两种类型，前者一般属于传统形式的知识传播在网络空间中的延伸，组织依然是知识生成过程的主导者；而后者则是基于开放性和共享性的互联网而产生的，是用户主导知识生成过程的新型知识传播方式。

传统型知识传播过程如图 2-1 所示，基于互联网的知识传播过程如图 2-2 所示。

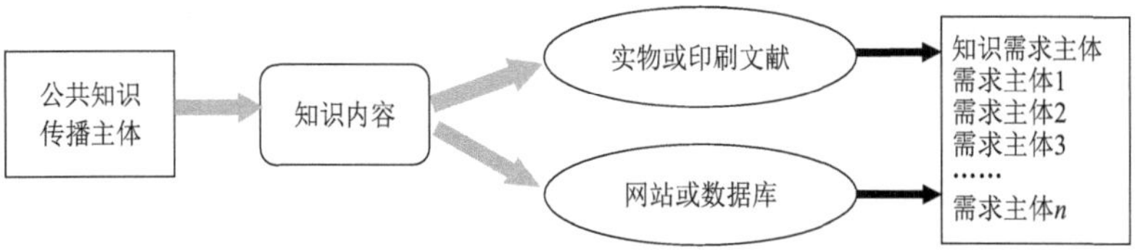

图 2-1　传统型知识传播过程

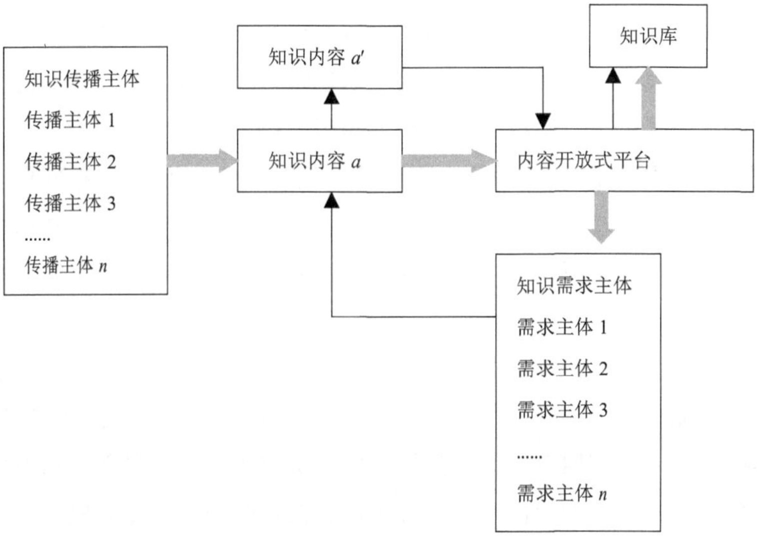

图 2-2　基于互联网的知识传播过程

2. 公共知识传播的构成要素

参照网络传播的特征并结合知识的传播过程，可将知识传播划分为四个基本要素：知识传播者、知识受传者、知识内容和传播媒介。

1）知识传播者，是指在知识传播过程中，借助各种知识传播媒介，向受传者实施知识传播行为并追求特定知识传播效果或目的的个人、群体或组织。从理论上来讲，任何一个个体或团体都有可能在特定环境下成为知识传播的主体。公共知识传播主体一般包括团体传播者和个人传播者两类。其中，团体传播者是指承担社会知识传播职能的各类社会组织、机构和团体，诸如出版社、报刊社、科研机构、学术团体、学校、图书馆、博物馆、科技馆、新闻媒体以及其他具有知识传播功能的组织，统称为知识传播组织。

传统意义上的知识传播组织一般是指从事与知识传播活动直接或间接相关的政府部门或者事业单位，采用以组织为中心的线性传播模式，组织是知识的收集者、传播者和控制者，知识的传播主体与需求主体之间是“传”与“受”的固定关系。网络环境下各类传统型的知识传播组织依然发挥着重要的知识传播职能。但是随着互联网的发展以及网络传播模式的兴起，组织的中心地位开始逐渐消解，个人作为传播者在基于互联网的知识传播活动中发挥日益显著的作用，并且随着开放内容运动和 Web 2.0 理念及相关技术的发展，出现了博客、维基、知识型社区等一系列个人兴趣驱动的用户生成内容的开放式知识共享平台。个人既可以作为受传者通过平台获取和使用相关知识内容，又可以作为传播者对相关内容提出反馈、修改或重新生成并发布相关知识内容。

互联网的发展还原了传播的本质属性，使其回归到人与人之间的平等交流与对话，也使得个体在知识传播过程中的作用得到了肯定与强化。本书中的知识传播主体理论上包含了组织和个人两种形式，但是更加侧重对个人作为知识传播主体的研究。

2）知识受传者，又称为知识接收者或知识需求主体，是指通过传播媒介接受知识的社会成员。他们既是知识传播活动的目的性对象，也是知识传播过程中知识内容的接受者和利用者，因而是知识传播价值的最终实现者。知识传播的受传者是具有现实或潜在知识需求的社会公众。在传统的线性传播模式下，知识受传者一般是作为被管理或被传播的对象来被对待的，他们对于知识的需求受传播主体的影响较大，即“主体传播什么内容，公众就接受什么内容”，因而具有一定的被动性，其真正的知识需求未必能够得到满足。多元化网络传播模式弱化了传播主体与受传者之间的界限，任何个体在特定情境下都可以作为传播主体满足他人的知识需求，又可以以受传者的身份表达自己的知识需求，从而在知识传播过程中具备了明显的主动性。

3）知识内容是指在知识传播过程中，知识传播主体通过传播媒介，向知识传播客体传播的知识内核，是连接知识传播主体和知识传播客体的重要因素。本书中知识传播的内容是公共知识，包括进入公共领域的纯公共知识和未完全进入公共领域的准公共知识两种基本类型。公共知识反映了特定环境下的社会成员对事物认知所达成的共识，具有明显的公开性与共享性。

4）传播媒介指的是使事物之间发生关系的介质或工具。传播学中的媒介有两层含义：一是指信息传递的载体、渠道或技术手段；二是指从事信息采集、加工制作和传播的社会组织。本书中知识传播的媒介是指知识传播活动得以实现的物质载体、技术手段与传播渠道的统称。传播媒介是传播赖以实现的中介，是传播活动中具有内在特性与规律的客观存在，对传播活动的发展会产生直接而有力的影响。

网络环境下，知识传播的媒介主要包括三种类型：①图书、期刊、报纸、实物、广播、电影、电视等传统媒介；②基于互联网产生的门户网站、网络社区等网络媒介；③基于移动通信产生的手机、掌上电脑等个人电子媒介。本书主要研究其中的网络媒介。

2.3　其他相关理论

2.3.1　情报学领域中的相关理论

人们思考与行动所需要的知识就是情报，它是通过信息来负载与传递，并准备发挥其效用的[①]。情报来源于人类社会的实践，是人类社会发展的产物。

情报科学形成于 20 世纪 40 年代，是研究情报的创造、存储、检索、传递及其效用发挥的理论、方法与规律的科学，其核心研究对象是“激活了的知识”情报科学领域与知识传播相关的理论主要包括易用性原理和科学交流两种。

1. 易用性原理

人类交流、获取和利用信息、知识与情报，总是趋向于方便、易用和省力。研究和揭示人类情报行为，探求易用与省力的特征与规律，可以使情报获取和情报服务的成本最小、收益最大。[②]

对易用与省力原则的研究最早集中于人类信息交流的基本工具——语言领

① 靖继鹏，马费成，张向先 . 情报科学理论 . 北京：科学出版社，2009：4.

② 马费成 . 论情报学的基本原理及理论体系构建 . 情报学报，2007，26（1）：3-13.

域。美国哈佛大学的语言学教授Zipf在前人研究的基础上，通过经验观察和数据统计发现，自然语言词汇的使用遵从一个简单的定律，他称之为“最小努力法则”，即当我们用语言表达思想的时候，我们就像受到两个方向相反的力——“单一化的力”和“多样化的力”的双重作用，这两种力相互作用取得平衡，使自然语言词汇出现的频次呈双曲线。[①]在现实生活中，人们越来越多地使用缩略语和简易符号，就是信息交流追求省力原则的很好证明。虽然齐夫定律（Zipf's law）所描述的最小省力法则源于语言应用领域，但是他实际上也注意到了这一法则更为一般的意义，即各个不同领域中最短路线的选择和确定问题都与此有关。[①]

莫尔斯定律（Mooers's law）是对易用性原则最具代表性的描述。莫尔斯定律指出，“一个信息检索系统，如果对用户来说，他取得信息要比不取得信息更伤脑筋和更麻烦的话，这个系统就不会得到利用”[②]。从实际情况来看，用户对情报的选择几乎都是建立在易于获取和利用的基础之上的。

2. 科学交流理论

20世纪中叶，美国社会学家门泽尔从载体角度对信息交流过程进行了系统的研究，提出了著名的正式过程和非正式过程交流论。这一理论后经苏联情报学家、教育家米哈依洛夫整理，得到了体系严密的科学交流系统模式。[③]

交流学是20世纪40年代形成的，是研究人类交流行为发生、发展规律及其与社会的关系的学科。[④]米哈依洛夫把交流学与情报学结合起来形成了情报学的一个理论体系。米哈依洛夫认为，“情报是作为存贮、传递和转换的对象的知识”，而情报学是“研究科学情报的构成和特性，以及研究科学交流全过程的规律性”的学科。[②]科学交流是人类社会中提供、传递和获取科学情报的过程的总和，这种科学交流是科学赖以存在和发展的基本机制。以此种认识为基础，Mikhailov建立起了关于情报学的科学交流学派的理论体系。

Mikhailov将科学交流的过程概括为非正式过程和正式过程。其中，非正式过程基本上是由科学家和专家本人完成的通过个人接触进行的科学交流过程，而

---

① 马费成．论情报学的基本原理及理论体系构建．情报学报，2007，26（1）：3-16.

② 马费成．宋恩梅．信息管理学基础．武汉：武汉大学出版社，2011：314.

③ 李国红．А.И．米哈依洛夫科学交流模式述评．情报探索，2005，(6)：44-46.

④ 胡明．情报学的科学交流学派理论对我国情报学研究的影响．贵州大学学报（社会科学版），1994（1）：86-90.

正式过程则是借助于科学技术文献进行科学情报交流的过程。[①]科学交流的基本过程是由非正式过程和正式过程形成的不可分割的统一整体，各种交流过程各具特色，各种交流手段相辅相成，共同发挥科学赖以存在和发展的交流功能。

Mikhailov 的理论体系具有两个基本特征：一是所研究的情报仅限于科技情报；二是情报学理论建立在科学交流的基础之上。如果我们对 Mikhailov 模式中非正式交流过程和正式交流过程重新界定，将已出现或将要出现的建立在网络基础上的新的交流方式恰当地划归为非正式渠道或正式渠道，或者在原 Mikhailov 模式中增加介于非正式渠道和正式渠道之间的网络交流渠道，该模式将会很好地指导现代科学交流的理论与实践。[①]

2.3.2 知识管理理论

知识管理的理念与实践形成于 20 世纪 80 年代。知识管理是通过知识的创造、识别、获取、开发、共享与利用，提高组织的绩效与创新能力，获得竞争优势的活动与过程。知识管理一般包括知识创造、知识获取、知识存储、知识传播、知识共享、知识应用等阶段。

知识管理理论研究起源于企业的管理实践，但是现在有一种泛化的倾向，该理论已延伸至社会的各个领域，尤其是对图书情报领域的研究范式产生了深刻的影响。本书与知识管理理论相关联的部分主要包括知识分类和知识共享理论。

知识管理领域使用的知识分类方法很多，经常使用的三种是：经济合作与发展组织（Organization for Economic Co-operation and Development，OECD）的“Know”系列知识分类、Popper 的主观 / 客观知识分类以及波拉尼的言传 / 意会知识分类。

波拉尼认为知识具有个人性，与认知主体不可分割，而且知识是个体化的、特殊的和难以充分交流的。在此基础上，他将人类的知识分为言传知识与意会知识两种，前者是指可用书面文字、图表或数学公式表达出来的知识，后者是指不能用语言文字阐述的知识。[②]日本学者野中郁次郎结合日本丰田公司的知识创新实践，显性知识和隐性知识并阐明了两者之间的转化关系。[③]这种知识分类的研

① 李国红 . A . И . 米哈依洛夫科学交流模式述评 . 情报探索，2005（6）：44-46.

② [英] 迈克尔 • 波拉尼 . 个人知识：一种后批判哲学的探索 . 许泽民译 . 贵阳：贵州人民出版社，2000：445-446.

③ [日] 野中郁次郎，竹内弘高 . 创造知识的企业 . 李萌，高飞译 . 北京：知识产权出版社 . 2006：67-68.

究使管理学者认识到仅仅关注显性知识的获取、传播和应用是不够的，对组织更有价值的是隐藏在个人经验和能力中的大量隐性知识。

研究者在知识共享问题上已经展开了非常广泛的研究，从知识提供者和接收者的个体因素、技术因素和环境因素，到组织的结构、价值观、文化氛围等各类影响知识共享效果的有利或者不利因素，都能够在相关的研究中找到理论或者实证的依据。一般认为，知识共享是知识在个体之间的转化和交换过程。知识共享的内涵表现为：①同时存在知识提供者和接受者；②包括知识的外化和内化两个过程；③并不要求知识的提供者放弃知识的所有权，而是强调知识共享的参与者对知识的共同拥有。这些研究成果对分析知识传播行为的影响因素，具有重要参考价值。

2.3.3 组织行为理论

组织行为是一种复杂的现象。组织行为理论又称为组织行为学（organizational behavior science），是 20 世纪 30—60 年代形成的管理学的重要理论分支。美国学者 Robbins 认为组织行为学是对组织中人类行为的理解、预测和管理，它探讨个体、群体以及结构对组织内部行为的影响，以便应用这些知识来增强组织的有效性。[①]

古典管理理论试图为组织提供具有普遍意义的管理思想和科学方法，通过经济学的研究范式对个体行为进行研究，集中解决组织中“人—机器”和“人—工作”的配合，表现出了对效率、效用的偏重。[②]发端于霍桑实验的人际关系学派在对个体行为进行研究的基础上，着重探讨组织中人的相互关系及其作用，同时通过对领导行为、组织设计、组织变革的研究来达到组织行为的合理化，组织行为的重点由对事和物的管理转向对人的管理，同时管理方法由监督管理转变为人性化管理。[②]为了使组织不断适应新的环境，产生了以系统权变方法为主的现代组织理论。这一理论自 Barnard 创立后，经 Simon、Lawrence 和 March 等的发展，成了组织行为理论的重要流派。组织与环境的关系是权变组织理论的观点。他们把组织看成一个开放的社会系统，组织结构及其职能依赖于组织所处的外部

① 斯蒂芬•P. 罗宾斯 . 组织行为学精要 . 郑晓明，葛春生译 . 北京：电子工业出版社，2005：3.
② 杨家騄 . 组织行为面临的挑战及组织行为研究趋势 . 上海大学学报（社会科学版），2010，17（4）：95-102.

和内部的许多环境因素。权变理论的核心是使组织适应环境。

进入 20 世纪 80 年代，组织行为学又分为宏观组织行为学和微观组织行为学。宏观组织行为学来源于社会学、政治学、经济学，探讨在一定社会经济背景下的组织结构、组织设计和组织行为；微观组织行为学来源于心理学，研究个体行为、态度、动机与组织系统之间的相互影响。①

人在组织中的行为是组织行为学的研究对象，包括个体行为、群体行为、领导行为和组织行为四个层次。对个体行为的研究以调动个体工作积极性为目的，集中体现为对激励理论的研究；对群体行为的研究主要集中在群体凝聚力、群体的规范和压力、正式群体和非正式群体等方面；对领导行为的研究主要探讨卓越领导者的特征、有效领导的方式、在不同环境下对不同员工的领导手段、领导的授权；在组织行为层次，组织行为学主要研究组织发展的模式和途径、组织变革的阻力来源与推进变革的手段。

2.3.4 非营利组织理论

非营利组织并不是从来就有的，它是人类社会发展到一定社会历史阶段的产物。目前，在有关非营利组织兴起与发展的原因分析方面，比较盛行的观点是“失灵说”，包括“政府失灵说”和“市场失灵说”。

根据西方“自然法学派”提出的“社会契约论”，人们为平息社会无政府状态造成的社会混乱、失控和内耗，寻求和平、稳定与繁荣而组成政府，由政府来管理社会政治、经济、文化与安全以及社会生活的各个方面，以求社会整体利益的最大化。但是，政府也有其局限性。政府“失灵说”认为导致政府部分功能“失灵”的原因如下：一是政府部门垄断性地提供公共物品，缺乏市场式的竞争机制，也缺乏灵活性与效率；二是政府部门往往只能从宏观视角出发，粗线条地满足多数人对公共物品的公共性需求；三是政府体系是一个庞大的官僚体系，常常运转不灵，效率不高，缺乏自主性和创新精神。这致使政府只能部分地满足社会对公共物品的需要，从而留下诸多空白地带。

根据市场“失灵说”的观点，市场与政府并列，也是社会公共物品早期的主要来源之一。在一些主流经济学家看来，市场因其灵活性、主动性和创造性而

① 陈国海，方华，刘春燕. 组织行为学. 北京：清华大学出版社，2003：1-11.

能弥补政府提供公共产品的不足与缺口。然而，市场以私有制和追求利润最大化为基础的本能，也有其先天不足，并不能完全、有效地弥补政府部分功能“缺失”造成的空白。不仅如此，市场还会在提供部分公共物品的同时带来新问题。

政府与市场都存在部分功能“失灵”现象，社会还需要第三种途径来弥补公共产品在供应方面的缺口。全球化和后工业化以及由此导致的种种政治社会和人文心理变迁，导致两个“失灵”的加剧，这就为非营利组织的发展提供了充足的动力与活动空间。

非营利组织是国际上广泛使用的一个术语，它是一个界定非常宽泛的概念，在不同的国家、地区或者行业领域有着不同的称谓，如“非政府组织”“志愿组织”“慈善组织”“公益组织”“第三部门”等。我国民政部社会组织管理局在其主办的官方网站上称之为“社会组织”。这些不同的称谓尽管在文字表述上存在差异，但基本上都包含了介于政府组织和营利组织之间的一切社会组织。目前，学界普遍使用的非营利组织的定义方法是美国约翰·霍普金斯大学教授 Salamon 在《全球公民社会》一书中提出的五特征法①，即将具有以下五个特征的组织界定为非营利组织：①组织性；②私有性；③非利润分配性；④自治性；⑤志愿性。上述五个特性中，私有性和非利润分配性（即非营利性）被公认为是非营利组织的基本特征，组织性被视为一个不言而喻的前提。就现实情况来看，相当多的学者认为公益性或互益性，即“利他性”是非营利组织的一个基本特征。

本书中论及的内容开放式平台是基于互联网的产物，是网络用户传播与共享知识的自组织结果，它具有公益性、非营利性的基本特性，维持平台运作的组织一般也具有非营利的特性。

2.4　本章小结

公共知识是人类以一定的符号系统记录在相关载体上的能够被明确表达，并被特定社会范围内所有成员公开获取和较少使用限制的知识，具有知识内容的

① 莱斯特·M. 萨拉蒙，S. 沃加斯·索可洛斯基 . 全球公民社会——非营利部门国际指数 . 陈一梅译 . 北京：北京大学出版社，2007：12-13.

共识性、知识形式的编码化、知识获取途径的公开性、知识使用的较少限制等主要特征，包括进入公共领域的纯公共知识和未完全进入公共领域的准公共知识两种基本类型。公共知识是社会成员完成社会化的前提，是实现知识创新的基础，是维系社会交流和社会存续的纽带。

公共物品理论是公共经济学领域的基础理论，在本书中这一理论的主要价值是为“公共知识”的特征和价值提供理论依据。传播学是本书使用的基础理论，它作为一种研究环境的背景设定贯穿于本书的始末，涉及传播学的具体内容主要是关于传播的要素和网络传播两部分。知识管理理论是信息社会和知识经济时代的重要理论，它是本书的理论出发点，为“公共知识”“公共知识传播”等基本概念的界定与运用提供了依据。情报学理论中的易用性原理是包括内容开放式平台在内的各类技术和系统在开发设计时需要遵循的基本理念，而科学交流理论尽管有其时代局限性，但其中也包含了为网络环境下科学知识交流提供指导的合理成分。组织行为理论为本书确立了研究人的行为动力的组织视角，从而为探讨影响行为的各类要素提供了初步的理论背景和实践依据。组织行为理论的具体应用主要涉及激发个体组织行为的动机（激励）理论，以及组织行为学中关于人性的假设。本书中对内容开放式平台以及知识传播的动力机制的构建等核心问题的分析，都借鉴了非营利组织理论的相关内容。

第 3 章

内容开放式平台中的知识传播

平台是指某项工作或活动所需要的条件或环境。网络平台是指利用网络和计算机技术构建的具有某种特定功能的软件环境，其作用是为参与各方提供交互的机制和渠道，如发布信息、搜索内容和在线交易等。以平台系统是否向第三方开放为依据，可以将其划分为封闭网络平台和开放网络平台。开放和共享是互联网最重要的本质特征，开放网络平台成为互联网平台发展的方向。

所谓开放网络平台，是指网络平台的提供方将服务打包成统一的、可识别的接口并开放出去，使得第三方的服务和内容以相应形式接入到平台之中，第三方为平台提供产品和服务的同时，能够与平台共享各种资源，具有“开放输入、开放输出”的特点。开放网络平台可以凝聚社会力量，创建更多的互联网内容和应用。

依据网络平台向第三方开放的目的和对象不同，可将开放网络平台划分为应用开放平台和内容开放平台。应用开放平台开放的是网络平台的应用程序接口（application programming interface，API），主要面向第三方开发的各类应用软件，是近年来互联网公司所采取的新型商业模式，谷歌的安卓平台、苹果的应用商店、腾讯的 QQ 开放平台、淘宝的 TOP 等都属于此类。内容开放平台是用户生成内容（user generated content，UGC）的网络服务系统，开放的是平台中的知识或信息内容，YouTube、MySpace、维基百科等都是内容开放平台的成功案例。

3.1　内容开放式平台的概念与特征

内容开放式平台以开展公共性的知识传播活动为主要内容。本书将其界定为：以第三方构建和维护的网络平台为媒介，在网络用户自愿协作的基础上，实现知识的生成、发布与共享的非营利性网络服务系统。内容开放式平台具有开放性、非营利性、自愿性和知识性等特征。

1）开放性。开放性首先表现在知识内容的开放式构建和开放式获取上。知识内容的开放式构建指平台上的知识内容是经由网络用户不同程度地集体协作而生成的，知识内容的获取方式和途径也具有公开性，即“大家贡献、人人共享”。其次，就目前的情况来看，构建内容开放式平台的技术一般采用的是基于 Web 2.0 的开放源代码软件，如 Wiki、Wordpress 等，这一特征使其区别于采用单一传播主体、线性传播模式的个人博客类或信息发布类网站。

2）非营利性。非营利性表现在平台服务于接入互联网的所有社会成员，通过平台完成知识的生成、发布与获取，一般不需要缴纳费用。这一特征使其区别于以商业模式运作的知识交易类网站，如百度“框计算”开放平台以及“猪八戒网”等威客网站。

3）自愿性。自愿性表现在为平台贡献知识的主体和通过平台获取知识的主体是基于自愿性、主动性而非强制性和被动性来贡献或获取知识的，这也是网络环境下用户生成内容以及“共同兴趣驱动”的协作式知识传播活动的基本属性之一，这一特征使其区别于在出版商主导的开放获取平台或政府的行政指令下进行的知识贡献活动。

4）知识性。知识性表现在内容开放式平台以生成和共享知识为目的，强调知识生成和传播的交互性，即某一项知识内容的生成与完善是建立在多个主体或集体协作的基础之上的，这一特征使其区别于交易型、娱乐型、生活服务型的网站或网络社区。

3.2 内容开放式平台与知识传播之间的关系

知识传播活动的形式灵活多样，以传播媒介为依据可将其划分为传统形式的公共知识传播和基于互联网的公共知识传播。依据知识内容生成方式的不同，基于互联网的公共知识传播分为组织主导和用户主导两种类型，前者一般属于传统形式的公共知识传播在网络空间中的映射，组织（机构）依然是知识生成过程的主导者；而后者则是基于互联网的开放性和共享性产生的用户主导知识生成过程的新型知识传播方式。内容开放式平台就是基于互联网的用户主导知识生产过程的产物，主要开展公共性的知识传播活动。它不仅是人与人、人与知识联系的媒介，也是知识生成、发布与存储的媒介，它不仅使知识变成公共财富，扩大了知识的传播面，提高了知识的利用效率，也为受众选择性地利用知识提供了有利条件，其根本作用是促进了知识的社会化积累与知识资源的共享。

互联网是一种“去中心化”的媒介，其结构是离散的和无中心的。它是一个提供交流与共享平台的网络，网络属于全社会，任何参与者都只能参与而不能拥有，具有典型意义上的公共空间的特性。Web 2.0 的核心观念是“Web 作为平台”。基于 Web 2.0 的知识传播是以人为知识流的联结点，以互动空间为平台的协作性活动。内容开放式平台是以互联网为依托，以网络用户的自愿性知识生成、发布与共享为核心的公共性网络服务系统。它有别于传统的公共知识传播组织，一般不作为知识传播的主体参与知识传播活动，而是通过搭建基于互联网的系统平台，为公共知识传播活动提供虚拟网络空间、运行机制和管理环境（包括技术手段、传播渠道和物质载体）。这种新型的知识传播活动形式是互联网技术发展直接推动的结果，也是网络环境下公共知识传播活动的重要实现途径。这是在社会知识需求日益强烈、知识生产力发展到一定水平时出现的，摆脱了经济关系的制约，建立在知识提供与知识利用的社会公益关系的基础之上，实现了知识最终成为社会公共财富的意义，也实现了知识广泛传播和反复传播的目标，增加了知识传播的深度和广度。

3.3 内容开放式平台的结构与运作机理

3.3.1 内容开放式平台的结构

组织结构是组织适应环境的结果，结构决定了功能。内容开放式平台具有开放、互动的组织结构，如图 3-1 所示。从运作机制上来看，内容开放式平台一般由平台的互联网部分和平台的实体组织部分构成。互联网部分是平台的“前台”，属于面向知识共享活动的网络服务系统，能够实现知识的生成、发布、修改、存储、查询等。“前台”可以是一个门户网站，也可以是一个网络论坛或者某种类型的网络空间，但是都具有最大程度的开放性，能够实现知识的自由存取。任何一个能够接入互联网的用户都可以自由访问这个平台，以提供或者获取知识。知识贡献主体在各种因素的驱动下将自己的知识通过知识平台提供给知识库进行存储，而知识需求主体则通过基于知识平台的查询和浏览行为获取自己所需的那部分内容，并加以利用。“前台”的核心问题是如何通过技术支持保障知识资源的有效存取。

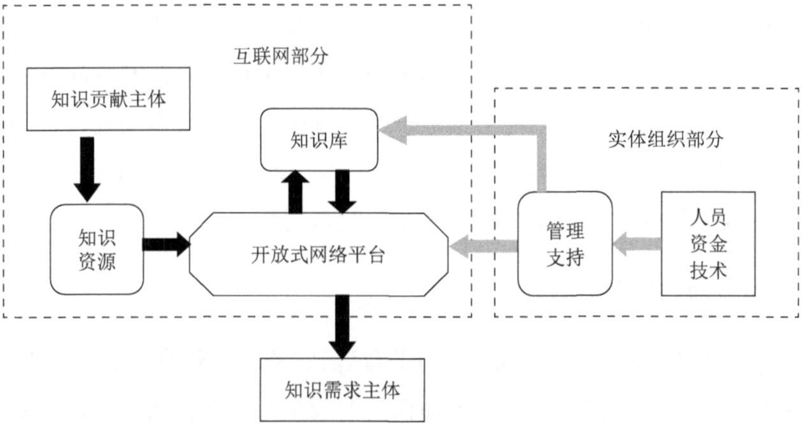

图 3-1 内容开放式平台的结构图

实体组织部分是平台的“后台”，属于平台的管理与运作机构，该机构通过人员、资金、技术、制度等方面的运作，为“前台”的知识共享活动提供全方位的支持。“后台”是指保障平台有效运作的各类组织要素的集合，包括人员、资金、技术、制度、设备、物理空间等，这是一个实在的客观部分，通常表现为某种类型的组织机构。“后台”的核心问题是如何通过有效地组织和管理保持平台的良好运作，为“前台”提供管理支持。

3.3.2 内容开放式平台的运作机理

一种事物的产生与发展总有其必然的原因。作为开展知识传播活动的网络空间与媒介，内容开放式平台的产生与运作有其内在的机理。

1. 基于共同兴趣的集体交互式知识生成与传播机制

Web 2.0 改变了传统的网络内容主导方式，从原来自上而下的由少数资源控制者集中控制主导的互联网体系，转变为自下而上的由广大网络用户集体智慧和力量控制主导的互联网体系。Web 2.0 将网络内容的生产权交给了所有网络用户，让他们从知识的消费者变为知识的生产者和传播者。用户能够依据自己的兴趣从事互联网内容的生成、协作与共享，即所谓的用户生成内容。用户生成内容的前提是用户对某个主题或内容感兴趣。具有共同兴趣和一定目标的不同用户以某个互联网空间或平台为依托，自愿围绕某一事物或主题进行交互式的内容协作，并随着参与内容协作的用户数量不断增加而呈现出集体性和规模化的结构特征，最终生成具有共识性的内容，并允许其他用户在特定平台或互联网空间范围内(外)共享。内容开放式平台之所以能够形成，主要是因为一群具有共同兴趣的参与者的加入，他们可以通过该平台进行交流与协作。参与者在这个平台上贡献知识，在知识的生成与传播过程中获得满足感和自我认同感。

2. 知识传播的代理机制

Web 2.0 的核心观念是“Web 作为平台”，它的特殊性在于虽然它也具备即时共享或传播的功能，但主要侧重于知识的非同步共享或传播。知识贡献主体和知识需求主体一般是把平台作为知识发布与存储的仓库，即知识贡献主体将自己的知识编码后以某种规范化的形式和顺序上传并存储在平台知识库中，知识需求主体在特定的时间内对此知识进行接收和获取。这两个步骤虽然是知识共享的两个基本环节，但是并不一定同步发生，两个步骤之间可能会间隔几小时、几天甚至更长时间。因此，这类平台的知识共享方式，一般情况下并不是贡献者与需求者之间的直接交流，而是借助内容开放式平台实现知识的异步式传播与共享。因此，内容开放式平台本质上提供了一种重要的知识系统代理机制，实现了知识发送与知识接收的时空分离，使知识共享的效果更为持久，也更加有效。内容开放式平台跨越了时间、空间，具有协作式、开放式的互动特点，这使得网络空间中的知识共享活动变得更为普遍，也更加活跃。

3. 非营利组织机制

知识传播代理机制得以实现的重要前提之一，是致力于开展或推动非营利性、公益性知识传播活动的相关群体、组织或机构的出现。

非营利组织是指不以营利为目的的组织，它的目标通常是支持或处理个人关心或者公众关注的议题或事件，具有组织性、私有性、非利润分配性、自治性、志愿性、利他性等基本特征。政府与市场在公共物品上的供给“失灵”是非营利组织产生与发展的一个主要因素，其运行机制是建立在一种公益的使命和责任的驱动下的民众自愿参与。与政府和市场相比较，非营利组织在提供公共物品方面，由于其志愿和参与精神而具有得天独厚的优势。互联网的兴起为非营利组织的发展提供了更多的机会和更广阔的空间。

需要说明的是，我国官方的正式文件中没有使用过“非营利组织”这一概念。但是民政部民间组织管理局在其官方网站的相关资料中出现过与非营利组织含义十分相近的一个概念，即“非政府组织”（non-governmental organization，NGO）。目前，则统一使用“社会组织”这个名称。

3.4 内容开放式平台的主要类型

内容开放式平台有多种类型，具体如下。

3.4.1 依据知识内容生成的开放性程度划分

据此可分为以下几种类型：第一类是以维基百科为代表的全开放式平台，其知识源自共同兴趣驱动的大规模交互式网络协作，在遵守“copyleft”相关协议的前提下实现知识的自由和免费获取；第二类是以科学松鼠会和知乎为代表的准开放式平台，其知识源自某些专业群体的知识分享，并对其他成员开放，接受他们的评议与反馈，在遵守“copyleft”相关协议的前提下实现知识的自由和免费获取（付费问答不在本书的研究范围之内）；第三类是以知识共享组织和麻省理工学院的开放教育资源（MIT open educational resources，MIT OER）项目为代表的半开放式平台，其知识源自个人或组织的知识资源以“作品”的形式在开放式的网络平台上予以发布，在遵守“copyleft”相关协议的前提下实现知识的自由和免费获取，“作品”一般是个人的创造，但是其内容具有显著的公共性。为保证“作品”的完整性，一般情况下，知识作品一经发布，其内容不会发生变动。

维基百科采取的是知识内容生成的完全开放，科学松鼠会和知乎采取的是知识内容生成的准开放，而 MIT OER 的知识内容的生成不具有普遍的开放性，考虑到它对承载知识内容的“作品”的获取具有开放性和无偿性，为论述完整起见，本书亦将其列为内容开放式平台的范畴。但是，由于这类平台在开放性和自愿性方面彼此之间存在很大的差异，因此本书暂不涉及此类研究对象。类似的情况还包括学术界开展的“开放获取”运动中的各类项目。

3.4.2 依据知识平台提供方的组织性质划分

所谓知识平台提供方，是指为内容开放式平台提供技术、设备和管理支持的主体（包括个人、群体和组织，但一般情况下是以组织的形式存在的）。依据组织性质的不同，可将其划分为政府驱动、营利组织驱动和非营利组织驱动三种类型。政府驱动的知识平台如我国教育部主办的“爱课程网”等；营利组织驱动的内容开放式平台如新浪公开课、百度百科、分答等；非营利组织驱动的内容开放式平台如维基百科、科学松鼠会等。

政府驱动的内容开放式平台服务于政府的政治目的，在资金、传播方式和传播内容等方面明显受到政策导向的影响。营利组织驱动的内容开放式平台虽然从事的是具有公益性质的知识传播活动，但是这种活动难以摆脱商业因素的影响，从而部分或全部地蜕变为组织的营利工具或宣传平台，例如，某些商业网站在其公开课视频上投放广告事件就非常明显地传递出了这样一种信号。需要说明的是，无论是公共知识传播活动还是知识共享平台（组织）的运行，其都是在既有制度框架内进行的，不可能完全摆脱政府的影响。而作为公益性较强的一项社会活动，基于互联网的内容开放式平台的生存与发展也需要得到来自包括商业组织在内的各类社会力量的支持与帮助。但是，如果某一个政治性或商业性组织控制或主导了知识共享活动或其组织机构的运行，则会对共享活动本身产生不同程度的负面影响。

非营利组织驱动的内容开放式平台既在很大程度上弱化了政府的过度干预，又避免了商业因素对知识传播活动的负面影响，使得知识传播活动的公共性、公益性以及知识内容的中立性和客观性得到最大程度地留存，同时在不主要依赖政府或某个商业组织提供资金支持的前提下，它既保持了知识传播活动的自愿性和独立性，又契合了自由、开放、平等、共享的互联网精神。因此，这种类型的知识共享平台与前两种类型相比较，更具有代表性。对基于此类平台的相关问题的研究，也就具有了典型性和实际意义。本书对于内容开放式平台的研究也主要是基于由非营利组织驱动的内容开放式平台展开的。

3.5 内容开放式平台的实践形式

如前所述，内容开放式平台类型众多，为了能够对这类平台形成更加直观和具体的认识，本书以案例的方式介绍几种内容开放式平台的实践形式。

3.5.1 维基百科

维基百科是一个基于 Wiki 技术的全球性多语言百科全书协作计划，同时也是一个在互联网上呈现的网络百科全书网站，其宗旨是为全人类提供自由的百科全书。开放式协作与免费共享是维基百科的基本特征。它是一个动态的、可自由访问和编辑的内容开放式知识生成与传播系统。

1. 维基百科的历史与现状

1995 年，在普渡大学计算中心（Purdue University Computing Center，PUCC）工作的坎宁安为了方便社群的交流而建立了一个叫波特兰模式知识库的工具，在建立这个系统的过程中，他创造了“Wiki”的概念和名称，并且创建了支持这些概念的服务系统。[①] 1996—2000 年，波特兰模式知识库围绕着面向社

① 智库百科 . 沃德 • 坎宁安 .http://wiki.mbalib.com/wiki 沃德 • 坎宁安 [2012-01-04].

群的协作式写作，不断发展出一些支持这种写作的辅助工具，从而使 Wiki 的概念得以不断丰富和传播。①

2000 年 3 月，Wales 经营的网络公司 Bomis.com 曾经推出一个在线百科全书计划—— Nupedia。Nupedia 是一部志愿性的、受到严格控制的免费百科全书，主编都拥有博士学历，但他们只收集了几百篇文章，后来由于缺乏资金和相关资源而停止。2001 年 1 月 2 日，Wales 与 Sanger、Kovitz 在美国加利福尼亚州会面。Kovitz 当时是 Wiki 程序的协作开发者之一，当他在向 Sanger 解释 Wiki 的概念时，Sanger 意识到 Wiki 可被用来创建一个更加开放、轻松的网络百科全书计划，他立即说服 Wales 在 Nupedia 中建立了一个 Wiki，但是此举遭到了 Nupedia 编写人员的极大反对。为了不让该项目就此夭折，Wales 于 2001 年 1 月 15 日发起了一个以 wikipedia 命名的新计划，并在 wikipedia.com 网站上正式启动。② 维基百科的第一批知识条目来自 Nupedia，其邀请每一位互联网访问者编辑、添加这个资料库中的内容。该网站在第一年就取得了极大的成功。2002 年 8 月，维基百科的域名从 wikipedia.com 变为 wikipedia.org。

如今，维基百科已发展成为全球发展最快和最大的内容开放的网络百科全书。截至 2018 年 7 月，英语维基百科的总条目数已突破 568 万，而全球 280 多种语言的独立运作版本共突破 4900 万个条目，总注册用户超过 298 万人，总编辑次数超过 7 亿次。③ 根据 Alexa 网络流量统计排名，2018 年 7 月维基百科是世界网站流量排名第五的网站和世界排名第一的无广告网站，每个月有超过 150 亿人次的浏览量。

2. 维基百科的特征

1）协作。Wiki 是一种基于互联网产生的支持多人协作的超文本系统。采用 Wiki 技术的网站是一种交互式网站，在这种网站的页面上，任何人都可以浏览、创建、更改条目，系统可以对各种版本进行有效的管理和控制，并且保存所有记录（包括删除记录）。为了吸引更多人参与，Wiki 使用“格式化语法”（formatting rule），这样用户就可以把更多的精力投入到内容的写作中。④ 为了保证 Wiki 网

① 王璐 . 思想的源泉—— Ward Cunningham. 程序员，2010，（10）：8.

② 英语百科 . 维基百科 . http://www.dienglish.com/wiki/index.php?doc-view-67[2018-12-06].

③ Statistics. http://www.wikipedia.org/wiki/Special:statistics[2018-07-29].

④ 黄永 . 维基知识库研究 . 湘潭大学硕士学位论文，2010：14.

站的正常运作，维基百科采取了一些技术手段，如页面锁定技术、版本控制技术、IP 禁止、沙箱技术等，来确保面向大众、公众参与的原则，降低公众参与带来的风险。

2）自由。维基百科计划中没有所谓的主编。Wales 和 Sanger 是维基百科的创立者，他们将自己看作是负责防止维基百科计划走回头路的普通参与者。参与者不需要具有特殊的资质就能在知识方面做出贡献，这就表示无论是任何年龄、任何职业、来自何种文化或社会背景的人，都可以自由撰写维基百科的条目。

维基百科有多种语言版本，但各语言版本的运作皆是独立进行的，即编辑、撰写时并不受到任何其他语言版本的影响与牵制，相同主题的条目也没有被强制要求从其他语言的维基百科中翻译过来。

3）开放。维基百科所有的文本内容都在 GNU 自由文档许可证下发布，属于开放内容的重要组成部分。2009 年 5 月，维基百科宣布在其一直使用的 GNU 自由文档许可证的基础上新增知识共享 / 署名-相同方式共享协议（creative commons attribution-sharealike license），进一步明确了维基百科开放、共享的特征。①

4）控制。维基百科在创始之初对知识条目采取无审核机制。为了提高条目的准确度和有序化程度，2009 年 8 月，系统增加了管理员规则以及事实校验和实时同级评审规则。它要求管理员对用户编辑内容进行事后审核，删除侵犯版权的内容，将表述不够中立或来源不明的词条进行明确标记，敏感的议题由仲裁委员会把关。因此，维基百科是民主制、精英制、独裁制的混合。②

3. 维基百科的运营

维基百科是一个非商业性的网站，于 2001 年 1 月 15 日正式成立。网站成立之初，其位于美国加利福尼亚州圣地亚哥的服务器和电缆都是由其创立者 Wales 捐献。2003 年 6 月 20 日，Wales 成立了维基媒体基金会（Wikimedia Foundation），负责包括维基百科在内的众多维基项目的维持与运作。维基媒体基金会属于非营利组织，其使命是鼓励并协助内容开放、基于维基的计划的发展，并在不刊登任何商业广告的情况下向公众免费提供这些计划的全部资源。

维基媒体基金会创建初期，所有的工作都是由志愿者来完成，而现在维基

① 令狐达. 维基百科切换至 Creative Commons 共享授权协议. http://it.sohu.com/20090522/n264115661.shtml.[2018-10-07]

② 百度百科 . 维基百科 .https://baike.baidu.com/item/ 维基百科 [2018-07-29].

媒体基金会逐步建立起稳定常规的组织结构。根据《维基媒体基金会章程》，维基媒体理事会负责管理基金会、监督处置和募集捐赠；基金会至少由7名有投票权的理事组成，所有的理事都是志愿者，没有基金会的受薪雇员。维基媒体基金会不要求理事为其捐款，但鼓励他们参与募集捐赠。[①]与许多小型的非营利组织类似，维基媒体基金会职能部门的职员很少，在2011年为43人。理事会和维基媒体基金会的工作人员不干涉维基百科的编辑事务，对于每项维基媒体计划也都各自独立管理，并以舆论为导向。

维基媒体基金会的资金来源主要包括小额捐款、授权、奖赏、投资收入、镜像站点资助、硬件捐赠等。美国联邦税务署已确定维基媒体基金会为公共慈善机构，维基媒体基金会可以免除联邦收入税和州收入税，公众对其的捐款部分可以减免税收。[②]近年来，由于维基百科的影响力越来越大，网络巨头谷歌和雅虎在以不同形式对其发展提供支持和援助的同时，通过它们强大的内容推送能力进一步拓展了维基百科共享的范围。

4. 维基百科遇到的问题

随着维基百科规模的增大，对维基百科的批评也逐渐增多，其中主要的批评集中在以下几个方面。

1）内容的专业性与可信度。由于人人都可以参与，而参与者不可能人人都是专家学者，导致许多条目缺乏专业性和权威性，相关条目过于潦草简单，从而造成了条目内容的可信度和可靠度比较低，这是维基百科面临的最大质疑，也是所有开放式网络百科全书存在的共同问题。

2）系统的易用性与稳定性。维基百科的访问量极高，容易导致维基百科服务器响应过慢；维基百科的编辑代码过于复杂，不利于普通用户参与编辑。

3）系统的可持续运作。维基百科是免费的，但是其庞大的规模决定了服务器与人工维护的成本高昂。虽然从2009年开始维基百科组织了大规模的募捐活动，但是由于坚持公益性和中立性，其系统的运作仍然缺乏持续稳定的收入来源。

---

① 罗志成．维基媒体基金会运营机制与思想基础探析．情报理论与实践，2008，31（6）：153-156.

② Wikimedia.Laws of the wikimedia foundation.http://wikimediafoundation.org/[2012-02-05].

3.5.2 科学松鼠会

科学普及，又称为科学传播或科学知识传播（国外称为公众理解科学），在我国属于一项由政府或事业单位主导的社会公益活动。而民间人士的网络科普活动借助网络和科普志愿者的力量通过艰难曲折的探索，找到了一种新的发展模式，进而成为传统科普方式的重要补充力量。科学松鼠会就是其中的典型代表。

1. 科学松鼠会的历史与现状

2007 年 11 月，作为科学撰稿人的神经生物学博士姬十三在北京和一批活跃于网络的科普作者和媒体人士进行会谈，决定在 Google 上建立一个名为“科学松鼠会”的私密论坛，以此作为方便有共同兴趣的参与者互相交流的平台。2008 年 4 月，在科学松鼠会的一次聚会上，姬十三提出设立群博的倡议，并获得成员的一致通过。2008 年 4 月 28 日，科学松鼠会的群博正式上线。科学松鼠会作为一个基于互联网的自发组织，也由此宣告正式成立。之所以取名为科学松鼠会，是因为他们将科学比喻为坚果，内核有营养而外壳难以剥开，“松鼠们”的工作就是“剥开科学的坚果，帮助人们领略科学之美妙”。①

科学松鼠会的群博上线后一个月，爆发了汶川地震。汶川地震发生后不到 3 个小时，科学松鼠会就赶写出一篇高水准的科学原创文章《动物预报地震，靠谱吗？》。随后，科学松鼠会策划了“地震专辑”，20 天之内发稿量达到 30 余篇，内容从地震能不能被预报、心理救助、自救方法，到救援技术、预警系统、震后防疫等，涵盖了地震知识的各个方面，此专辑使科学松鼠会网站的 IP 日点击量达到了 16 000 人次。②

北京奥运会期间，科学松鼠会又推出“奥运专辑”，从奥运科技装备、天气控制、奥运村科技等角度，多方面、全方位地解析与奥运会相关的种种科学知识。②科学松鼠会关注对现实生活产生重大影响的事件，在促进科学知识传播的同时，也使其产生了一定的社会影响力，赢得了广泛关注。

2008 年 11 月，科学松鼠会的博客获得了“德国之声”博客大赛“全球最佳博客公众奖”，从而一举成名。同年 12 月，“‘科学松鼠会’人气蹿红，民间人士、

① 科学松鼠会 . 关于我们 .http://songshuihui.net/about[2012-01-07].

② 曹静，陈霜，曹文清 . 剥开科学坚果，多些“松鼠”. 解放日报，2011-05-27（22）.

网络博客成为科普新生力量”，入选2008年中国科普十大事件。[1]

随着科学松鼠会的名气日渐扩大，其团队规模也在不断扩张，运营成本也在日益增加。最初建立在个人兴趣之上，凭借理想和激情维持的松散型组织结构，不能满足其未来发展的现实需求。为了维持科学松鼠会的可持续发展，其在此时需要一个路径，需要建立一种长久的组织运作机制。

2008年底，姬十三开始申请科学松鼠会的NGO资格。申请失败后，科学松鼠会为了能够保证运作所需的各种资源，开始了公司化进程，经过科学松鼠会几个核心人物的讨论，姬十三于2009年1月注册了“北京一群松鼠文化传播有限公司”，3个月后公司正式运营，有正式员工和固定办公地点，资金来自企业等机构的私募，姬十三成为公司的首席执行官。尽管公司成立的主要目的是为科学松鼠会创造运营的资本，但其公益性与商业性的交织仍然招来了一些人的质疑，其中也包括科学松鼠会的成员。

2010年，姬十三重新申请科学松鼠会的NGO资格，并于2010年底寻求到北京市朝阳区科学技术委员会的挂靠支持。2011年1月，科学松鼠会在北京市朝阳区注册成功。目前，科学松鼠会的官方注册名字是“北京市朝阳区哈赛科技传播中心”，属于NGO中的民办非企业单位。哈赛科技传播中心以公益为宗旨，运营多个科普项目。科学松鼠会是其中的主导项目，定位为青年科学传播者俱乐部，为行业培养后备人才，组织青年自发进行线下科学活动。

同时，为了在品牌上将科学松鼠会与商业公司区分开来，姬十三决定将原有的公司名“北京一群松鼠文化传播有限公司”更名为“北京果壳互动科技传媒有限公司”，简称果壳传媒。

2. 科学松鼠会的特征

1）专业。科学松鼠会拥有一支专业的队伍。首先，它的成员包括来自国内外各院校的一线科研工作者，如媒体的科学记者、编辑以及活跃在各大媒体科学版的多位科学作者和译者。绝大多数“松鼠”都拥有博士学位，这保证了其专业素养。其次，成为作者需经过评议小组十分严格的专业和文字审核。成为作者的前提是发布个人信息、回答开放式问题和撰写投名状。投名状是指原创的1000

① 吴娟. 科学松鼠会传播要素及模式研究. 中国科学技术大学硕士学位论文，2010：2.

字以上的科学文章。在通过申请的一周或更长的时间内，申请者会被要求回答更多的问题和撰写更多的科学文章，只有经过了评议小组十分严格的考核，才有可能成为科学松鼠会的正式成员。①

2）控制。科学松鼠会网站由全职编辑和作者共同参与管理，用集体协作的方式发布大量科普文章，这些文章提供的答案不是通过谷歌或百度搜索引擎就能轻易获得的，它们是众人科学智慧的结晶。虽然是基于网络的科学传播，但是科学松鼠会具有严格的内容把关和审核制度，大多数文章会经由“同行评议”再发出。此外，科学松鼠会网站吸引了大量科学专业人士，他们的作用相当于第三方监督，这也在一定程度上保障了文章的质量。②

3）反馈。科学松鼠会的网站是基于 Wordpress 而构建的 Web 2.0 网站，网址是 http://songshuhui.net。在科学松鼠会的每一篇文章下都开设了评论区，而评论区的开设让科学松鼠会相较于传统媒体发挥了其作为网络媒体的显著优势，即及时获取读者反馈信息，并在来自各方的点评甚至辩论中充实其内容。除了开设评论区，科学松鼠会还开设了论坛、豆瓣小组及新浪微博等。通过这些平台，科学松鼠会及时发布相关信息，并接受受众反馈。

4）开放。科学松鼠会使用的是知识共享“署名-非商业性使用-禁止演绎”协议，因此，对于用户而言，网站上的内容可以被自由地获取、复制和进行非商业性使用。

5）线下活动。科学松鼠会除了在其网站上发布大量的科普文章之外，还开展了丰富的线下活动，如科普讲座、阅读沙龙、达文西行走中队、“科学嘉年华”、“小姬看片会”等。通过开展这些线下活动，不仅增加了科学松鼠会成员之间的交流与互动，提升了组织的凝聚力和社会影响力，还以活泼、生动的方式促进了科学知识的传播。

3. 科学松鼠会的运营

科学松鼠会起初是由一群年轻人基于共同兴趣而形成的自发组织。科学松鼠会在创立初期的第一笔资金来自姬十三和科学松鼠会其他核心成员的集资。经过多年的探索与发展，目前，科学松鼠会已经成为公益性非营利机构“哈赛科技

① 科学松鼠会 . 关于我们 .http://www.songshuihui.net/about[2012-01-07].

② 曹静，陈霜，曹文清 . 剥开科学坚果，多些“松鼠”. 解放日报，2011-05-27（22）.

传播中心”下属的一个公益项目，果壳传媒是哈赛科技传播中心的发起单位。但是哈赛科技传播中心与果壳传媒两个机构各自保持独立，分别由不同的核心团队运营。

哈赛科技传播中心采取了完全公益性的组织架构，旗下包括科学松鼠会、果壳时间、科学支教、科学互助等多个科学传播项目群。其资金来源包括三部分：一是果壳传媒所提供的一部分资金支持，作为基础运营的费用；二是来自北京市科学技术协会等事业单位的资助；三是通过线下活动得到的专项赞助。

科学松鼠会成员由海内外优秀的华语科学传播者组成，2018 年现有成员 110 名，平均年龄 26 岁，其中有 1/3 左右的会员分布在英国、美国、中国香港等 8 个国家和地区。媒体从业人员占到了会员总数的 1/4 左右，他们是负责传播科学的“正规军”。

为了能让科普写作事业后继有人，2009 年，科学松鼠会分别与中国科普作家协会和上海科普作家协会合作，在北京、上海开设了科普写作辅导班，培训了近 40 位学员。

4. 科学松鼠会遇到的问题

从科学松鼠会的发展过程来看，它遇到的最核心的问题是制度方面的。

我国目前在组织申请 NGO 资格方面设置了严格的审批和管理制度，主管部门对公益组织的审批都比较谨慎，获得民办非企业单位的登记证书难度较大。科学松鼠会在首次申请 NGO 资格失败的情况下，只能选择以企业的方式进行注册和运作，这也导致了虽然科学松鼠会名气很大，但在整个 2009 年姬十三并没有得到任何 NGO 或者基金会的支持。即使是一些类似于壹基金典范工程的奖项，由于非民政注册的身份，科学松鼠会也没有资格去申请，只能依靠自己的投资运营。而在科学松鼠会成功获得 NGO 资格后，尽管其从企业变成了民办非企业单位，但在税收方面没有发生太大变化，对科学松鼠会的各类捐款还是要支付一定的税收。我国的相关法律规定，NGO 只有运营到一定程度和规模时，才可以申请免税资格。

资金是维持组织运作的最基本的资源。作为非营利组织的哈赛科技传播中心，还面临着人才和资金短缺的潜在威胁。相对于一般性的写作而言，科普写作本身就是一个比较小众的领域，而科学松鼠会的写作则要求兼具科学性、规范性和趣味性，这一门槛相对于大多数人来说太高，新人培养的不易、老作者的退出使得科学松鼠会面临着人才短缺问题。而有限的融资渠道和融资规模也使得组织在发展壮大的压力下，同时面临着资金短缺的困扰。此外，由于科学松鼠会与果壳传媒之间的渊源颇深，科学松鼠会的公益性和独立性能否得以最大程度的保持和体现，也是其面临的一个比较现实的问题。

3.5.3　知识共享

传统的著作权对作品的保护通常有两种极端：一是保留所有权利；二则是不保留任何权利（即公有领域）。①知识共享则试图在两者中间的灰色地带保有弹性，通过提供多种可供选择的授权形式及条款组合，使得创作者可与公众分享其创作，授予其他人一些权利，同时又能保留部分权利。

知识共享是一个国际性的非营利组织，也是一个全球性社区，其核心是一种数字作品的许可授权方式，旨在打破阻碍人们分享知识的壁垒，最大程度地增强创造性作品的流通性及可衍生性，使其被更多人分享和再创造，共同促进人类知识作品在其生命周期内产生最大价值，并寻找适当的法律以确保上述理念的实现。

1. 知识共享的历史与现状

在公共领域研究中心（Center for the Public Domain）的大力支持下，知识共享组织于 2001 年成立，莱思格是其创始人，其他董事会成员包括波义耳、卡罗尔和范霍维林，以及长期以来对现代知识产权制度进行批判的学者、教授及律师等。哈佛大学法学院伯克曼网络与社会研究中心以及斯坦福大学法学院网络与社会研究中心的工作人员与学生对项目的启动提供了大量帮助。知识共享组织位于美国的旧金山，其董事会负责监督和领导为数不多的行政人员和技术人员，并在技术顾问委员会的建议下开展工作。②知识共享组织与项目运作的资金主要来源于公共领域中心、麦克阿瑟基金会（MacArthur Foundation）、Hewlett 基金会、Omidyar 广播网等。

① 文宁，陈鑫铭．精品课程资源共享中的版权保护研究．现代教育技术，2010，20（5）：78-81.

② 知识共享中国大陆．宗旨和历史．http://creativecommons.net.cn/about/history/ [2018-03-07].

2002年12月，知识共享组织发布了CC协议的1.0版本。其后CC协议不断被完善，到2007年已经更新至3.0版本。随着知识共享理念的推广，CC协议的影响力也与日俱增，2009年互联网上适用CC协议的作品就已经达到3.5亿件，2016年攀升至12.04亿件。截至2017年5月，知识共享会员网络由100多个附属机构组成，在85个国家担任知识共享代表，此外，在数百万个网站上存在超过14亿份CC授权作品，内容覆盖了艺术、文化、教育、法律、开放获取、开放数据、开放科学、政策、宣传、版权改革、技术等领域。①

最初的CC协议是以美国法律体系为基础写成的，所以用词不能很好地契合其他国家现存的法律文本。不考虑本地法律的实际情况，很可能会导致协议无法执行。为了解决这一问题，知识共享组织推出了iCommons（International Commons）计划，调整法律用词以适应各国国情。中国大陆引入CC协议（未本地化版本）的活动始于2003年。②

2003年1月，Cnblogs.com网站上出现了介绍CC的文字。该网站开始采用CC协议并在博客群体中推广该协议。2003年8月，中文网站“奇迹文库”创始人季燕江通过《公共科学图书馆》（*Public Library of Science*，PLoS）期刊接触到了CC协议，并开始与知识共享网站所提供的英文版许可协议建立了链接，采用CC协议，同时在其网站上翻译了CC协议中的普通文本。2003年11月，CNBlog.org与iCommons合作推出Creative Commons China项目，由CNBlog.org创始人毛向辉担任项目负责人。项目团队进行了1.0版CC协议的翻译工作，并将Creative Commons翻译为“创作共用”。2004年9月，受iCommons（现改称为Creative Commons International，CCi）的委托，中国人民大学的王春燕教授参加了在上海举行的首届开放课件国际会议，并在会议上介绍了中国著作权制度及CC协议。

2005年1月，CCi主任von Donnersmarck任命王春燕教授为Creative Commons China新的项目负责人。王春燕所任职的中国人民大学法学院与CCi正式签署了合作谅解备忘录，成为知识共享组织在中国大陆的合作机构。知识共享本地项目的官方名称也由原先的Creative Commons China正式变更为Creative Commons China Mainland（知识共享中国大陆项目），负责CC协议的翻译与本

① 知识共享中国大陆．2017年共享领域情况报告．http://creativecommons.net.cn/sotc-2017/ [2018-03-07]．

② 知识共享中国大陆．宗旨和历史．http://creativecommons.net.cn/about/history/[2018-03-07].

地化以及与本地化协议相关的各项推广工作。Creative Commons 的中文译名最终确定为“知识共享”。

2006 年 3 月 29 日，中国大陆版 CC 系列许可协议 2.5 版本在北京正式发布。自发布之日起，中国大陆版 CC 协议免费向公众开放使用。知识共享中国大陆项目官方网站同时正式上线。

2006 年 5 月，知识共享中国大陆项目国际顾问委员会成立，在项目的发展计划、资金筹集等问题上给予了重要的支持。自 2007 年夏天开始，知识共享中国大陆项目获得了福特基金会的资助，这保证了知识共享中国大陆项目得以持续发展，并为上述各种推广活动的举行提供了可能。

2.CC 协议的内容与特征①

CC 协议类似于 OPL 和 GFDL。批评者认为 OPL 和 GFDL 都还不够“自由”。目前，CC 提供四种类型的权利和六种主要的许可协议。

四种类型的权利如下：①署名（attribution，BY），即必须提到原作者；②非商业使用（noncommercial，NC），即不得用于营利性目的；③禁止演绎（no derivative works，ND），即不得修改原作品，不得再创作；④相同方式共享（share alike，SA），即允许修改原作品，但前提是必须使用相同的许可协议。

六种主要的许可协议如下。

1）署名-非商业使用-禁止演绎。该项许可协议允许重新传播原作品，是六种主要许可协议中限制最为严格的协议。这类许可协议通常被称为“免费广告”许可，因为他人只要注明创作者的姓名并与其建立链接，就可以下载并与他人共享该作品，但是他们不能对作品做出任何形式的修改或者进行商业性使用。

2）署名-非商业性使用-相同方式共享。该项许可协议规定，只要他人注明创作者的姓名，并在以创作者作品为基础创作的新作品上适用同一类型的许可协议，该他人就可基于非商业目的对创作者的作品进行重新编排、节选或者以创作者的作品为基础进行创作。基于创作者作品而创作的所有新作品都要适用同一类型的许可协议。因此，对任何以创作者原作为基础创作的演绎作品自然同样都不得进行商业性使用。

---

① 知识共享中国大陆．知识共享许可协议文本．http://creativecommons.net.cn/licenses/meet-the-licenses/[2017-03-09].

3）署名-非商业性使用。该项许可协议允许他人基于非商业目的对创作者的作品重新编排、节选或者以创作者的作品为基础进行创作。尽管他们的新作品必须注明原创作者的姓名且不得进行商业性使用，但是他们无须在以原作品为基础创作的演绎作品上适用相同类型的许可条款。

4）署名-禁止演绎。该项许可协议规定，只要他人完整使用创作者的作品，不改变作品并保留署名，该他人就可基于商业或者非商业目的对作品进行再传播。

5）署名-相同方式共享。该项许可协议规定，只要他人在其基于原作品创作的新作品上注明原作者的姓名并在新作品上适用相同类型的许可协议，该他人就可基于商业或非商业目的对原作品进行重新编排、节选或者以原作品为基础进行创作。该项许可协议与开放源代码软件许可协议类似。以原作品为基础创作的所有新作品都要适用相同类型的许可协议，因此对所有以原作品为基础创作的演绎作品都可以进行商业性使用。

6）署名。该项许可协议规定，只要他人在原著上标明原作者的姓名，该他人就可以基于商业目的而发行、重新编排、节选原作品。就他人对原作品的利用程度而言，该项许可协议是CC提供的最为宽松的许可协议。

知识共享的特征表现为以下四点。

1）共享性。知识共享的目标是合作和共享，旨在突破默认的限制性规则，构建一个合理、灵活的著作权体系。利用互联网技术的全球网络结构，世界上每个角落的人都可以通过全球网络结构分享自己的作品，同时也可以利用前人已有成果进行作品的再创作。除特殊说明，作品允许他人免费拷贝、分发（任何形式）、讲授、表演。但这并不意味着原创作者放弃了自己的著作权，而是指在特定的条件下将其部分权利授予公共领域内的使用者。知识共享通过在网站上无偿提供一系列的协议，旨在帮助人们表达渴望共享的心愿。①

2）自愿性。知识共享组织的活动以自愿为基础。美国斯坦福大学法律系教授Lessig是知识共享组织的创始人，该组织主要负责管理、维护和提供数字作品的知识共享授权服务，组织使命的完成是团体成员自愿参与的结果，从事服务时，团体成员也是自觉的。

① 王玉卿．从“保留所有权利”到“保留部分权利”——解析“知识共享组织”及“CC”协议．图书情报工作，2006，50（10）：121-123.

3）组织性。知识共享组织是一种实体性机构。因此，知识共享组织有知识共享协议机制、组织运行规则、工作人员和其他一些相对持久的指标。在知识共享组织框架下，保证网络作品和非网络作品按照协议机制有效运行，协议一旦生效就不可以撤销，这意味着知识共享是有组织、有规则的，从而有效避免了因组织效率低下而带来的纠纷。

4）开放性。根据 CC 许可协议，权利人在保留某些权利的前提下，可以对其作品进行授权使用，即授权他人按照 CC 许可协议所允许的方式使用其作品，从而使他人能够在不违反著作权法的前提下获得更多的创作素材，包括音频、视频、图片、文字、教材、软件等。[①]这是知识共享开放式获取的重要体现。

3. 知识共享遇到的问题

随着知识共享全球化和本地化的不断推进，其发展过程中存在的各类问题也日益凸显，主要涉及以下几个方面。

1）CC 许可协议的适用性问题。CC 许可协议本身不具有法律约束力，其发挥作用的前提是在既有法律框架内，创作者自愿选择“保留部分权利”。CC 协议源于版权（著作权）制度极为成熟的美国，而有些国家和地区的版权保护制度还不够完善，相关的法律法规还不健全，社会公众的版权意识薄弱，创作者徒有“保留所有权利”之名，却无法完全落到实处，现实情况中盗版侵权、任意转载和使用的现象也非常普遍，网络传播的开放性与便利性更加剧了这种乱象。CC 协议是否适合在这些国家和地区普及与推广，还有待进一步验证。

2）资金来源问题。使用 CC 协议的网络平台免费开放其内容，随着数字化作品规模的不断扩大，其运营成本也会不断增加。与大多数非营利组织遇到的困难一样，如果无法获得稳定的资金支持，如基金会和政府机构等的资金支持，或者无法实现对原创内容的增值性开发和利用，则该组织或知识平台的生存与发展就会受到威胁。

3）CC 协议面临的批评。批评主要在于 CC 协议的推行及其提升既定价值和目标的方式，包括常识定位（认为“这没有需要”或“这夺去了用户权益”）和超越版权的定位（主要由传统的内容产业提出，他们质疑知识共享缺乏用处，

① 王晶，钟紫红．著作权新理念下创造性作品的保护与共享——知识共享组织及其许可协议．中国科技期刊研究，2008，19（2）：243-247.

甚至会伤害传统版权的根基）。①

3.5.4 知乎

知乎（ZhiHu）是一个社会化问答社区，是获取、分享及传播知识的网络平台。“知乎”的意思是“你知道吗”，如果不知道，那就来知乎提问。知乎通过UGC的方式，产生和分享高质量问答内容，并为用户建立起有价值的社会关系网络，期望以关系社区的形式来帮助用户找到更好的问题和答案。

1. 知乎的历史与现状

社交网络兴起后，人们可获取的信息量呈爆发式增长，导致信息的筛选成本也在不断增加，有价值的信息的获取效率不升反降。当有问题时，我们通常都会选择搜索引擎。输入问题的关键词，点击搜索并浏览结果信息，然后离开。这种方式可以非常快速地链接到那些已经产生的信息。而提问题则是另一种完全不同的方式，可以链接到还没有产生的知识、经验和见解。②

2007年，知乎的创始人之一周源接触到了一个叫Apple4us的群体博客。这个群体博客的运作方式是，一群人围绕感兴趣的话题不断交流，然后将想法写下来，形成中文互联网上质量很高又很有影响力的文章。为什么这些非专业写作者的文章能够受到欢迎，并且能产生影响力？其原因在于，他们并没有像一个编辑部那样确定选题、撰写文章，他们只是在回答问题。该博客的发起人是知乎的另一名创始人张亮。2010年8月，张亮在Apple4us上写了一篇介绍国外网络问答产品Quora的文章。Quora融入了很多概念，包括Twitter的“关注”、Wikipedia的“共同编辑”等。当时他们预测，三个月内类似的产品会在中国出现，但是等了一段时间后，类似的产品并没有出现。于是，这群人决定自己来做，然后就有了知乎。

知乎从2010年12月19日开始运转，并于2011年1月25日正式上线，对注册用户采用的是“邀请+认证”的方式，用户只有获得邀请码并通过个人资料的审核后才能注册，被邀请的用户大多是线下名人、CEO、作家、学者等社会知

① 百度百科．知识共享．https://baike.baidu.com/item/知识共享 [2018-07-28].

② 相欣．周源携知乎“闯入”西南偏南：知识正在成为商品并以付费形式标准化．http://tech.qq.com/a/20170312/020609.htm[2017-03-12].

名人士。这一时期的知乎着力培养社区氛围与核心用户，并形成了以下特征：问题和答案呈现出较强的知识性；答案和评论区的理性高于中文互联网平均水平；人际关系呈现出强关系链和小众圈子；用户群体兴趣较集中、学历较高、社会阅历丰富。①

2013 年 3 月，知乎向公众免费开放注册，不再需要邀请码和个人资料审核。由此，在不到一年的时间里，知乎的注册用户数量由 40 万人增至 400 万人。②作为一个向公众开放注册的新兴网站，知乎活跃用户的绝对数量和相对比例都很高。

2015 年 3 月，知乎推出知乎日报，它对所有未注册用户开放，每日提供来自知乎社区的精选问答。2016 年 4 月，其付费问答产品“值乎”上线。2016 年 5 月，知乎发布知识付费产品“知乎 Live”，提供实时语音问答互动新体验。为进一步完善社区生态布局，2016 年 7 月，知乎引入“机构账号”，邀请合法的、具有正规资质的组织，如公益组织、政府机关、媒体等入驻，发布内容并参与社区互动。同年 9 月 20 日，知乎发布“知乎书店”，用以链接电子书发售和社区讨论，并与出版行业共同探索出版新模式。2017 年 8 月，知乎推出新功能“想法”，形式为短内容记录，与朋友圈、微博相类似。③

截至 2017 年 9 月，知乎个人注册用户总数超过 1 亿人，日活跃用户数量达 2600 万人，人均日访问时长 1 小时，月浏览量 180 亿次。④2018 年 8 月底，知乎注册用户数突破 2 亿。⑤知乎已经发展成为中文互联网上最活跃的知识分享平台。

2. 知乎的特征

1）融合。每个人都有自己的知识和技能，这些能力通常被其他人需要。将众人的智慧集中在一起解决问题，有着显而易见的社会意义。知乎融合了 Twitter 的“关注”方式、Wikipedia 的共同编辑和 Digg 的用户投票等机制，将这些现有

① 任艺菲 .“知乎”开放注册利基模型分析 . 西部广播电视，2015，（4）：5-6.

② 李根 . 知乎社区加大开放力度：未注册用户也可浏览内容 . http://tech.sina.com.cn/i/2017-03-31/doc-ifycwymx2973484.shtml[2019-09-15].

③ 360 百科 . 知乎 . https://baike.so.com/doc/5353818-5589282.html[2019-09-15].

④ 相欣 . 知乎宣布注册用户数超 1 亿并开放机构号注册 . https://tech.qq.com/a/20170920/020694.htm[2019-09-16].

⑤ 吴晓宇 . 知乎公布最新运营数据：注册用户正式突破 2 亿 . http://news.zol.com.cn/698/6986143.html[2019-09-16].

Web 2.0 产品的分散功能重新组合，成为国内最有影响力的虚拟知识问答社区之一。[①] 知乎生成内容的方式是由用户提出问题，其他用户予以解答。无论是问题的产生还是解答，全部都由用户来完成。不同用户对同一问题的解答都会一并显示。知乎通过投票机制对答案进行管理与传播，用户通过投票对答案进行评价，系统根据评价对答案进行排序及过滤，进而使得答案有序、高效地展示。这种以用户为主导的评价体系可为用户筛选出高质量内容。[②] 这样的管理体系使得知乎的用户都享有平等的回答问题的机会，只要能提供专业性的、有价值的答案，知乎用户的影响力就会增大。

2）分类。在知乎网络问答社区，用户都是平等的，能够自由提出自己的问题和发表自己的看法。知乎根据用户的影响力将其划分为不同的类别：第一类是普通用户，此类用户的特征是发言次数较少，浏览信息较多，其角色主要是信息的接收者；第二类是资深用户，此类用户通常具有一定的造诣或专长，能够就某一领域的问题给出较为专业性的回答；第三类是权威用户，此类用户在某个领域具有很大程度的话语权，能够引领领域内的信息关注点。[③]不同层次的用户影响力不同，但是拥有相同的提出问题和回答问题的权利。这样的用户分类方法建立了一个通过弱关系维持的社交网络结构，普通用户可以向资深、权威用户提问，获得想要的答案；资深用户和权威用户之间也可以保留较小的知识交流圈和人脉。

3）激励。知乎致力于建设一个短问答社区，由知识需要者提出问题，知识提供者免费回答。后者通过提供高质量的内容，获得社区内其他成员的关注和认可。知乎几乎没有任何激励机制，没有积分，没有相应的等级提升体系，更没有任何形式的物质奖励，但是用户的参与度却很高，其原因在于知乎满足了用户通过分享建立个人威望的人性需求，这对应于马斯洛需求层次理论中的尊重（社会认可）和自我实现的需求，并在一定程度上实现了用户的社会交往。此模式使得知乎这一网络问答社区得以持续运转。

3. 知乎的运营

知乎是一个企业，与新浪爱问和百度知道等非独立运作的网络问答社区不

① 张紫璇．从知乎网看 UGC 平台自组织运行机制的弊端．视听，2015，(6)：149-150.

② 张萌．社会化问答社区——“知乎网”的内容生产与传播策略研究．新闻研究导刊，2014，(14)：79.

③ 刘婉婷，章杨．“知乎”的传播模式和未来发展．新闻世界，2015，(8)：150-151.

同，知乎从一开始就采用独立运营的模式，形成了较大的影响力，获得了更多的资源和更为广阔的发展空间。

知乎作为一个高质量的网络问答社区，起初就吸引了大批投资者的目光，融资是知乎运营的主要形式。2011 年 3 月，知乎得到李开复的天使轮投资，之后又获得 A 轮投资、B 轮融资和 C 轮融资。2017 年 1 月 12 日，知乎宣布完成 D 轮 1 亿美元融资，由今日资本领投，包括腾讯、搜狗、赛富、启明、创新工场等在内的原有董事股东跟投。据创新工场李开复透露，知乎该轮融资完成后估值将超过 10 亿美元，成为中国最具实力的网络问答社区。[①]

除融资以外，知乎的资金来源还包括广告收入以及对知识内容的市场化运作的收入。由于注重用户体验，知乎在广告内容和数量的选择上非常苛刻；在内容运作方面，知乎通过“盐”系列书、《这里是广告》栏目、值乎、知乎 Live 等不断探索新的盈利模式。

4. 知乎遇到的问题

知乎在快速发展的同时也面临着一些问题。

1）用户参与方面的问题。很多注册完知乎的用户，不肯自己探索而是一味地提问。问答社区的宗旨是解决一些较难解决的问题，倘若自己可以找到答案，却因为懒惰不断提出近乎于幼稚的问题，这样问答社区的问题质量无疑会慢慢下降。[②] 知乎作为一个开放的网络问答社区，难免会出现用户答案质量参差不齐、重复问答等情况，这会影响用户体验，进而导致用户的留存率、参与度和活跃度会有不同程度的降低。弱关系建立起来的社交网络结构以及开放的用户注册模式虽然增加了用户的整体数量，但也导致核心用户群相对偏少，高质量的内容减少，同时用户的版权等问题又无法得到有效保护，造成了优质用户的流失等，进而形成恶性循环。

2）系统的稳定性问题。稳定性是对所有网站的要求。频繁出现“服务出错”这种错误，很容易降低用户的体验。2016 年 9 月 7 日，知乎出现移动端不能登录且账号串号的情况。其后，知乎发布公告，声称这是由第三方防火墙故障引起的客户端临时下线，并引起数据展示错乱。知乎方面还强制要求在该时段访问知

---

① 罗东 . 知乎新标签：知识电商 . 21 世纪商业评论，2017，（5）：40-46.

② 谢艳芳 . 柴俊杰 . 知乎网官网 . http://www.wwiki.cn/wiki/171122.htm[2019-09-16].

乎的用户重新登录，以尽量降低用户隐私泄露的风险。①

3）激励的可持续性问题。一个好的激励制度可以不断唤起用户回答问题的欲望，并使自己的问题能得到很好的解答。在知乎上回答问题基本都是依靠个体的利他、自我实现和社会认同的心理动机。但是，这种带有公益性质的机制无法持续激励所有回答问题的社区成员，因而需要完善。有些人提出的问题无人解答，这会在一定程度上影响用户的积极性。

3.5.5 内容开放式平台不同实践形式的比较

以上四种类型的内容开放式平台在知识的生成、传播与组织运作方式上都各具特点，但是其开放性、共享性和知识性的特征都十分明显，本书以其中的维基百科和科学松鼠会为例，比较其异同。

维基百科是一种以纯公益模式运作的大规模协作式知识生产与传播活动的网络平台，这一平台的产生与发展，除了技术的推动之外，还与美国发达的慈善文化、志愿精神以及完善的制度体系等因素具有直接关系。它所表现出来的自由、平等、开放、协作的知识共享精神，深刻影响了基于互联网的知识生成与传播活动，也使得众多类型的网络百科全书计划如雨后春笋般纷纷涌现。

由于缺乏必要的制度和社会环境的支持，纯公益模式下的知识生成与传播活动很难在我国复制成功，同样，身为网络百科全书的百度百科和互动百科均不同程度地混合了商业性的运作模式。“公益与商业分家，以商业反哺公益”，这是科学松鼠会摸索出来的开展公益性科学知识传播活动的新思路。这种新的思路会为仍然在商业与公益之间艰难挣扎的、基于互联网产生的各类自发性知识传播群体或组织的发展提供一定的借鉴和参考。

科学松鼠会与维基百科均使用了 CC 协议，属于开放内容运动的组成部分。它们的知识内容由集体交互的方式生成面向互联网用户免费传播与共享，具有显著的公共性。它们的网站均是基于开源软件（维基百科是 Wiki 软件，科学松鼠会是 Wordpress 软件）构建的，其“后台”采用的均是非营利组织的架构。

与科学松鼠会相比，维基百科的优势在于通过平台参与知识贡献的人数众

① 新浪科技 . 知乎被防火墙坑了一把　正在检查用户内容和隐私是否有泄露 . http://tech.sina.com.cn/i/2016-09-07/doc-ifxvukhx4509539.shtml?_zbs_baidu_bk[2016-09-07].

多，知识资源丰富，资金相对充足，且运作的时间较长，体系较为完善，国际影响力巨大；而科学松鼠会的优势在于立足本土，拥有相对固定和专业的知识贡献者，内容和质量有保证，丰富的线下活动也是科学松鼠会的一大特色。如果说维基百科的知识条目是用户生成内容，那么科学松鼠会的文章则更具有专业生成内容（professionally-generated content，PGC）的特征，知识内容的专业性和准确性得到了很大程度的提升。

3.6 内容开放式平台中的知识传播要素

3.6.1 网络传播的特点与传播要素的变化

互联网的诞生和演变是人类传播史上的一次革命性变化。互联网的兴起导致了传播规则与方法论的巨大变革，网络从一种单纯的技术服务手段迅速演变成为一种新型的传播形态，成为继报纸、广播、电视之后的第四大传播媒体。一般来说，网络传播是以计算机通信网络为基础进行信息和知识的传播与利用，它几乎兼容了人类传播史上所有使用过的传播手段和方式，同时也具有不同于以往传播方式的特征。

1）网络传播中的每个参与者都具有传播者和受传者的双重身份。网络传播打破了传播者和受传者的界限，两者之间是一种双向互动的关系，其地位常常是可以互换的。当大众媒介转换成为传播网络时，传播者变成了受传者，所有身份、等级、管理的层级结构都化解在网络无数节点的平面上，他们之间可以形成真正意义上平等交流的伙伴关系——共享和参与并存。

2）网络传播融合了大众传播和人际传播的特征，在总体上形成一种散布型的、多对多的网状传播结构，呈网状分布的网络传播是开放性的和无边界的，任何一个节点都能够生产、发布信息，所有节点生产、发布的信息都能够以非线性方式流入网络。网络传播还可以通过同一个网络满足传播者和受传者之间一对一和一对多、多对一和多对多的及时、快捷的传播要求。

3）网络传播展现出鲜明的去中心化趋势。这种趋势的出现实际上是互联网使用者对分享和互动等理念的深度认同。其原因主要表现在：一是网络技术逻辑的无中心化；二是传播主体的消解。网络传播主体较之传统传播主体，由真实走向虚拟，由确定走向不确定，由单一走向多重，由集体走向分散。

此外，网络传播还具有传播的自由性、主动性、虚拟性等特征。网络传播所具有的这些特征，都对传播过程产生了重要影响。网络传播仍然具有一般意义上的传播要素，但各要素在传播过程中的地位和作用已经发生了变化。

首先，传播者和受传者的地位和作用在网络环境下发生了变化，两者都具有了相对性，由此带来的结果是：一方面，作为个体的传播者获得了以往作为传播机构才拥有的内容生产与传播的主动权和影响力；另一方面，受传者的交互意识大大增强，对传播者的影响也更为直接。

其次，传统意义上的传播者已经无法掌控网络媒介，也无法控制传播的内容。网络媒介为其参与者提供了一个更便捷、友好的平台，让使用者成为创造者，使其参与信息内容的生成与利用，并主动维护和分享自己生成的信息内容，让传播回归到了人与人之间平等交流与对话的本质。

再次，作为传播内容而言，不仅仅是传播者传播意图的表达，更多情况下，它还是受传者与传播者交互构建的结果。

最后，作为传播要素之一，反馈是构成传统意义上完整的传播过程的重要环节。它与受传者的接收活动之间的区别非常明显。接收是一种被动行为，而反馈则是一种主动行为。但是在网络环境下，传受双方的平等性和交互性使得这一环节在传播活动中逐渐与接收活动融为一体。也就是说，网络环境下受传者的活动一般都具有反馈的性质。这也是受传者在网络环境下获得传播主动性的一种表现。

3.6.2 内容开放式平台中的知识传播构成要素

Markus 详细概括了知识使用过程中的三类角色：知识生产者、知识消费者和知识媒介。[①] 知识生产者贡献知识，知识消费者会搜索和使用知识，知识媒介会对知识进行归类、索引和封装，以促进知识被重新利用。知识媒介可以促进知识共享，但它不会直接参与知识共享过程。

---

① Markus L M. Toward a theory of knowledge reuse: Types of knowledge reuse situations and factors in reuse success. Journal of Management Information System, 2001, 18(1): 57-93.

网络传播的新特征对知识传播的过程产生了很大影响。具体到内容开放式平台，知识传播的传受双方的关系转化为知识贡献者和知识获取者之间的关系，即知识的贡献者通过内容开放式平台完成知识的编码发布和存储，其他的知识贡献者通过该平台对已经发布的知识进行修改或评论，以完成对知识的更新；知识的获取者通过内容开放式平台完成对知识的查询和获取。知识的传播过程是一种基于代理的异步传播模式。

基于这一过程，笔者认为，基于内容开放式平台的公共知识传播要素主要包括四个：知识贡献者、知识获取者、内容开放式平台和公共知识。其中，知识贡献者对应知识传播者，知识获取者对应知识接收者，内容开放式平台对应传播媒介，公共知识对应知识传播的内容。

1）知识贡献者是知识传播活动中的主体，又称为知识发送者。他们通过互联网将自己的知识内容以知识条目、内容评价、文章作品、程序发明等形式，通过部分或全部授权的方式添加到相应的知识库中，使其成为知识库的一部分并能为其他用户所共享或修改。知识贡献是开展公共知识传播活动的前提条件之一，贡献是获取的前提，没有新知识的贡献就不可能有新知识的获取。

2）知识获取者是知识传播活动中的另一个主体，又称为知识接收者。一方面，在知识经济和知识社会的时代背景下，知识资源对于人的生存和发展具有基础性的效用。人必须通过不断地获取知识来提升自身的综合素质，以适应不断变化的社会环境和工作环境。这是这个时代对所有社会成员提出的基本要求。另一方面，知识的价值在于利用，大量的知识获取活动正是知识发挥其价值的重要前提。

3）内容开放式平台是知识传播活动中的媒介。媒介是指能够联系并促成转换的中间环节，这一环节使得事物之间相互影响、彼此制约。更重要的是，媒介环节促进了传播活动的有效发展。内容开放式平台作为网络空间中开展知识传播活动的重要媒介，一方面，它连接了知识贡献者和知识获取者，使其形成完整的传播过程；另一方面，它又通过对系统和知识库的管理与维护，对知识予以整理、序化和存储。

4）公共知识对应于知识传播的内容。内容开放式平台中的知识是知识贡献者集体贡献（累积）的结果，它是知识贡献者和知识获取者参与知识传播活动直接指向的目标对象。

3.7 本章小结

Web2.0 改变了互联网的生态环境，也改变了知识的生成与传播方式。基于“共同兴趣”的集体交互式知识生成与传播机制、知识传播的代理机制以及非营利组织机制的有机结合形成了内容开放式平台，并构成了平台的运行机理。

内容开放式平台是以互联网为依托，以第三方构建和维护的网络平台为媒介，在网络用户自愿性协作的基础上，实现知识的生成、发布与共享的非营利性网络服务系统，具有开放性、非营利性、自愿性和知识性等主要特征。依据知识内容生成的开放性程度，可将其划分为全开放式、准开放式和半开放式三种类型；依据组织性质的不同，可将其划分为政府驱动、营利组织驱动和非营利组织驱动三种类型。

非营利组织驱动的内容开放式平台，既脱离了政府的过分干预，又避免了商业因素对知识传播活动的负面影响，使得知识传播活动的公共性、公益性以及知识内容的中立性和客观性得到了最大程度的体现。同时，在不主要依赖政府或某个商业组织提供支持的前提下，既保持了知识传播活动的自愿性和独立性，又契合了“自由、开放、平等、共享”的互联网精神。

内容开放式平台具有开放、互动的组织结构。从运作机制上来看，内容开放式平台一般由平台的互联网部分和平台的实体组织部分构成。平台的互联网部分是“前台”，属于面向知识传播活动的网络服务系统，能够实现知识的生成、发布、修改、存储、查询等功能；平台的实体组织部分是“后台”，属于平台的管理与运作机构，通过人员、资金、技术、制度等方面的运作，为“前台”的知识传播活动提供全方位的支持。

内容开放式平台是网络环境下知识传播的重要路径。它有别于传统的知识传播组织，一般不作为知识传播的主体参与知识传播活动，而是为知识传播活动提供虚拟网络空间、运行机制和管理环境（包括技术手段、传播渠道和物质载体）。它不仅是人与人、人与知识联系的媒介，也是知识生成、发布与存储的媒介，其根本作用是促进知识的社会化积累与知识资源的共享。

网络环境下知识传播的五个基本要素依然存在，但是它们的性质和意义都发生了变化。内容开放式平台中的知识传播包含知识贡献者、知识获取者、知识平台和公共知识四个要素。

第4章

内容开放式平台中的知识传播动力模型

4.1 对知识传播动力机制的解释

动力是指推动事物发展的力量，表现为影响事物产生与发展的各类内部和外部要素。机制最原始的意思是机器的构造和运转原理，后泛指一个系统中各元素之间的结构及其相互作用的过程。

动力机制概念最早源于物理学中的系统动力原理，后被移用至社会科学领域中进行主体行为动力分析，是对影响系统协调运转的动力要素及要素间的相互作用关系的一种抽象。

知识传播的动力机制是指推动主体参与知识传播活动的各种动力要素及动力要素间的相互关联与组合方式。知识传播动力机制的构建需要回答三个核心问题：一是知识传播过程中的参与者有哪些？参与者的行为如何界定？他们对公共知识传播活动产生了怎样的影响？二是参与者行为的动力是如何得到激发的，其动力要素有哪些？三是这些影响参与者行为的动力要素是以何种方式组合在一起的，其运行的状况如何？

知识传播是由不同类型的主体之间的交互行为所构成的知识的生成、传播与接收行为的总称。人是开展活动的主体，知识传播活动从人的传播行为开始，到人的接收行为终止，其动力来自参与知识传播过程的人，即公共知识传播过程的参与者。知识传播的四个构成要素中，公共知识作为知识贡献者集体交互行为的产物，受到知识贡献者的直接影响，它作为行为活动的结果而使得知识传播过程从理论上得以完善，但是它一般不具有主体性和动力要素的性质。因此，知识传播活动的参与者对应于知识传播要素中的知识贡献者、知识获取者和知识传播平台三个要素。

组织行为学是研究人（个体和群体）在组织中的心理和行为表现及其规律并加以应用的学科，它致力于寻找关于人的更有效的行为方式。组织行为学认为“动机—行为”是主体行为方式的基本框架，组织和个人的行为动力离不开关键要素及其共同作用机制的驱动，即以动机为主导的各项主客观要素构成了组织和个人参与组织活动的推动力。知识传播是一种基于人的参与行为的活动过程。本书对知识传播动力机制的分析是以人的行为为核心，在借鉴人性假设和系统理论相关观点的基础上，对知识传播活动的参与者、参与者行为的动力要素以及动力要素间的关联这三个关键问题进行全面的分析。

4.2　知识传播的参与者行为分析

4.2.1　知识贡献者的知识贡献行为

本书中的知识贡献（knowledge contributing）行为是指知识贡献者在自愿的基础上，将自身拥有的知识提供给内容开放式知识共享平台，并为其他人所自由共享的活动，包括对知识内容的生成、发布、编辑和修改等环节。知识贡献行为的主体是知识贡献者。知识贡献者的知识贡献行为是内容开放式平台存在和发展的基础，也是其知识库中知识资源的主要来源。

4.2.2　知识获取者的知识获取行为

知识获取（knowledge seeking）行为是有知识需求的主体通过内容开放式平台进行查询、浏览并使用特定知识内容的活动。作为人类经验和智慧的结晶，知识的价值要在利用知识的过程中得以体现，并实现知识的不断积累、延续和创新。知识资源对于人的生存和发展具有基础性效用。人需要通过不断获取知识来适应不断变化的环境。大量的知识获取活动正是基于这一目的而发生的。如果没有知识获取行为，那么内容开放式平台就将失去价值，或者就不会存在。

4.2.3 内容开放式平台的管理支持活动

任何知识传播活动的开展都离不开媒介的支持，内容开放式平台作为知识传播活动在互联网空间中的一种重要媒介，其开发者和管理者的活动也为知识传播活动的持续性开展提供了重要的支持和保障。

开发和管理知识平台的主体被称为平台提供方（platform supplier）。平台提供方有两层含义，第一层含义是作为组织而存在的，他们是内容开放式平台的“后台”，大多具有非营利性，组织的运行关系到平台的运行（“平台提供方”与“组织”含义相同）。第二层含义是作为个体而存在的，他们主要服务于内容开放式平台，参与平台的管理和维护，是知识传播活动的参与者。为便于论述，本书中的平台提供方特指组织整体，而个体意义上的平台提供方则被称为管理支持者（management supporter）。

1. 管理支持者的管理支持行为

管理支持者包括两种类型：一种是平台中活跃的知识贡献者，他们通过申请和考核机制，以志愿者的身份参与平台秩序和知识内容的维护活动，不以获得报酬为目的，也不排斥各类报酬，但是一般情况下他们不会获得实质性的物质报酬和经济报酬；另一种是组织内部的正式成员，他们接受组织分配的各种工作任务，并享受组织提供的各类报酬和奖励，负责平台的技术架构，维护平台秩序和知识内容。虽然两种类型管理支持者在身份、角色、报酬等方面存在一定的差异，但是其活动具有内在的一致性。

从实际情况来看，内容开放式平台的运营机构一般是非营利组织，这类组织的规模较小，组织正式成员数量少，组织的管理呈现出扁平化趋势，且基本不设置职能部门。因此，绝大多数的组织正式成员都具有双重角色，他们既是内容开放式平台的管理支持者，又在负责组织内部和外部的各项事宜，所以两者之间的界限并不明确。因此，管理支持者囊括了将近全部的组织正式成员以及大部分的志愿者。

管理支持（management supporting）行为是管理支持者通过内容开放式平台参与公共知识传播活动的主要方式，其行为包括内容开放式平台的技术架构、资源管理和系统维护，是知识传播平台有效运转的支撑条件。

2. 平台提供方的组织行为

组织行为的主体构成是组织要素中人的因素在组织行为上的表现，包括个体行为、群体行为和组织行为。个体是指基于自然属性和社会属性相统一的以独特方式行动的个人；组织的目标最终要通过具体的个体行为来实现；群体是组织的次级，是由组织中为实现某一目标的两个或两个以上保持协作关系的个体所组成的单元，是个体与组织之间的纽带。组织行为是相对于组织中的个体行为和群体行为而言的，是组织对环境刺激做出的整体反应。

科学松鼠会和维基百科的案例分析表明，负责内容开放式平台运营的平台提供方一般情况下是非营利组织。因为知识传播活动的非营利性和公益性的特征与营利组织的逐利目的相背离，而个人或非正式团体往往无法长期承担维持平台运作的庞大成本，也无法保证平台管理和运作的效率。平台提供方作为内容开放式平台的组织部分，为平台的运作提供了资金、制度、人员等关键性的资源。

平台提供方的组织行为是面对组织的外部社会环境所做出的整体性反应，由于组织以开展公共性的知识传播活动为使命，因而其行为带有明显的公益性和非营利性。对组织整体行为的分析，主要是考察组织与外部环境之间的关系，即考察外部环境中的哪些要素构成了影响组织发展的主要动力要素。

4.2.4 参与者的行为及参与者之间的关系

管理支持者与平台提供方之间具有直接或间接的契约关系，二者受到组织相关制度的约束。知识贡献者和知识获取者无论是与内容开放式平台还是与平台提供方之间均是一种松散型的关系，这种关系对知识贡献行为和知识获取行为不构成约束力。从社会身份来看，知识贡献者属于网络志愿者的范畴，他们通过内容开放式平台实现特定目的，其行为本质与平台提供方所追求的目标相一致。知识获取者是一类性质、数量和类型都不固定的网络用户，他们通过知识传播平台获取所需知识，并有可能利用这些知识解决相关问题。知识获取者的行为体现了内容开放式平台的存在价值。这三类个体参与者之间及各自相对应的行为之间的关系如图 4-1 所示。

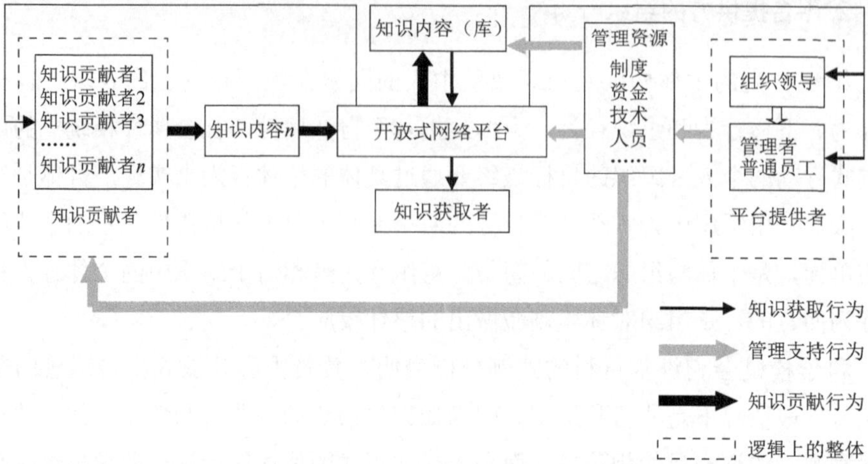

图 4-1　公共知识传播的参与者及其行为

需要说明的是，从广义上来讲，任何懂得使用互联网的个人都有可能通过内容开放式平台获取知识内容，进而成为与公共知识传播活动相关的知识获取者。这其中既包括普通的网络用户，他们通过获取知识而与知识传播平台建立关系；又包括知识传播平台中的知识贡献者和管理支持者，他们的知识需求也可以通过知识传播平台而获得满足。而且，知识获取者也可能会通过知识传播平台对相关的知识内容进行修改和评论，由此具备了知识贡献者的身份。所以说，知识贡献者和知识获取者都只具有相对意义，只有限定了某种具体的情境，才能确定在某一次具体的知识传播过程中知识获取者和知识贡献者的身份。

综上所述，管理支持者、知识贡献者和知识获取者是构成内容开放式平台的三类个体参与者，他们的行为分别与公共知识传播活动中的管理支持行为、知识贡献行为和知识获取行为相对应。这三类行为构成了公共知识传播活动的直接动力源。作为平台提供方来讲，其通过维持知识传播平台（媒介）的运作而参与到公共知识传播活动中，属于一种间接的推动力，被称为间接动力源。

4.3　知识传播参与者的人性假设

本书对知识传播活动的动力要素分析是建立在人性假设和行为分析基础之

上的，通过对知识传播的三类个体参与者的人性假设进行分析，从而为各自行为的动力要素模型的假设提供基本的依据。

4.3.1 管理学中的四种人性假设

管理学家 McGregor 认为，在每一个决策或每一项管理措施背后，都必然有某些关于人性本质及人性行为的假定。①管理学领域中的人性假设是指人们根据一定社会时期内管理活动赖以成立的特定经济、政治和文化条件，对管理活动中人的需要和人的本性所做出的一种预设。②这些人性假设的历史演变过程成为组织理论内容、结构和变化的依据。目前，在管理学领域主要存在四种人性假设：“经济人”假设、“社会人”假设、“自我实现人”假设和“复杂人”假设。

1）“经济人”假设，又称为“理性人”假设。建立在“经济人”假设基础之上的古典管理理论认为，人的工作动机根源于经济诱因，其目的在于获取最大的经济利益。该理论主张把人放在被动的位置上进行严格管理，强调以物质手段激发员工工作的积极性。

2）“社会人”假设。该假设认为除对经济利益的追求之外，人还有社会方面、心理方面的需要。管理者必须重视人与人之间的关系，从社会、心理方面来激励员工。“社会人”假设是对“经济人”假设的一种超越。

3）“自我实现人”假设。该假设强调人是具有能动性与创造性的个体，具有发挥自己的潜力和实现理想的欲望。只有当其理想得以实现，自身价值受到肯定时，人才会感到最大满足。该假设主张创造一种适宜的工作环境，用工作的内在报酬来调动员工的积极性。

4）“复杂人”假设。该假设认为人的需要是多种多样的，并且随着人的发展及生活条件的变化而变化，不同的人需要的层次也不相同。人在同一时间内存在不同动机，彼此之间结合成统一的整体，形成错综复杂的动机和模式。因此，该假设要求依据人、环境及问题等的不同而采取不同的管理方法与手段。

“经济人”假设是重物轻人，把人看作组织的工具；“社会人”假设是重视人际关系；“自我实现人”假设则注重自身需求的实现；“复杂人”假设实质上是对“经

---

① 曾祥耿．“知识人”假设的管理学思考．佛山科学技术学院学报（社会科学版），2008，26（5）：34-37.

② 王文祺．管理理念的人本回归．华中师范大学硕士学位论文，2008：5.

济人”“社会人”“自我实现型人”假设的融合和汇总。这一系列人性观假设的概括与划分凸显出了管理发展过程中的各个不同的阶段。每一个新人性观假设的提出，都表现出了对人的认识的逐步深入，这既弥补了以往对人认识的不足，又为更进一步地认识人做好了铺垫，从而形成了管理学中“人性假设”的历史发展过程。[①]

4.3.2 “知识人”假设

知识经济是以知识为基础的经济，它与传统的以物为基础的农业经济和工业经济相对应。知识经济的兴起使知识上升到社会经济发展的基础地位。知识社会是建立在对知识价值的深刻认识和充分利用基础上的一种社会形态。知识社会的特征有：社会成员的思想和行为“知识化”；人们能够深刻认识和充分利用知识的价值；社会发展以知识为主要驱动力；以信息与通信技术为社会变革的驱动器。[②]新的经济和社会形态使得知识和人才对于组织生存与发展的意义被凸显和放大，这也对组织的管理理念提出了新的挑战。正是基于这样的社会现实和时代背景，“知识人”假设应运而生。

目前，对“知识人”的界定还存在争议。大部分学者都在彼得·德鲁克提出的“知识工作者”（具体是指那些掌握和运用符号与概念，利用知识或信息工作的人）的基础上来解释“知识人”，认为“知识人”是社会或组织中具有利己性、公益性和理性的一部分成员。[③]

德鲁克的“知识工作者”指向社会或组织中的一部分人，这部分人利用自己所掌握的专业知识和技能提高生产率，创造价值。“知识工作者”的概念揭示了“知识人”的本质特征，即拥有知识和利用知识，但它不能够包含“知识人”的全部内涵。知识是现代社会最重要的资源。知识在个体、组织和社会层面的分布是不均衡的，个体或群体之间存在不同程度的知识差距，例如，某个领域的专家和普通人在特定知识和技能方面的确存在差距，这也是专家被冠以“知识工作者”，但是普通人也并不会因为自己不是专家而放弃对知识的需求、传播和利用的原因。因此，“知识人”应该是知识经济和知识社会中的一般人性假设，即所

① 张军，朱方明，陈健生.从“经济人”到“知识人”：解读人性假设的历史变迁与经济学研究范式的重构.经济评论，200，4（4）：36-42.

② 吴永忠.知识社会的概念考辨与理论梳理.自然辩证法通讯，2008，（30）3：38-42.

③ 徐拥军.基于知识人假设的知识型员工引导激励模式.求索，2006，（3）：62-64.

有社会成员都应该具有的一种本质属性。它充分体现了知识对人类改造现实世界的主导作用，同时也深刻反映出了知识对改变人类自身以及促进人类全面发展的重要意义。①

本书中的“知识人”假设是指每个智力正常的个体都具有特定知识以及从外部获取知识、传播并运用知识的意愿和能力，并能因此而提升自身素质时所展示出的人性特征。

“知识人”假设是在继承“经济人”假设、“社会人”假设、“自我实现人”假设、“复杂人”假设的基础上，对人在知识化社会生存的本质属性的概括。具体来说如下：首先，“知识人”具有利己性。其活动的主要动机是为了满足自身的某种需要。但是，“知识人”的利己性是高层次的，是包含物质需要、自我实现需要、社会需要等多种需要在内的综合满足。其次，“知识人”具有利他性。利他性一方面来源于客观利他，即知识具有较强的公共物品属性，“知识人”在通过知识活动追求自己的利益时，其行为的外部效应往往能促进社会或他人的利益；另一方面还来源于主观利他，即“知识人”具有较强的社会责任感，他们愿意通过知识活动促进他人、组织或社会的公共利益。“知识人”的心理动机呈现出结构性与层次性的多元化特点，其行为的价值标准也具有经济利益、社会利益和生态利益的综合性特点。

“知识人”具备较强的学习知识和创造知识的能力，具有较强的自主意识和独立的价值观，渴望展现自我价值，期望得到组织或社会的认可。因此，这就要求管理者应创造出平等、自主、信任的氛围，以体现出“知识人”的主体性。

4.3.3 三类参与者的人性假设

1. 管理支持者的人性假设

首先，管理支持者为组织工作，他们为知识传播平台提供管理、技术和资源支持，并因此而获得不同形式的报酬，“复杂人”假设在他们身上会得到较为完整的体现。其次，内容开放式平台本身具有公益性特征，而作为平台提供方，一般也具有非营利性、公益性的特性。非营利组织行为之所以具有非营利性和公

① 张军，朱方明，陈健生. 从“经济人”到“知识人”：解读人性假设的历史变迁与经济学研究范式的重构. 经济评论，2004，(4)：36-42.

益性，一方面是因为每一个社会都有不同程度的慷慨因素、无私的品德因素、对他人义务的习惯接受和对金钱以外回报的兴趣，即对“奉献他人”的高尚道德的继承和弘扬；另一方面是因为社会对以公益为目的的组织也有一定的角色期待和角色塑造，这使得组织成员长期在组织氛围中逐渐形成了主观或客观上“利他”的行为动机。[①]因此，管理支持者还应该具有一种较为明显的公益性倾向。

2. 知识贡献者和知识获取者的人性假设

知识贡献者和知识获取者的典型行为是他们通过知识平台完成知识的提供或获取，并且不会为此获得实质性报酬，他们的行为是建立在自愿和无偿的基础上的。知识贡献者与知识获取者都具有典型的“知识人”属性，他们分别代表了“知识人”属性的两个端点——知识的生产和传播与知识的获取和利用。

知识贡献者完成的是知识的生产和传播活动，而知识获取者完成的是知识的获取活动，两者的身份和地位是可以互换的，即知识贡献者会因为通过内容开放式平台获得知识而成为知识获取者，知识获取者也会因为通过内容开放式平台共享知识而成为知识贡献者。两者的活动构成了知识传播的基本过程。行为结果的直接受益对象不同，因此，与知识获取者相比，知识贡献者具有明显的公益性，因为知识贡献者的知识贡献行为是利他导向的，即为他人提供便利；而知识获取者的知识获取行为是利己导向的，即解决自身遇到的问题。但是这并不意味着知识贡献行为是纯粹利他的，而知识获取行为是纯粹利己的。“由于受到各种社会压力及报酬等因素的影响，在现实生活中，人们很难看到没有任何压力的纯粹的自愿性志愿活动（利他行为）。事实上，志愿活动确实存在着某些‘灰色区域’，也就是说，人们参与志愿活动或多或少地掺杂了一些复杂的因素，其中包括主观的、客观的以及一定的社会义务等。”[②]

本书中的管理支持者是“复杂人”，他们有着复杂的动机模式。而知识贡献者与知识获取者都是“知识人”，他们在内容开放式平台中的行为呈现出利他性和利己性相互交织的双重特征。“公益人”的本质是行为动机的利他性。无论是管理支持者还是知识贡献者，他们的行为都具有一定程度上的利他性，因此他们具有“公益人”的特征。

---

① 唐欢．论公益．湖南大学硕士学位论文，2007：86-88.

② 吴冠之．非营利组织营销．北京：中国人民大学出版社，2008：254-255.

4.4　MOA 框架的一般形式及其核心概念

模型是对所研究的系统、过程、事物或概念的一种表达形式。从本质上说，模型是一种人为的象征性设想，它主要是思想的辅助工具。Deutsch 在《政府的神经》一书中指出，模型具有构造和解释的功能。模型的吸引人之处在于它能够通过“画”一些“线条”来表示我们已知确实存在但无法看到的联系，并能用其他的手段来表示关系的结构、强度和方向。行为的表现形式千差万别，但是引发行为的原因是无法窥见的，或者说是没有永久和明确的形式。因此，本书通过构建行为模型的方式来描述和探究引发特定行为的原因，以期发现或确定那些激发并维持特定行为的具体因素。

研究行为动力的模型有很多，本书采用的是“动机-机会-能力”（motivation-opportunity-ability，MOA）框架，该模型从行为发生的主观可能性、客观可能性以及主观对于客观认知的可能性三方面来解释推动个体行为发生的动力，并为其提供了一个基础性的分析框架。

4.4.1　MOA 框架的一般形式

动机、机会和能力是三个不同但又相互关联的概念。人们一般认为动机、机会和能力三者之间存在着适度的互补性，即便这种互补性从未被以严谨的态度在经验上予以确认。MacInnis 和 Jaworski[①]、Poiesz 和 Robben[②] 的研究认为，动机、机会和能力是行为发生的相对独立的前提条件，三者都会对信息接收行为产生影响。Andrews 认为[③] 动机、机会和能力仍然是三个不同的概念，如果一个人能够处理一条信息但是缺乏前提动机，那么信息就不会被处理；相反，如果一个人由于信息与自身相关而受到激励想去处理信息内容但是缺少所需的能力和（或）机会，那么信息接收行为也不会发生。因此，每个前提条件都是处理信息的必要但

① MacInnis D, Jaworski B.Information Processing from Adventisements:Toward an integrative framework. Journal of Marketing,1989,53(4):1-23.

② Poiesz T B C, Robben H S C. Advertising effects under different combinations of motivation capacity and opportunity to process information. Advances in Consumer Research,1996:231-236.

③ Andrews J C. Motivation, Ability and Opportunity to process information: Conceptunal and experimental, Manipulation issues.Advances in Consumer Research,1988,(15):219-225.

不充分条件。

从既有文献来看，动机、机会、能力组合为一个完整的框架，最初源于对影响消费者接收广告信息行为的分析。MacInnis 和 Jaworski 在详尽可能性模型（elaboration likelihood model，ELM）、品牌处理模型、扩展的双通道说服模型以及修正的类型学模型的基础上，对多个模型中的合理因素进行提炼和归纳，从理论和实证上说明了能力和机会是由动机引发的特定行为的调节因素，从而形成了对引发人的特定行为的动力进行解释的 MOA 框架。[①] 在 MacInnis 和 Jaworski 之后，Ölander 和 Thøgersen[②] 把理性行为理论（theory of reasoned action，TRA）融入 MOA 框架的动机部分，即用个人参与行为的意图代表动机因素，并将这些因素转换成行为倾向。只有当行动者具备行为所必需的能力并且存在实现意图的机会时，动机才会导致行为的发生。

Rothschild 是继 MacInnis 和 Jaworski、Ölander 和 Thøgersen 之后对 MOA 框架影响较大的学者。他的模型继承了 MacInnis 和 Jaworski、Ölander 和 Thøgersen 等确立的 MOA 模型的精髓，仍旧把动机、机会和能力视为行为发生的三个前提条件。[③] 不同的是，在 Rothschild 的模型中，自利是动机的重要组成部分，机会指的是行为发生的环境，能力包括两部分：一部分是个人解决问题的技巧和熟练程度；另一部分则是自我效能感。

由于具有较好的稳定性和对行为的预见性，MOA 框架在公共及社会管理[④][⑤]、人力资源管理[⑥]、社会学[⑦]和知识管理[⑧][⑨]等领域得到了应用和发展。

---

① MacInnis D J, Moorman C, Jaworski B J. Enhancing consumers' motivation, ability and opportunity to process brand information from Ads: Conceptual framework and managerial implications. Journal of Marketing, 1991, 55(4): 32-53.

② Ölander F,Thøgersen J. Understanding of consumer behaviour as a prerequisite for environmental protection. Journal of Consumer Policy,1995,18(4): 345-385.

③ Rothschild M L. Carrots,sticks,and promises:A conceptual framework for the management of public health and social issue behaviors. Journal of Marketing,1999, 63(4): 24-37.

④ Brug J. Determinants of healthy eating: motivation, abilities and environmental opportunities. Family Practice, 2008, 25: 50-55.

⑤ Hung K, Sirakaya-Turk E, Ingram L J. Testing the efficacy of an integrative model for community: Participation. Journal of Travel Research,2010, 49(3): 276-288.

⑥ Appelbaum E, Bailey T, Berg P, et al. Manufacturing advantage: Why high-performance work systems pay off. New York: Cornell University Press, 2000: 43-47.

⑦ Adler P S, Kwon S W. Social capital: Prospects for a new concept. Academy of Management Review,2002,27(1): 17-40.

⑧ Siemsen, Enno.Essays on knowledge sharing. University of North Carolina at Chapel Hill, 2005:109-122.

⑨ 石艳霞 . SNS 虚拟社区知识共享及其影响因素研究 . 山西大学博士学位论文，2010：64-77.

最初的 MOA 框架描述的是个人处理信息程度的三个集合因素——动机、机会和能力，以及其与信息处理行为之间的关系。随着研究领域和研究对象的拓展，MOA 框架被用来解释与人的行为相关的动力问题。MOA 模型的形成和发展与动机理论、组织行为学理论、人的能力理论以及传播学理论有着很深的渊源。MOA 模型并没有确立详细且具有规定性的变量清单。因此，这个模型具有很大程度的开放性和包容性，它的价值在于为我们分析行为的动力提供了一种有效的框架。它需要我们在研究具体问题的时候，根据研究目的和研究的理论基础，将每个核心概念转化为具体的具有可操作性的概念，进而找到行为产生的具体原因。从这个意义上说，MOA 框架更像是一种工具，而非单纯的概念模型。三个核心概念及其与行为之间的关系如图 4-2 所示，动机对行为产生直接影响，而能力和机会则对这一影响过程进行调节。

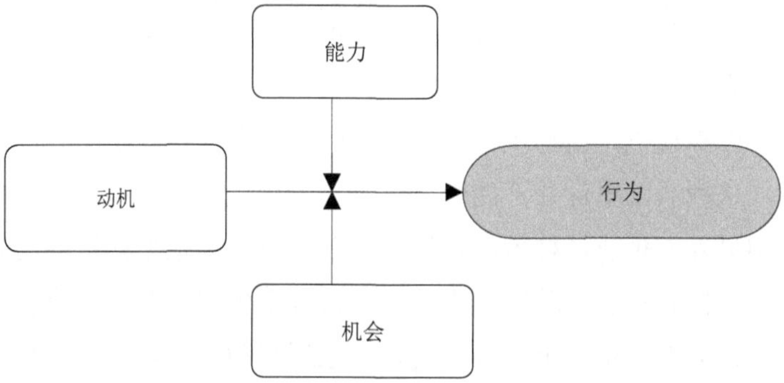

图 4-2　MOA 框架的一般形式

4.4.2　MOA 框架的核心概念

1. 动机

MOA 中的 M 是英文单词 motivation 的首字母，中文译为“动机”。动机是心理学中的基本概念，动机在需要的基础上产生，需要是一切行为产生的源泉。心理学研究表明：需要本身是主体意识到的一种缺乏状态，但这种缺乏状态在没有诱因出现时，只是一种静止的、潜在的动机，表现为一种愿望、意向。只有当诱因出现时，需要才能被激活，成为内驱力，从而驱使个体趋向或接近目标，这个时候需要才会转化为动机。

动机具有激活、指向、维持和调整的功能。动机是个体能动性的一个主要方面，它具有发动行为的作用，能推动个体产生某种活动，使个体从静止状态转向活动状态。同时，它还能将行为指向一定的对象或目标。当个体活动由于动机激发而产生后，能否坚持这一活动，同样受到动机的调节和支配。动机不能被直接观察到，人们只能根据刺激情境和行为反应去推测它。只有对隐藏在个体行为背后的原因有了科学的了解之后，我们才能更有效地理解人的外显行为。

以解释人的外显行为背后的原因为研究目的，从而形成了心理学领域中的动机理论。目前的动机理论主要有本能论、驱力论、唤醒论、诱因论、认知论。

一个人的动机是复杂的、多样的。这些复杂而多样的动机以其一定的相互关系构成动机的体系。我们可以从不同的角度、用不同的标准对动机进行分类。信息行为和知识管理领域对行为动机的研究主要有两种划分方式：一种是依据动机的起因不同，将其分为外部动机和内部动机。内部动机是由个体对活动本身的兴趣而激发出来的动机。这种活动能使个体获得满足，同时它也是对个体的一种奖励和报酬。外部动机是由与个体所从事的活动没有内在联系的外部因素所诱发出来的动机，这种活动本身并不能给个体带来直接的满足，但通过这种活动，个体却可以得到另外一种或多种效应。另一种划分方法是根据动机的起源不同，将其分为生理性动机和社会性动机。生理性动机源于生理需要，如饥、渴、性、睡眠、母性等。社会性动机源于社会性需要，包括兴趣、成就动机、权力动机、交往动机等。其中，成就动机和交往动机被认为是两种主要的社会性动机。成就动机指个体在完成某种任务时力图取得成功的动机，交往动机指个体愿意与他人接近、合作、互惠并发展友谊的动机。社会性动机是知识管理领域研究人的行为动机的主要内容。本书中的动机主要是指个体的社会性动机。MOA 框架中的动机则是指引发一个特定行为的主观意愿、兴趣和愿望的统称。

2. 机会

MOA 中的 O 是英文单词 opportunity 的首字母，中文译为“机会”。机会是一个抽象的概念，它以时间性和有利性为主要特征，对人的行为起推动或抑制作用。Rothschild 认为“机会”作为一个构念，一般用来表示抑制或推动个人行为的外源性因素[①]，即机会是与行为有关的不受行为主体控制的外部环境要素的集合。组织行为学认为人的行为不仅受个体心理的影响，而且受外在环境即社会环境和自然环境的影响。德国心理学家勒温指出[②]：行为取决于内在需要和周围环境的相互作用。人类的行为因人、因时、因地、因环境的不同而有不同表现，同一个人在不同的环境中可能有不同的行为，不同的人在相同的环境中亦可能有不同的行为。环境的性质可以是物理的、社会的、文化的、经济的、政治的，也可以是情境性的，环境能够促进或者阻碍行为。[③]

在社会科学研究领域里有三个与中文的“环境”相关的词汇——环境（environment）、背景（context）以及情境（situation）。在同一个语境中，环境是一种客观存在，不以人的意志为转移；背景是环境要素在时间和空间范围上的抽象延伸，具有综合性和整体性；情境是主体对活动所处环境和背景的一种主观认知，情境是主观的、易变的。当然，这三者之间并非存在着明晰而严格的界限，它们的意义会随着时空和主体的变化而发生转化或融合。

机会与环境、背景和情境紧密相关，但是机会不是环境，它只涉及环境中有利于激发主体行为的那一部分；机会不等同于背景，背景的含义比机会丰富得多；机会也不是情境，情境更多的是反映主体对于当下所处环境和背景的认知结果，而机会是其中那些对活动有利或有效的部分。

本书中的机会是指在特定时空里，主体所感知到的有助于激发其特定行为的外在客观环境中的有效成分，具有客观性、主体性和有利性的特点。这一定义既强调机会的客观环境属性，又强调主体对客观环境的认知。机会为主体行为的发生提供了一个真实有效的背景。机会的存在使得具备动机和能力的个体拥有了达成其目标的客观条件。当与机会关联在一起的时候，主体的能力和动机才更有价值。[④]

机会反映的是一种情况有助于实现理想结果的程度，如可利用的时间、关注、干扰的数量、可重复利用的次数等，每一个因素都可能促进或者阻碍理想的

① Rothschild M L. Carrots, sticks, and promises: A conceptual framework for the management of public health and social issue behaviors. Journal of Marketing,1999, 63(4): 24-37.

② http://baike.so.com/doc/6472646-6686343.html[2018-08-06].

③ Baranowski T, Smith M, Baranowski J, et al. Low validity of a seven-item fruit and vegetable food frequency questionnaire among third-grade students. Journal of the American Dietetic Association,1997,97(1):66-68.

④ Argote L, Mcevily B, Reagans R. Managing knowledge in organizations: An integrative framework and review of emerging themes. Management Science, 2003, 49(4): 571-582.

结果的实现。[1]因此，机会可以被视为可用性的积极方面，例如，机会因为创造了有利情境而向情境中的个体提供了便利条件[2]，或者机会可以有效降低个体行动的资金成本。[3]

3. 能力

MOA 中的 A 是英文单词 ability 的首字母，中文译为“能力”。与 ability 相近的词有 capacity、competency 和 skill。其中，competency 指在任务或情景中表现出的一组行为，通常译为“胜任能力”；skill 指做事情的技巧，通常译为“技能”；而 capacity 与 ability 的含义相近，但是其主体通常是物，表示先天的、固有的能力，而 ability 通常是指人在智力或体力上的能力。这种能力可能是先天的，也可能是通过学习或锻炼等方法而获得的。一般认为，能力是指直接影响人的活动效率，并使活动任务顺利完成的个性心理特征。能力总是和完成一定的活动联系在一起。离开了具体活动，既不能体现人的能力，也不能发展人的能力。但是，我们不能认为凡是与活动有关的，并在活动中表现出来的所有心理特征都是能力。只有那些属于完成活动所必需的、直接影响活动效率的，并能使活动顺利进行的心理特征才是能力。

知识和技能是与能力最相关的两个概念。知识是对人类经验的总结和概括，技能是指人们通过练习而获得的动作方式和动作系统。能力是一个人比较稳定的个性心理特征，它表现在人们掌握知识和技能的难易、快慢、深浅、巩固程度以及应用知识解决实际问题等方面，预示着人在活动中可能达到的成就水平。一般来说，能力的形成和发展远较知识的获得要慢。三者之间的联系可以概括为：能力是掌握知识和技能的内在条件和可能性；能力是在掌握知识和技能的过程中形成和发展的。

本书中的能力是指作为主体的人所具有的，在一定的社会关系中从事对象性活动的内在可能性。能力的大小决定了个人能够完成活动的程度。能力是一个抽象的概念，需要经过一定形式的外化才能得以体现。本书中的能力是通过对特

---

① Macinnis D, Jaworski B. Information processing from advertisements: Toward an integrative framework. Journal of Marketing, 1989,53(4):1-23.

② Mcalexander J H, Scouten J W, Koenig H F. Building brand community. Journal of Marketing,2002, 66 (1): 38-54.

③ MacInnis D J, Moorman C, Jaworski B J. Enhancing consumers’ motivation, ability and opportunity to process brand information from Ads: Conceptual framework and managerial implications. Journal of Marketing, 1991, 55(4): 32-53.

定知识和技能的掌握表现出来的。

动机是激励人去行动的内在原因和直接动力，能力是指直接影响人们完成活动的质量和数量的内在可能性，机会是主体对激发行为的客观环境中有效成分的认知。动机、机会和能力之间的相互作用促进了行为的发生，它们之中的任何一个都与行为存在着密切的关联。MOA 框架将这一关联描述为：动机是导致行为发生的直接原因，而机会和能力则对这一过程产生调节作用。虽然这三个条件对行为的作用程度不同，但是作为导致行为发生的动力，其作用已在 MOA 框架下得到了理论和实证的双重检验。

4.5 基于 MOA 框架的公共知识传播的动力要素模型

成功的公共知识传播活动是知识贡献者、知识获取者和管理支持者共同影响的结果。运用 MOA 框架对内容开放式平台中的三类主要行为进行分析，本书认为，动机、机会和能力三个动力要素以及各个要素所包含的次级动力要素构成了激发和维持公共知识传播活动的动力机制，其整体动力要素模型的基本假设如图 4-3 所示。

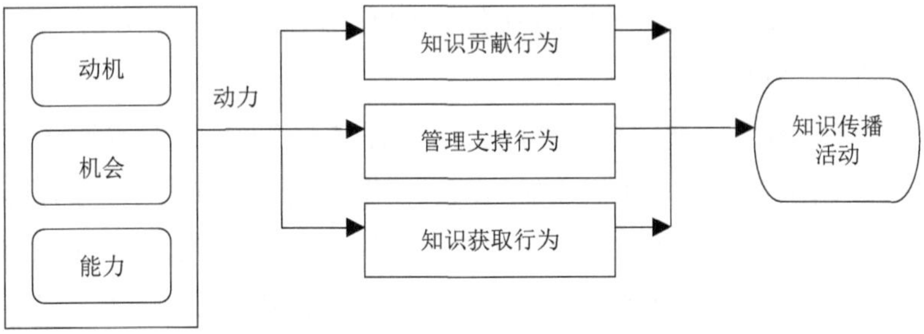

图 4-3 知识传播的动力要素模型的基本假设

本书中与知识传播活动相关的行为主要包含三种类型：知识贡献行为、知识获取行为和管理支持行为。依据 MOA 框架，本书提出以下基本假设。

假设 1a：管理支持动机与管理支持行为之间具有正向相关关系。

假设 2a：管理支持机会与管理支持行为之间具有正向相关关系。

假设 3a：管理支持能力与管理支持行为之间具有正向相关关系。

假设 1b：知识获取动机与知识获取行为之间具有正向相关关系。

假设 2b：知识获取机会与知识获取行为之间具有正向相关关系。

假设 3b：知识获取能力与知识获取行为之间具有正向相关关系。

假设 1c：知识贡献动机与知识贡献行为之间具有正向相关关系。

假设 2c：知识贡献机会与知识贡献行为之间具有正向相关关系。

假设 3c：知识贡献能力与知识贡献行为之间具有正向相关关系。

4.5.1 MOA 框架下管理支持行为的动力要素假设

1. 管理支持行为的动机要素假设

虽然内容开放式平台的管理支持者往往并不直接参与具有志愿性的知识贡献活动，而是以组织和知识传播平台的管理活动为其工作职责，但是由于身处非营利组织的大环境下，他们的工作本身也必然带有某种程度的志愿性。

志愿行为并不仅仅源自利他主义。Ziemek 总结并证实了三种志愿行为的动机类型[①]：一是利他主义，认为志愿行为是一种责任和义务；二是利己主义，认为通过帮助他人可以实现自己的价值，提升自己的社会地位，或者获得内心的喜悦和满足；三是社会交换，认为通过志愿行为可以获得更多经验和更高水平的能力，为自己以后的发展创造更好的机会。所以，志愿行为的动机是一种混合动机，具有利他、利己和互利的特征。

除了具有志愿性以外，对于管理支持者而言，其行为明显受到工作动机的驱动。工作动机来自不同工作需要的驱动。工作动机理论有三种主要流派：①内容理论试图确定工作中的哪些因素（如自我实现、责任和成长等）可以对员工产生激励作用。内容理论学者所关心的是如何确定个体的需要 / 驱力，以及这些需要 / 驱力是如何起作用的。他们关注各种不同类型的诱因或目标。个体努力达成这些目标是为了使自己的需要能够得到满足，同时也是为了使工作完成得更好。

① Ziemek S. Economic analysis of volunteers' motivations–A cross-country study. The Journal of Socio-Economics, 2006,35(3): 532-555.

②过程理论主要是以“期望”这个认知概念为基础，与社会心理学先驱以及后来的组织行为学者如弗洛姆、波特和劳勒等的工作密切相关。过程理论关注的是动机的认知过程，更重要的是，它想了解这些因素是如何与其他因素相联系的。③以社会心理学为根源的公平理论以及由此衍生出的程序 / 组织公正理论和归因理论在工作动机的研究中也得到了广泛关注。

Clary 等将志愿行为的动机变量归纳为六个：职业、自尊、社交、保护、理解和价值观。[①] Omoto 和 Snyder 认为，理解、个人发展和自我尊重对于志愿活动的持续性具有重要影响。[②] Esmond 和 Dunlop 将志愿行为的动机归结为十类要素：价值观、互惠、认可、理解、自尊、反应、社会、保护、社会交往和职业发展。[③] Law 针对中国人的情况而修订的个人志愿服务功能量表（revised personal functions of the volunteerism scale，R-PFVS）包括七个概念维度：利他关怀、学习、未来计划、社会化、亲社会的能力、公民责任和福利。[④]

赫茨伯格认为在非营利组织中，除了报酬之外，最重要的五个激励要素是：成就感、责任感、得到肯定、工作本身以及个人成长与进步的机会。[⑤]

内容开放式平台的管理支持行为具有工作动机和志愿动机的双重特征。本书假设经济回报、利他、学习、成就和社会交往五个变量对管理支持行为的动机具有显著影响。本书对各变量的定义如下。

经济回报——个体参与组织工作是希望能够通过自己的努力工作，以获得组织提供的各种经济性和物质性报酬。

利他——个体为了表达与对他人的利他关怀相关的亲社会价值观而自愿参与和公共知识传播相关的活动。

学习——个体通过他们的活动体验或运用其不经常运用的能力而更多地认识世界。

---

① Clary E G, Snyder M, Ridge R D, et al. Understanding and assessing the motivations of volunteers: A functional approach. Journal of Personality and Social Psychology, 1998, 74(6): 1516-1530.

② Omoto A, Snyder M. Sustained helping without obligation: Motivation, longevity of service, and perceived attitude change among AIDS volunteers. Journal of Personality and Social Psychology, 1995, 68 (4): 671-686.

③ Esmond J, Dunlop P. Developing the volunteer motivation inventory to assess the underlying motivational drives of volunteers in Western Australia. Clan WA Inc.http://www.morevolunteers.com/resources/MotivationFinalReport.pdf/ [2018-11-11].

④ Law B M F. Volunteer service participation among secondary school students in Hong Kong. The Chinese University of Hong Kong,Doctoral Dissertation, 2008.

⑤ 王名 . 非营利组织管理概论 . 北京：中国人民大学出版社，2010：152.

成就——个体完成任务是为了获得成就感和满足感。

社会交往——个体完成任务是为了享受与他人交往的过程，并扩大自己的社会网络。

综上所述，本书提出如下假设。

假设 A1：利他与管理支持行为之间具有正向相关关系。

假设 A2：学习与管理支持行为之间具有正向相关关系。

假设 A3：成就与管理支持行为之间具有正向相关关系。

假设 A4：社会交往与管理支持行为之间具有正向相关关系。

假设 A5：经济回报与管理支持行为之间具有正向相关关系。

2. 管理支持行为的能力要素假设

能力决定了个人能够完成任务的程度。管理支持行为主体的能力是指管理支持者在完成任务过程中所需要具备的个人条件，既包括主体对自身所具有的主观和客观资源的感知，也包括对这种感知的主观判断。因为管理支持者主要从事管理性工作，他们不参与知识贡献和知识获取活动，因此，本书中的此种能力主要是指与工作任务相关的管理能力。

管理能力是管理者有效地开展工作所必须具备的基本能力，是一系列指示、技能、行为和态度的总和。Hellriegel 认为要想在动态环境中成为一个有效的管理者，需要掌握六种能力——沟通能力、计划能力、管理能力、战略行动能力、全球意识能力和自我管理能力。①Katz 在《管理者的技能》一文中提出，一个有效的管理者应该具备三方面的技能——技术技能（technical skill）、人际技能（human skill）和概念技能（conceptual skill）。①

对于管理支持者而言，其在内容开放式平台中所需的技能与在企业是一样的，不同的是他们在前者中的工作是为了获得某种社会影响力，而在后者中则是为了帮助公司获取经济利益。①

综合以上观点，并结合内容开放式平台的特性以及管理支持者的特性，本书将沟通能力和自我管理能力两个变量作为影响管理支持行为的基本前提变量。

---

① 理查德·L. 达夫特 . 管理学 . 范海滨，王青译 . 北京：清华大学出版社，2009：18-22.

沟通就是将一个人的思想和观念传递给别人，是人与人之间的思想与意见的交流。沟通包括人际沟通、组织沟通和意见沟通等。沟通能力对于管理活动具有特殊的重要性。没有沟通就没有效率，沟通带来理解，理解带来合作，沟通能够增强团队凝聚力。沟通能力涉及许多方面，如简化运用语言、积极倾听、重视反馈、控制情绪等。虽然拥有沟通能力并不意味着一定能成为一个有效的管理者，但缺乏沟通能力会使管理者遇到许多麻烦和障碍。人们也经常以沟通能力的高低作为评价管理者管理能力和水平的一项重要标准。本书中的沟通能力是指能够有效地表达和交换信息，从而达成与他人的相互理解及合作。

综上，本书提出如下假设：

假设 A6：沟通能力与管理支持行为之间具有正向相关关系。

当事情进展不顺利时，人们常常倾向于抱怨别人或者抱怨自身所处的环境，而有效的管理者则会更多地从自身寻找原因。自我管理反映了管理者对于工作和生活中的责任与挑战的应对能力，包括对时间的管理和适应不断变化的情况。它需要个体总结以往的经验以及反思这些经验对自身的身体状态和精神状态的影响。本书中的自我管理能力是指个人利用对自身的认知来保持工作和生活的活力，并积极引导自身在社会和组织中做出行为的能力。

综上所述，本书提出如下假设：

假设 A7：自我管理能力与管理支持行为之间具有正向相关关系。

3. 管理支持行为的机会要素假设

环境具有客观性，它提供了一个真实的背景。机会是环境的一部分，是环境中被明确指定的能够产生可预见性行为状态的关键性情境因素，即机会是环境中引发行为的直接的、有效的那一部分，是行为活动实际发生所必需的条件。

管理支持行为的机会变量是指管理支持者所感知到的引发并维持其行为发生的外部关键性要素。本书认为影响管理支持行为的关键性要素包括组织支持感和组织形象两个变量。

组织支持感的概念源于社会交换理论。组织员工的努力和忠诚是对组织给予他们的物质产品和奖励的回报[①]，它受到组织对待员工的各个方面因素的影

① Blau P M. Exchange and Power in Social Life. New York: John Wiley and Sons,1964: 45-50.

响。[①]提升组织支持感，既可以增强员工对组织的承诺以及留在组织中的意向，也可以提高员工的工作满意度、工作兴趣和工作绩效。[②]因此，组织支持感对于工作行为非常重要。依据研究目的的差异，可将对组织支持感的理解具体分为狭义、相对狭义、相对广义和广义四种不同的层次。[③]本书中的组织支持感使用的是相对广义的概念，是指员工对于组织是否关心、支持和尊重自己的一种综合知觉和具体感知，包括组织为员工提供的情感性支持、工具性支持、上级支持和同事支持四个维度。

综上所述，本书提出如下假设：

假设 A8：组织支持感与管理支持动机之间具有正向相关关系。

组织形象是公众对组织的总体印象和评价，或者说是组织的综合实态形象在公众心目中的主观反映。知名度与美誉度是组织形象的两个核心要素。所谓组织知名度，是指某个社会组织及其产品或服务被社会和社会公众所了解、知晓的程度，是反映组织的社会名气大小的客观指标；而所谓组织美誉度，是指社会公众对某个社会组织及其产品或服务做出高度肯定和评价的程度，是反映组织的社会名誉好坏的客观指标。组织塑造良好形象的目的正是提高自身在社会公众中的知名度、美誉度和认可度。良好的组织形象有助于组织内部的团结，提升组织成员的荣誉感、归属感和稳定性，促进组织目标的达成，还有助于增加与其他组织合作的机会，以及对组织外部的个体形成强大的感召力。

本书认为对组织形象的感知是影响管理支持行为主体参与组织工作的机会变量。

假设 A9：对组织形象的感知与管理支持行为之间具有正向相关关系。

综上所述，本书将影响管理支持行为的动机、机会和能力的次级动力要素变量归结为 9 个：机会——组织形象感知、组织支持感知；动机——经济回报、利他、学习、成就、社会交往；能力——自我管理和沟通。其总体结构如图 4-4 所示。

---

① Eisenberger R, Huntington R, Hutchison S, et al. Perceived organizational support. Journal of Applied Psychology, 1986, 71(3): 500-507.

② Rhoades L, Eisenberger R. Perceived organizational support: A review of the literature. Journal of Applied Psychology, 2002, 87(4): 698-714.

③ 陈志霞 . 知识员工组织支持感及其影响 . 北京：中国经济出版社，2006：16-17，83.

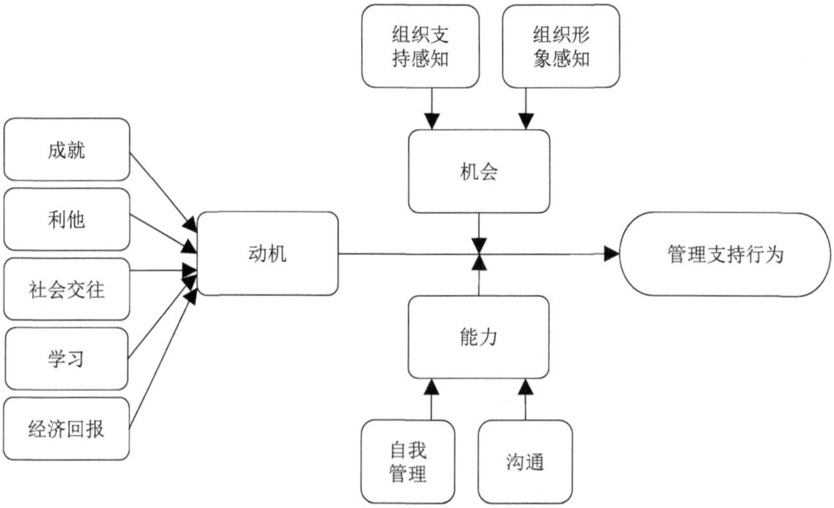

图 4-4 管理支持行为动力要素的模型假设

4.5.2 MOA 框架下知识获取行为的动力要素假设

当个体认识到已有知识不足以解决某些问题时，知识需求就会随之产生。知识需求是导致知识获取行为产生的内在需要。本书中的知识获取行为是指通过基于内容开放式平台来获取知识内容，用于满足自身知识需求的行为。

1. 知识获取行为的动机要素假设

知识获取行为是一种有目的的行为。动机对个体的知识获取行为具有积极影响。[①] 知识获取行为的动机是指引发并维持个体的知识获取行为，使之指向特定目标的动力倾向。获取知识是学习的核心内容，它不仅是学习过程中的关键一环，更是学习的直接目的。从这个层面上来说，个体获取知识的动机与个体学习的动机具有内在的一致性。因此，本书不对获取知识的动机与学习的动机进行区分。

Ausubel 将学习动机的内在驱力归结为三种：认知内驱力、自我提高内驱力和附属内驱力。认知内驱力是一种要求理解事物、掌握知识以及系统地阐

① 转引自 Favero L, Boscolo P, Vidotto G, et al. Classroom discussion and individual problem-solving in the teaching of history: Do different instructional approaches affect interest in different ways? Learning and Instruction, 2007, 17 (6): 635-657.

述问题并解决问题的需要，求知欲和兴趣等属于认知内驱力；自我提高内驱力是指个体因自己的胜任能力或工作能力而赢得相应地位的需要[①]，一个人在社会生活中所表现出来的好胜心、进取心等都属于自我提高内驱力；附属内驱力是指一个人想获得自己所附属的个体（如家长、教师、权威、领导等）的赞许或认可，取得应有的赏识的欲望。[②]

Houle 通过小范围的访谈将成年人的学习动机归纳为三种取向：目标取向——以获取知识作为达成明确目标的方法；活动取向——获取知识是基于学习环境的意义，而与知识获取活动的目的或内容无关；学习取向——为求知而学习，学习是个人需要。[③] Sheffield[④] 根据 Houle 的动机取向分类体系编制了量表，并采用因素分析法抽取了五个因素：个人目标取向、学习取向、活动取向、社会目标取向（服务社会）、活动需要取向（追求获取知识的意义性）。借助这一量表，Sheffield 在更大范围内进行了问卷调查，分析结果验证了 Houle 提出的三种动机取向的存在，同时又将 Houle 的活动取向分成社会和个人两个领域，即社交接触和活动需要。Boshier 对 Houle 的研究内容进行了严格检验，并以 Sheffield 的量表及其他人的研究作为参考，编制了“教育参与量表”（education participation scale，EPS）。该量表将学习动机归为六大类：社交接触、社会刺激、职业进展、社会服务、外界期望和认知兴趣。[⑤]

国内学者根据不同的动机理论，并结合自身的实践经验和实际调查提出了不同的学习动机类型，其中具有普遍性的两种动机是：职业发展动机和求知兴趣动机。网络环境下的学习动机主要有两种：认知动机和自我提高动机。[⑥]

内容开放式平台向所有人开放，能够帮助每一位知识获取者实现知识的自由存取。因此，基于内容开放式平台的知识获取行为并非传统意义上的通过网络教育或者虚拟学习社区进行的网络学习行为，它没有传统的教学互动，也没有固定的学习群体，是一个供所有人免费使用的网络知识源。所以，社会交往、外界

---

① 桂守才 . 基础心理学 . 北京：人民教育出版社，2007：82-85.

② 王本法 . 奥苏贝尔学习类型划分的理论及其意义 . 教育理论与实践，1996，(4)：57-60.

③ Houle H L. Interpersonal theories of motivation from an attribution perspective. Educational Psychology, 1990(1): 54-55.

④ 转引自卜荣华 . 学习动机研究综述 . 安徽工业大学学报（社会科学版），2008（4）：117-119.

⑤ Boshier R W. Psychometric properties of the alternative form of the education participation scale. Adult Education Quarterly, 1991, 41(3): 150-167.

⑥ 吴建玲 . 网络教育学习动机探析 . 文教资料，2006，(25)：85-86.

期望和社会刺激三种动机取向并不适合作为基于内容开放式平台知识获取行为的动机类型。参考 Ausubel 的学习动机理论，并结合 Boshier 和 Houle 等的实证分析结果，本书将自我提升（职业 / 学业发展）、认知兴趣（认知）以及利他（服务社会）三种动机作为影响知识获取行为的动机变量，这三种动机分别对应个人目标取向、学习取向和社会目标取向。

自我提升是指个人获取知识的目的是促进个人的学业或职业发展；认知兴趣是指个人获取知识的目的是满足自己的兴趣和好奇心，他们因获得知识和理解事物而得到满足；利他是指个人获取知识的目的是更好地服务于他人和社会。

综上所述，本书提出如下假设。

假设 B1：自我提高与知识获取行为之间具有正向相关关系。

假设 B2：认知兴趣与知识获取行为之间具有正向相关关系。

假设 B3：利他与知识获取行为之间具有正向相关关系。

2. 知识获取行为的能力要素假设

知识获取行为是一种受目标驱动的活动，即知识获取者能够意识到自己进行知识获取行为的原因，尽管有时候这个原因并不是非常明显。如果存在这方面的障碍，会对由知识需求向知识获取行为的转化产生抑制作用。

作为能力概念的延伸，知识获取能力同样需要通过主体的某些活动才能显现出来。知识获取主体的这些活动形式，就是知识获取能力所包含的内容。本书中的知识获取能力是指作为社会成员的个体在知识社会的生存和发展过程中，对所需知识进行查找和选择的内在可能性。这种能力源自人们对自身知识状态与解决问题所需知识之间的知识差距的意识，其外化形式可以从个体对知识质量的判断、知识需求意识以及查找知识的准确性、全面性、时效性等方面进行衡量。

一般的知识获取行为包含以下几个环节：根据查询需求，设计成相应的查询命令；选择正确的途径，调动系统工具；从系统中检出满足查询需求的相关内容；当查询结果不能满足需要时，调整查询思路，直至达到满意的结果。Meng-Jung 和 Chin-Chung 将影响网络信息获取行为的能力分为三个领域：行为领域、程序领域和元认知领域。[①] 行为领域描述的是进行基本的互联网操作和导航所需

① Meng-Jung T, Chin-Chung T. Information searching strategies in web-based science learning: The role of internet self-efficacy. Innovations in Education and Teaching International, 2003,40(1): 43-50.

要的能力；程序领域关注的是一般性内容的查询方法；元认知领域涉及互联网上高级的、和内容相关的认知活动。本书认为知识获取行为一般包含以下几个步骤：①确定知识需求；②分析需求的实质；③制定查询策略；④输入查询条件并对初步查询结果进行评价；⑤调整查询策略；⑥查询结束。选择合适的查询工具是一个重要的环节，由于本书已经将查询工具限定为内容开放式平台，所以将“选择查询工具”从查询过程中略去。以上六个步骤可以概括为三个主要方面：需求表达（包括确定知识需求和分析需求的实质）、查询过程的控制以及对查询结果的评价。知识获取能力变量也由与这三方面相对应的能力构成：知识需求编码能力（ability of knowledge-needs codification）、查询过程的控制能力（ability of knowledge seeking）和查询结果的评价能力（ability of evaluating results）。

知识需求编码能力是指知识获取者意识到自身的知识需求，并将这种需求通过语言、文字或其他形式转化为明确的概念或者查询条件的能力。知识需求是知识获取行为的起始点，知识需求表达的准确与否决定了知识获取行为持续的时间以及知识获取主体在查询方面所做的努力，并最终对知识获取的结果产生影响。

为此，本书提出如下假设。

假设 B4：知识需求编码能力与知识获取行为之间具有正向相关关系。

查询过程的控制能力是指通过规划和纠偏保证查询活动得以顺利完成的能力，包括对查询时间、查询途径、查询方法、查询命令的规划以及对查询过程中出现的问题和偏差的调整。查询过程的控制能力是知识获取过程的核心，这一能力的强弱将直接影响最终查询结果的全面性和准确性。

为此，本书提出如下假设。

假设 B5：查询过程的控制能力与知识获取行为之间具有正向相关关系。

查询结果的评价能力是指知识获取者对查询到的结果的内容与最初的知识需求进行相关性和准确性的匹配，是一种需要在较短的时间里对知识内容或者关于知识的信息进行识别、判断和选择的能力。对查询结果的评价是一个去伪存真、去粗取精的过程，决定着知识需求的满足与否以及查询策略是否需要调整。

为此，本书提出如下假设。

假设 B6：查询结果的评价能力与知识获取行为之间呈正向相关关系。

3. 知识获取行为的机会要素假设

机会是指知识获取者对自身能够通过内容开放式平台获取知识的外部条件的主观认知。影响知识获取者获取知识的外部条件有很多，如查询成本、查询的便利性、感知的知识价值、技术可靠性和稳定性、网络的稳定性和准入限制、网络的服务类型和形式、查询响应速度、人机界面、帮助功能等，对这些外部条件的有效感知，影响着知识获取者对内容开放式平台的使用方式和使用频率。

“一个信息检索系统，如果对用户来说，他取得信息要比不取得信息更伤脑筋和麻烦的话，这个系统就不会得到利用。”① 也就是说，哪个系统更简单易用，其就会更多地被用户使用。如果一个检索系统在获取知识时不易于使用，那么，即便是这个系统的质量再好，知识存量再丰富，它也不会受到知识获取者的欢迎或认可。再者，易于使用的系统还应该是有用的。知识获取者使用系统或网络的根本原因是查询并获得他们所需要的知识，如果其缺乏知识内容或者其中的知识内容对于知识获取者解决问题没有帮助，那么其同样也不会受到他们的欢迎或认可。

内容开放式平台的本质是以现代信息通信技术、网络技术以及数据库技术为基础，在互联网上建立起来的一种开放式的公共知识传播系统。它是为组织、群体乃至所有社会成员有效地开展知识的编码、存储、共享和利用的一种网络工具。技术和系统因素为知识贡献行为和知识获取行为的发生提供了机会，也为组织的创建者和管理者实现其公益目标提供了可能。

对技术与系统感知的易用性是影响知识贡献行为的机会变量。感知易用性是指知识获取者在使用内容开放式平台的过程中感受到的容易程度。

知识获取者对技术及系统易用性的感知为其知识获取行为的发生提供了机会，为此，本书提出如下假设。

假设 B7：对技术和系统感知的易用性与知识获取行为之间具有正向相关关系。

此外，获取知识的方式必须是经济的，要求费用低且效率高。对知识获取者而言，从何处、以何种方式获取知识，首先要考虑付出的代价和成本。高的代价和成本会影响其知识获取的意愿。② 内容开放式平台的一个重要特征就是内容

① 马费成，宋恩梅 . 信息管理学基础 . 武汉：武汉大学出版社，2011：314.

② 周密，赵西萍，姚芳 . 基于知识共享意愿的员工信任关系的建立 . 科学学与科学技术管理，2006，27（1）：112-115.

的开放性和无偿使用，因此，主体对知识获取行为的成本与收益的判断即感知的经济性，是触发知识获取行为的一个重要因素。

为此，本书提出如下假设。

假设 B8：感知的经济性与知识获取行为之间具有正向相关关系。

综上所述，本书将影响知识获取行为的动机、机会和能力的次级动力要素变量归结为八个，其中动机部分包括自我提升、认知兴趣和利他；能力部分包括知识需求编码能力、查询控制能力、查询结果的评价能力；机会部分包括感知的易用性和感知的经济性。其总体结构，如图 4-5 所示。

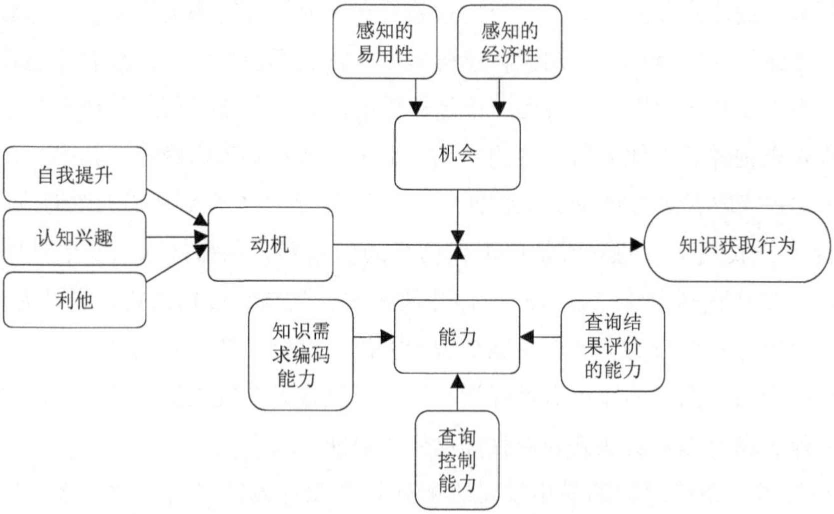

图 4-5　知识获取行为动力要素的模型假设

4.5.3　MOA 框架下知识贡献行为的动力要素假设

1. 知识贡献行为的动机要素假设

识别知识贡献行为的动机对于激励更多的知识贡献行为十分重要。知识管理领域的现有研究在探讨知识贡献行为动机时，一般采用三种分类方法：第一种是依据动机指向的受益主体将其划分为利他动机和利己动机；第二种是依据动机指向的受益类型将其划分为经济性动机和社会性动机；第三种是依据动机的起因不同将其划分为内部动机和外部动机。无论哪种划分方式，其目的都是从不同侧面解释在特定情境下影响知识贡献行为发生的心理机制，并且一般会通过某些具体的变量对动机予以进一步细化。例如，Wasko 和 Faraj 证实了声誉、利他和互惠是知识贡献行为的重要推动因素①，Lin 把“贡献知识时感到快乐”作为对知识贡献行为有正面影响的动机指标②，而Chennamaneni认为获取信任、乐于助人、维系自我形象是促使组织成员贡献知识的重要驱动力③。

依据内容开放式平台的非营利性、公共性与开放性，本书将知识贡献行为动机的次级动力要素变量设定为三类：声誉、互惠、利他。

声誉是指利益相关者对声誉主体内在品性的价值判断④，它是公众对于某人性格或其他品质的总体评价，或者是对某人或某物的相对评价或尊重程度。声誉是指由于个人的知识贡献而获得他人的赞誉和认可。

声誉源自主体间的长期交往与信任。人们是出于一定的目的而去追求声誉的。对于很多人而言，具有良好的声誉本身就是其行为的目的。⑤声誉的价值主要体现在两个方面：一是满足主体在精神和心理层面上的尊重和自我实现的需要；二是为主体带来具有长远预期的收益。因而，声誉可以作为一种激励机制，它对行为的产生起到有效的推动作用。对于一个想参与知识贡献的个体而言，如果参与知识贡献会提高其声誉，那么他将做出更多的知识贡献行为。一些研究发现，当知识贡献者知道他们的贡献行为可能会得到他人正面反馈和受到赞誉时，他们将具有更高水平的贡献动机。⑥有的研究也发现，在信息技术环境下，缺乏他人正面反馈将会降低贡献者的动机。⑦对于内容开放式平台中的知识贡献者来说，他们的表现直接影响着其声誉。声誉的建立与提升不仅会为知识贡献者带来心理上的满足，更有可能因为“焦点效应”或者“明星效应”而在内容

① Wasko M L, Faraj S. Why should I share?Examining social capital and knowledge contribution in electronic networks of practice.MIS Quarterly, 2005, 29(1): 35-57.

② Lin H F. Effects of extrinsic and intrinsic motivation on employee knowledge-sharing intentions. Journal of Information Science, 2007, 33(2), 135-149.

③ Chennamaneni A. Determinants of knowledge sharing behaviors: Developing and testing an integrated theoretical model.University of Texas,Arlington,Doctoral Dissertation, 2006: 45-46.

④ Gray E R, Balmer J M T. Managing corporate image and corporate reputation.Journal of Marketing Management, 1998,14(8):963-996.

⑤ 姜涛 . 企业家声誉形成机理及其驱动因素研究——基于新的声誉结构观 . 浙江大学博士学位论文，2010：50-56.

⑥ Constant D, Sproull L, Kiesler S. The kindness of strangers: The usefulness of electronic weak ties for technical advice. Organization Science, 1996, 7(2): 119-135.

⑦ Zakaria N, Amelinckx A, Wilemon D. Working together apart? Building a knowledge-sharing culture for global virtual teams. Creativity and Innovation Management, 2010, 13(1): 15-29.

开放式知识平台之外为其带来更多的收益。

为此，本书提出如下假设。

假设 C1：声誉与知识贡献行为之间具有正向相关关系。

个体通常会对从他人那里获得的利益予以回报，以确保支持性交换的进行。[①]所以，互惠代表了一种人们应对友好行为或者不友好行为的行为模式。[②]这也表明互惠行为与他人的奖励性回应相一致，如果个体所期望的回应没有发生，那么个体的相应行为就会停止。

知识贡献行为需要被鼓励，当某个群体中存在一种强大的互惠原则时，知识贡献者会感到自己有义务去贡献知识。知识贡献者期望得到互惠，他们认为自己贡献出来的知识能帮助他人解决问题，而自己面临的问题也会因为别人的知识贡献行为而得以解决。互惠是一种对交换行为的期待，即当下个体的知识贡献行为会使得个体日后的知识需求得到满足。

为此，本书提出如下假设。

假设 C2：互惠与知识贡献行为之间具有正向相关关系。

“利他”一词源于拉丁语“alter”，意为“他人的”。19 世纪法国哲学家、社会学家奥古斯特·孔德用它来表示“对他人福利的献身精神”。利他行为是一种以人为对象的亲社会行为，它普遍存在于自然界和人类社会中，对于物种的延续和人类社会的发展起着重要的作用。社会学家把利他行为分为三种：亲缘利他、互惠利他和纯粹利他。亲缘利他是指有血缘关系的生物个体为自己的亲属提供帮助或做出牺牲；互惠利他是指没有血缘关系的生物个体为了回报而相互提供帮助；纯粹利他是指利他主义者不追求任何针对其个体的客观回报，而只注重个人精神的满足，即乐于助人。[③]本书中的利他行为是指纯粹利他。利他者认为帮助他人是其发自内心的义务。利他行为是由利他动机引起的，其特征是以完全有利于他人为目标。利他动机是推动个体从事利他行为的内在推动力量。一般认为，利他行为有三个特征：一是自愿；二是以有利于他人为目标；三是不期望有任何报酬。

---

① Shumaker S A, Bronwell A. Toward a theory of social support: Closing conceptual gaps. Journal of Social Issues, 2010, 40(4): 11-36.

② Fehr E, Gächter S. Fairness and retaliation: The economics of reciprocity. Journal of Economic Perspectives, 2000, 14(3):159-181.

③ 董志勇 . 利他行为与利己动机 . 书摘，2008，（4）：106-107.

利他行为发生的条件是当个体帮助了他人之后而不期望任何回报。[①]知识贡献者大多都具有志愿者的特征，他们无法预期自己贡献知识的回报会不会发生，以及多久之后回报才会发生。Wasko 和 Faraj 的研究证明，个体为他人提供更多的、有帮助的知识，是因为他们受到了乐于助人精神的驱动。[②]因此，通过帮助他人解决问题而获得快乐的个体会拥有更高的贡献知识的动机。利他是指个体贡献知识是出于自愿的，并不期望因此而获得回报。

综上所述，本书提出如下假设。

假设 C3：利他与知识贡献行为之间具有正向相关关系。

2. 知识贡献行为的能力要素假设

英国哲学家波拉尼从认识论的视角将人类知识划分为言传知识（articulated knowledge）和意会知识（tacit knowledge）两类。言传知识是指正式的、系统化的客观知识，具有确知性、有形性、可表达性等特性。而意会知识是指隐含在各知识主体头脑中不能传播或难以传播的主观知识，具有高度个人化、情境化、不容易表达等特性。日本学者野中郁次郎和竹内弘高[③]在波拉尼的基础上，进一步将知识划分为显性知识和隐性知识，并在此基础上提出了著名的 SECI 模型。SECI 模型是知识管理领域的代表性学说，它描述了组织内部隐性知识和显性知识互相转化进而实现组织知识创新的过程。该模型包括以下四种基本模式：社会化方式（socialization）——从隐性知识到隐性知识的转化，主要通过观察、感悟、对话、模仿和实践等方式使隐性知识在不同主体间得以交流和共享；外部化（externalization）——从隐性知识到显性知识的转化，主要通过比喻、类比、模型和图表等方式将隐性知识明晰化，并用概念、语言和文字表达出来[④]，外部化是一个复杂的过程，将难以表达的隐性知识显性化需要应用各种创造性思维方法；组合化（combination）——从显性知识到显性知识的转化，主要通过整

---

① Kasvi J J, Vartiainen M, Hailikari M. Managing knowledge and knowledge competencies in projects and project organisations. International Journal of Project Management, 2003, 21(8): 571-582.

② Wasko M L, Faraj S. Why should I share?Examining social capital and knowledge contribution in electronic networks of practice.MIS Quarterly,2005, 29(1): 35-57.

③ Nonaka I, Takeuchi H. The Knowledge-Creating Company: How Japanese Companies Create the Dynamics of Innovation. New York: Oxford University Press, 1995：22-30.

④ 秦铁辉，彭捷．试论竞争情报工作对知识转化的促进作用——基于经典知识转化模型 SECI 的分析．图书情报工作，2006，50（12）：71-75.

理、分类、综合和一致性检验等方式将分散的、孤立的显性知识进一步整合成复杂的、系统的显性知识体系；内部化（internalization）——从显性知识到隐性知识的转化，主要通过阅读、聆听和练习等方式使组织的显性知识被成员理解和吸收，从而内化为新的、更高级的个人隐性知识。[①] 在隐性知识与显性知识“社会化、外在化、组合化、内在化”的过程中，知识实现升华和创新，并最终完成一次螺旋式上升的知识演化。

知识贡献行为是指知识主体将个人的隐性知识转化为显性知识，或者将已经掌握的显性知识进行组织和系统化之后再提供给知识库，以供知识获取者查询和利用的过程。它与 SECI 模型中的知识的外部化和组合化在本质上是相同的。因此，本书借用 SECI 模型中的外部化和组合化来分别表示个体知识贡献行为的两种方式：知识外化，即个人的隐性知识向显性知识的转化；知识组合，即个人对显性知识的组织和系统化。

知识外化是个人对隐性知识的挖掘，即个人以解决问题为导向，以各种思维方法和表达工具为手段，对头脑中的部分隐性知识进行结构化和明晰化处理，从而形成可用文字、语言、图片等代码体系予以表征的、易被理解和传递的显性知识。知识外化主要包括知识描述和知识编码两个环节。知识描述是指通过使用类比、隐喻和象征性的语言或图像等方式来表达人们的直觉、灵感和观念，使抽象的知识被更加直观和具体地表达出来。之后，个体还需要在理解的基础上，通过使用一种代码体系将已经结构化、明晰化的隐性知识进行规范化的组织，使得知识内容可以被正确地理解和传递，这一过程被称为知识编码。简言之，知识编码就是指隐性知识被提取出来之后，并将其生成编码知识的过程，知识编码减少了知识的主体依附性，降低了背景根植性的程度，使隐性知识成为明晰的、正式的、系统的编码知识。[②] 编码知识属于 Popper 所说的“第三世界”的知识，它易于交流和转移。

知识组合是指知识主体把已经获得的显性知识按照某个主题或者某种目的，以各类知识管理工具为手段，通过分类、选择、归纳、重组等系统化的方式对知识内容进行整理，从而形成新的显性知识体系的过程。这一过程一般是将原来较零散、不完整的知识转化为更明确、更复杂的知识。知识组合主要包括知识整序

① 李利方．关于竞争情报与知识创新互动机制的探讨．图书情报工作，2007，51（11）：50-53.

② 吕卫文．隐性知识和编码知识．科研管理，2007，28（6）：31-35.

和知识连接两个环节。知识整序是指按照一定的特征（如主题、类别、学科、作者、字顺、语种、时间等）对显性知识进行聚类，并将其整理成一定序列的活动，例如，生成目录或资源列表等可为知识获取者查找和利用知识提供方便；知识链接是指按照特定目的对不同的知识单元进行的知识关联，例如，通常按照要表达的主题或问题，查找散落在不同文献中的知识单元，并按照某种逻辑关系（如知识之间的统一性、包容性、交叉性等）将其重新组织成新的文献或者知识单元。

理论上，我们可以将知识贡献行为划分为知识外化和知识组合两个过程，并可进一步将其细化为知识描述、知识编码、知识整序和知识组合四个环节。但是在实践过程中，对显性知识的整理与对隐性知识的挖掘是不能截然分开的，在对显性知识进行整理的过程中，需要隐性知识的参与，而对隐性知识的挖掘也需要以对显性知识的整理和吸收为前提。对于知识描述、知识编码、知识整序和知识组合的区分只是逻辑上的理论区分，它们统一于知识整理的过程，彼此之间并没有严格的界限。但是对显性知识的整理和对隐性知识的挖掘显然是两个不同的过程，对显性知识的整理则侧重于对不同知识内容之间的逻辑关系进行处理，知识的存在形态由零散到系统，由片面到完整；而对隐性知识的挖掘侧重于对知识载体的转化，经历了由人脑到其他物质载体的变化，知识的存在形态由未编码转化为编码，但知识的本质并未发生变化。因此，这两个过程对主体的能力要求是不相同的。依据前文的分析，本书认为完成知识贡献行为所需具备的能力有两种：一种是知识外化能力（ability of knowledge externalization），即对个人隐性知识进行描述和编码的能力；另一种是知识组合能力（ability of knowledge combination），即对显性知识进行整序和连接的能力。

网络环境的存在，使得个体的知识贡献行为与计算机和互联网密不可分。在网络环境下，个体对知识的外化和组合需要借助一定的管理工具来实现。这些管理工具既包括传统的文件管理工具，如 Word、Excel、PowerPoint、Flash 等基于计算机操作系统的基本管理工具；也包括对网络资源的管理工具，如博客（Blog）、电子公告板（bulletin board system，BBS）、社交网络服务（social networking service，SNS）、社会化书签（social bookmark）等基于 Web 2.0 的社会性软件；还包括专门用于个人知识管理的辅助工具，如 FreeMind、MyBase、Lotus Notes 等。个体可以把内隐于头脑中的零散混乱的知识和经验通过文字、图片、音频、视频、动画、网页及其组合的形式展示出来，通过加入BBS论坛、QQ群、博客群、Wiki群等发表自己的观点或者作品。同时，借助BBS、Wiki等社会性软件，个体能够建立自己的个人信息门户，以复制、引用和管理显性知识，实现显性知识的系统化。总之，这些管理工具既可以作为组织或转化知识的手段或方式，又可以作为发布或获取知识的渠道，对社会性软件和管理工具的使用已经成了当今社会的一种普遍现象。本书中，对知识转化能力和知识组合能力的测量主要通过个体对社会性软件和文件管理工具的使用情况来体现。

综上所述，本书提出如下假设。

假设C4：知识转化能力与知识贡献行为之间具有正向相关关系。

假设C5：知识组合能力与知识贡献行为之间具有正向相关关系。

知识是能力基本结构中一个不可缺少的组成成分，知识是能力的基础，能力的形成与发展依赖知识的获得。个体所拥有的知识存量决定了其提供知识的能力。[①]拥有较高水平专业知识的个体更倾向于贡献有用的知识，同时那些认为自己缺乏专业知识的个体则不愿意贡献知识。[②]领域知识（domain knowledge），即主题相关领域知识，是指在某个研究主题中，主体关于研究主题的领域知识。领域知识是个体在后天所受到的教育中获得的。尽管个体的差异极大，但总体来讲，个体受教育程度越高，其领域知识就越多，综合能力就越强。Wang和Lai的研究结果表明，领域知识对知识贡献行为具有积极影响，当成员对某一问题拥有较为丰富的领域知识时，该成员会对这一领域的知识交流具有强烈的自信心，同时他也具备了一定的知识贡献能力，其所提供的知识能够满足其他成员的需要，这在一定程度上增强了成员对于知识贡献行为的控制能力。[③]个体的知识水平越高，则这种控制程度就越高，自我把握程度也就越高；反之，把握程度就越低。[④]因此，在知识贡献过程中，个体拥有的知识越多，其对事物的理解就越深刻，判断就越准确，因而知识贡献行为也就越有可能实现。

① 陈亮，陈忠，韩丽川，等．知识型员工知识积累影响因素实证研究．情报科学，2008，26（9）：1357-1361.

② Constant D, Sproull L, Kiesler S. The Kindness of strangers: The usefulness of electronic weak ties for technical advice. Organization Science, 1996, 7(2): 119-135.

③ Wang C C, Lai C Y. Knowledge contribution in the online virtual community: Capability and motivation. International Conference on Knowledge Science,2006, 4092: 442-453.

④ 王贵，李兴保．虚拟社区知识共享影响因素调研与分析．中国电化教育，2010，（4）：56-61.

为此，本书提出如下假设。

假设 C6：领域知识与知识贡献行为之间具有正向相关关系。

3. 知识贡献行为的机会要素假设

Hendicks 认为，信息技术对知识共享的支持功能主要可分为四类：第一，能够有效地消除时间和空间上的障碍；第二，可以最大限度地方便对知识的获取；第三，帮助应用者更有效地优化解决问题的过程；第四，提供获得知识共享的路径。赵宇翔和朱庆华在分析了网络社区之后，认为最基本也是最关键的技术驱动的影响因素有五个，即感知的易用性、感知的有用性、技术可靠性、隐私和安全以及技术任务适配性，其中感知易用性和感知有用性是两个主要的影响因子。[①]

良好的信息技术和系统特征会帮助知识贡献者减少贡献知识所需要的时间和精力，并能支持知识共享的过程；反之，当感知到技术和系统使用困难时，知识贡献者就需要付出更多的努力来完成知识的编码和存储，知识获取者也需要投入更多的时间和精力来完成知识的获取与利用。这样一来，技术和系统因素就会对他们的行为构成约束。通过使用一种用户友好型的技术，组织能够为知识贡献者分享其知识提供更好的机会。本书认为，对技术与系统感知的易用性是影响知识贡献者通过内容开放式平台贡献知识的机会变量。知识贡献者的感知易用性是指知识贡献者在使用内容开放式平台的过程中感受到的容易使用的程度。

为此，本书提出如下假设。

假设 C7：知识贡献者对技术及系统易用性的感知与其知识贡献行为之间具有正向相关关系。

知识贡献者是为知识库贡献知识的人，他们通过投入一定的成本（时间、精力和费用等），将自己所拥有的知识提供给组织或他人来使用。但是，他们的这种投入并不一定能够带来与之相应的回报。因此，用户贡献知识的方式必须是经济的，要求成本低且效率高。高代价会降低知识贡献者贡献知识的意愿。因此，知识贡献者对知识贡献行为的成本因素的判断，即感知的经济性，是触发其知识贡献行为的一个重要变量。

---

① 赵宇翔，朱庆华 .Web 2.0 环境下影响用户生成内容的主要动因研究 . 中国图书馆学报，2009，35（5）：107-116.

为此，本书提出如下假设。

假设 C8：感知的经济性与知识贡献行为之间具有正向相关关系。

除上述变量之外，对组织形象的感知也是影响知识贡献者使用该平台的一个重要的机会变量。良好的组织形象可以使知识贡献者认识组织和平台的机会增加，并且对知识贡献者形成强烈的吸引力，使其愿意将自己的知识、技能和热情贡献给组织。如果一个拥有知识的志愿者认为某个组织的形象很差或者知名度不高，那么，他通常不会为该组织贡献自己的知识。因此，一个没有知名度或者形象不佳的组织是很难吸引到大量的知识贡献者来主动贡献知识的。组织形象是知识贡献者对组织和平台的综合评价，对组织形象的感知是影响知识贡献行为的机会变量。

为此，本书提出如下假设。

假设 C9：对组织形象的感知与知识贡献行为之间具有正向相关关系。

综上所述，本书将影响知识贡献行为的动机、机会和能力的次级动力要素变量归结为九个，其中动机部分包括声誉、自我实现、利他和互惠；能力部分包括领域知识、知识外化和知识组合；机会部分包括感知的组织形象、感知的易用性和感知的经济性。其总体结构，如图 4-6 所示。

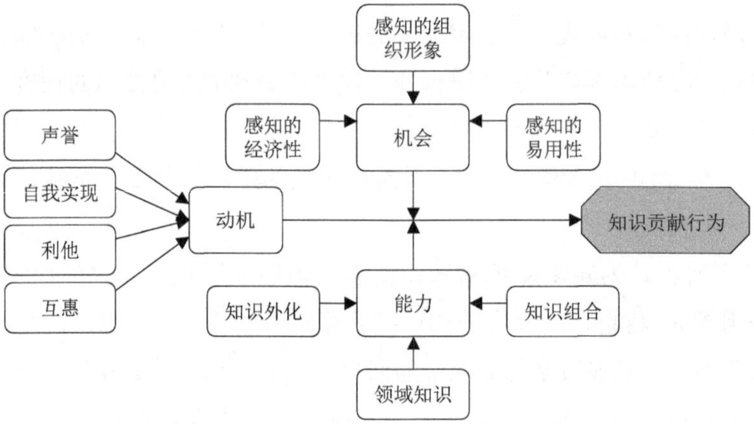

图 4-6　知识贡献行为动力要素的模型假设

注：图中灰色图形代表其非影响因素

4.6 平台提供方的动力要素模型

前文中，对公共知识传播活动的行为动力要素模型的假设是基于对个体行为所进行的探索性分析而提出的。而平台提供方作为一种组织形态，其产生和发展的情况会直接关系到内容开放式平台的存亡。因此，探索影响平台提供方的动力要素，对于保证组织的发展，进而保障知识传播平台的发展与完善，具有重要的意义。

组织理论是研究组织结构、职能、运作以及组织中的管理行为，并揭示其规律的逻辑知识体系。自泰勒于 19 世纪末至 20 世纪初开辟了组织理论以来，组织理论经历了由古典组织理论、行为科学组织理论到现代组织理论的发展进程。现代组织理论是 20 世纪 50 年代发展起来的一系列组织理论的统称，包括多个理论学派，如系统组织理论、权变理论、资源依赖理论和群体生态理论等。

环境是系统组织理论中重点强调的概念。从环境的一般定义来看，它首先假设以某一事物为中心，该事物周围的一切都是环境。系统组织理论是综合古典组织理论和行为科学组织理论的成果，并以系统的观点来分析组织的一种理论。它不仅从组织内部来分析组织各子系统的特点及其相互关系，更着重研究组织与其外部环境之间的相互作用，从组织子系统的相互作用和组织同外部环境的相互作用来考察组织的生存与发展，目的是寻求组织在这种相互作用中取得平衡的方法。该理论认为，组织是一个开放的、具有整体性的社会技术系统，任何社会组织都处于物理的、文化的、技术的环境之中，这些环境决定着社会系统中人们的活动和发生的相互作用，组织只有适应了环境的变化，才能生存下去。

资源依赖理论的代表人物 Pfeffer 和 Salancik 于 1978 年出版了《组织的外部控制》一书，该书强调组织在其与环境的关系中的积极性和主动性，认为组织的竞争优势来源于其所拥有或能支配的资源。[①] 然而，组织作为一个开放系统，它不可能拥有维持自身生存与发展的全部资源，决定组织生存的大量稀缺资源都存在于组织的外部环境之中，组织为了生存的需要，不得不从外部环境中获得原材料、信息以及社会和政治方面的支持等资源。[②]

① 转引自白景坤 . 基于组织与环境关系理论的组织存续研究 . 华东经济管理，2008，22（1）：32-36.
② 转引自白景坤 . 多维视角下的组织惰性理论研究 . 广州大学学报（社会科学版），2010，9（2）：16-22.

外部环境是组织界限以外的、与本组织发生相互作用的一切因素。任何一种类型的社会组织在与其所处的宏观社会环境的交互过程中，必然要受到这一宏观社会环境中其他结构因素的规制与影响。外部环境的这些因素是不易控制的，它对组织产生的影响相当大，有时甚至能引发组织结构的变动。外部环境一般包括文化、经济、政治、法律、技术等。国内外对于影响非营利组织外部环境因素的研究主要集中在法律法规、筹资渠道、社会文化和志愿者等几方面。

内容开放式平台作为网络环境下的新型知识传播组织，其面临的外部环境既体现出大多数非营利组织的普遍性，也具有该类型组织所独有的特征。通过查阅文献以及与部分专家访谈，本书明确了平台提供方的六个动力要素：资金支持、公益文化和公益精神、法律法规和政策导向、社会对于平台及平台方的需求、网络技术应用及发展社会成员的教育水平。专家访谈的半结构化问卷见附录 7。

4.6.1 资金支持

资金支持属于组织外部的经济环境。资金是组织在成立和运作过程中所必需的基础性资源。一方面，非营利组织的设立需要资金，组织在自身职能的发展过程中，也需要不断注入各种资源；另一方面，非营利组织不属于经营性或生产性的市场交易主体，它不以营利为目的，其资金或是来源于政府拨款和社会捐赠，或是来源于会员会费或服务收费，因而无法得到持久的保障。缺乏资金和筹资困难成为非营利组织面临的首要难题。

4.6.2 公益文化和公益精神

公益精神属于组织外部的文化环境。非营利组织提倡自愿性、公益性，其不以营利为目的，旨在为社会提供公益性服务，其生存和发展有赖于社会的广泛支持与参与，因而需要一个良好的社会文化氛围。良好的社会文化氛围有助于促进民众的普遍参与，从而造就出更庞大的志愿者队伍，这对非营利组织的发展非常重要。没有志愿者的参与和社会的广泛关注，非营利组织就不可能存在，更谈不上发展。

4.6.3 法律法规和政策导向

法律法规和政策导向简称法律政策。法律法规和政策导向属于组织外部环境中的政治环境。合法性是一个组织在特定社会环境中生存和发展的基本条件，它不仅仅是指组织与法律之间的关系，更包括社会对组织的认可与接纳。我国的非营利组织拥有四个获得合法性的场域，即政治合法性、行政合法性、法律合法性和社会合法性，非营利组织要想成立，应至少符合以上一种合法维度，或依靠政治上达标，或依靠行政上挂靠，或得到社会支持，并进而符合法律程序。政策导向则表明了在一个时期内政府对组织或组织活动的肯定与扶持的力度，它影响着组织对外部社会资源的获取。

4.6.4 社会对于平台和平台方的需求

社会对于平台和平台方的需求简称社会需求。任何组织的形成与出现都有其外在的需求与先决条件，没有对这种组织的社会需求，也就没有该组织存在的必要。经济的发展、社会的进步使得人们对于知识产生了更多的渴求，而互联网的快速发展催生了新的知识生成与传播方式，内容开放式平台及其提供方正是在这样的背景下出现的。它一方面满足了知识获取者对于知识的普遍性和快速获取的需要，另一方面也满足了知识贡献者以及管理支持者对于情感和集体行动的需要。

4.6.5 网络技术应用及其发展

网络技术应用及其发展简称技术发展。现代信息通信技术的发展给非营利组织带来了巨大的变化，它不仅扩大了非营利组织的活动范围，提升了非营利组织的活动能力，也改变了其发挥作用的形式。内容开放式平台是建立在互联网基础之上的，网络技术的进步使其产生并得以发展壮大，同样，网络技术的进一步发展也会对平台及平台提供方产生更多的影响，使其出现更多的变化。

4.6.6 社会成员的教育水平

社会成员的教育水平简称教育水平。教育是一种对人类认识和改造自身以及客观世界的积极影响。教育的对象是人。一方面，教育通过强化对人的知识和能力的培养，提高人的知识水平，使其实现从“自然人”到“知识人”的演变；另一方面，教育通过强化人对道德和文化的学习，塑造人的精神面貌，提升其道德意识和整体素质，进而为营造良好的社会风气和文化环境创造条件。

无论对于个体还是社会，教育的作用都是全方位的。就内容开放式平台及平台提供方而言，教育的意义体现为：一方面，它并不直接作用于平台提供方，而是通过提高社会成员的素质和能力，进而培养数量更多的潜在知识贡献者；另一方面，它通过传播公共文化和公益精神，进而改善非营利组织发展所需要的文化和社会环境。

从组织动力的视角来看，以上六种因素可以分别命名为支持力（资金支持）、推动力（网络技术应用及其发展）、牵引力（社会需求）、保障力（法律与政策）、原动力（公益精神）和潜在力（教育水平）。它们与组织的关系如图 4-7 所示。

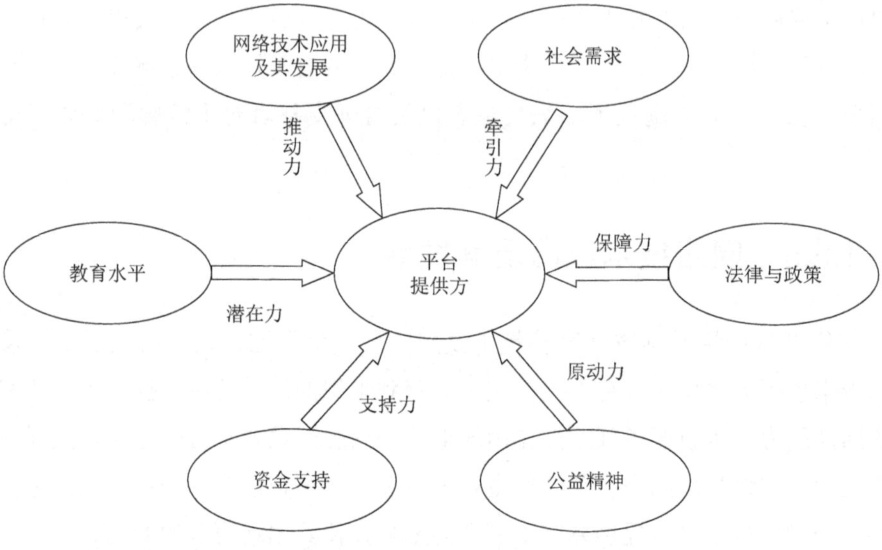

图 4-7　平台提供方的动力要素模型假设

平台提供方的动力要素模型关注的是组织的整体行为，该模型仅从定性方面描述了影响组织发展的几项重要的外部动力要素，这些动力要素是客观环境的一部分，反映了组织在更大的系统内与其他要素之间的关联，它们对组织的影响是重大而深远的，而且这种深远的影响难以在短时间内通过量化的形式加以确定。本书以这些要素为前提，通过问卷的形式考察了不同主体对平台提供方的动力要素的认识。

4.7 本章小结

本章内容主要论及了四个问题：①界定动力和动力机制的概念，确立分析动力机制的逻辑框架；②分析知识传播活动中的主要参与者、参与者的行为及其关联，拓展管理科学中的人性假设，设定不同参与者的人性假设及各自行为动力要素分析的基本依据；③介绍 MOA 框架的来源和核心概念，为行为动力要素模型提供分析工具，并在此基础上确立不同参与者的动力要素模型，每个模型在理论上包含动机、机会和能力三个一级动力要素，依据不同参与者各自的行为特征，分别设定不同的次级动力要素变量；④从组织的视角确立平台提供方的宏观动力要素模型，它可以作为一种间接的动力以推动内容开放式平台的发展与完善，实现公共知识传播活动的有效运行。

模型的构成要素仅仅是一种理论上的初探，具体的结果需要通过数据分析来证实或者证伪。

第5章

知识传播活动的动力要素模型的验证

5.1 问卷编制与调查

5.1.1 问卷编制

根据研究目的及前文理论分析的结果，本章在参考相关文献的基础上设计出原始量表。原始量表采用李克特（Likert）式的多选项量表法（量表填答方式是 5 点量表法，“1”表示“非常不符合”，“5”表示“非常符合”），对来自知识管理、企业管理和图书情报领域的 12 位专家学者进行调查，征询他们对三类量表所包含的各题项与量表所设定的维度之间一致性和相关性的意见。在剔除一致性和相关性程度较低的题目后，形成问卷的初始量表。量表中的大部分测量维度和题项都来源于前人的研究成果。对于那些无法得到的测量维度和题项，笔者在对相关文献进行系统回顾之后，开发出了新的维度和题项。各量表的内容和题项的来源如附录 1、附录 2、附录 3 所示。其中，知识贡献行为动力的初始量表包含 10 个维度，知识获取行为动力的初始量表包含 9 个维度，管理支持行为动力的初始量表包含 10 个维度。

正式问卷采用李克特 5 点计分形式，将每个题项的评分等级划分为 5 等，同时赋予每个评分等级相应的分值（1 ～ 5 分）。被调查者阅读题项之后，根据自己的理解进行判断，并在每个题项上标记出相应的分值。本书将附录 1、附录 2、附录 3 中三个量表的初始题项进行适当的语义修饰与拓展，并加入被调查者的基本信息，形成正式调查问卷，问卷的形式和具体内容如附录 4、附录 5、附录 6 所示。正式问卷中还包含影响平台提供方动力要素模型的有关题项。

5.1.2　问卷收集与人口特征统计分析

如前所述，科学松鼠会和维基百科是内容开放式平台的较为典型的代表。知识共享组织虽然并不直接进行知识的发布与存储，但是它却为知识的发布与检索提供了良好的平台。考虑到问卷发放及回收的不确定性较大，本书的问卷调查对象主要是针对这三类组织进行的。因此，本书的调查对象具有鲜明的群体特征。为保证调查对象身份的真实性以及数据本身的有效性，无法通过借助有效的工具和第三方平台进行大规模的网络问卷发放来达到此目的，所以，对于知识贡献行为动力的问卷以及管理支持行为动力的问卷，主要由笔者在调查与亲身体验的基础上，通过网络通信工具（如 QQ、电子邮件等）分别与维基百科、知识共享组织和科学松鼠会中的知识贡献者和组织管理人员之间建立起一对一的直接关系，来完成调查问卷的发放与回收工作。在实际调查过程中，由于管理支持行为动力的问卷样本数量不足（维基百科、知识共享组织和科学松鼠会这三类组织的后台管理人员整体数量较少），在调查后期又向百度百科的部分组织管理人员发放并回收了问卷。最终得到的这两类问卷情况如下：知识贡献行为动力的问卷共发放 185 份，回收有效问卷 181 份，有效率为 97.8%；管理支持行为动力的问卷共发放 135 份，回收有效问卷 122 份，有效率为 90.4%。而知识获取行为动力的问卷则是借助了笔者的人际关系网，并通过 QQ 平台来予以发放和回收，2011 年 11 月—2012 年 1 月共收集问卷 351 份，剔除无效问卷后，所得实际有效问卷为 304 份，有效率为 86.6%。无效问卷判定的标准是：①项目填写有缺失；②项目填写有极端性反应；③项目填写有明显的矛盾性反应。三类问卷的样本人口统计特征如表 5.1 ～表 5.3 所示。

表 5.1　知识获取行为动力问卷的样本特征描述

项目		人数 / 人	所占比例 /%
年龄	25 岁以下	89	29.3
	25 ～ 35 岁	176	57.9
	36 ～ 45 岁	32	10.5
	45 岁以上	7	2.3
教育背景	高中及以下	32	10.5
	大学专科	30	9.9
	大学本科	149	49.0
	研究生及以上	93	30.6

续表

项目		人数 / 人	所占比例 /%
职业	公司职员	126	41.4
	公务员	37	12.2
	教师	54	17.8
	学生	47	15.5
	其他	40	13.2
工作经验	2 年以下	104	34.2
	2 ～ 5 年	78	25.7
	6 ～ 10 年	97	31.9
	10 年以上	25	8.2
性别	男	163	53.6
	女	141	46.4

表 5.2　知识贡献行为动力问卷的样本特征描述

项目		人数 / 人	所占比例 /%
年龄	25 岁以下	109	60.2
	25 ～ 35 岁	41	22.7
	36 ～ 45 岁	23	12.7
	45 岁以上	8	4.4
教育背景	高中及以下	23	12.7
	大学专科	17	9.4
	大学本科	92	50.8
	研究生及以上	49	27.1
职业	公司职员	71	39.2
	公务员	15	8.3
	教师	32	17.7
	学生	58	32.0
	其他	5	2.8
工作经验	2 年以下	112	61.9
	2 ～ 5 年	21	11.6
	6 ～ 10 年	26	14.4
	10 年以上	22	12.2
性别	男	134	74.0
	女	47	26.0

表 5.3　管理支持行为动力问卷的样本特征描述

项目		人数 / 人	所占比例 /%
年龄	25 岁以下	74	60.7
	25 ～ 35 岁	36	29.5
	36 ～ 45 岁	12	9.8
教育背景	大学专科	21	17.2
	大学本科	57	46.7
	研究生及以上	44	36.1
职位	普通职员	98	80.3
	管理人员	24	19.7
工作经验	2 年以下	74	60.7
	2 ～ 5 年	24	19.7
	6 ～ 10 年	20	16.4
	10 年以上	4	3.3
性别	男	78	63.9
	女	44	36.1

注：因四舍五入，个别数据之和不完全等于 100，余同

从表 5.1 可以看到，知识获取行为动力问卷的样本数量共计 304 人，其中男性 163 人，女性 141 人；25 岁以下的 89 人，25 ～ 35 岁的 176 人，36 ～ 45 岁的 32 人，45 岁以上的 7 人；教育背景在高中及以下的有 32 人，大学专科 30 人，大学本科 149 人，研究生及以上 93 人；职业为公司职员的有 126 人，公务员 37 人，教师 54 人，学生 47 人，其他 40 人；工作经验在 2 年以下的有 104 人，2 ～ 5 年的 78 人，6 ～ 10 年的 97 人，10 年以上的 25 人。样本反映出来的总体情况有：男女比例为 1.16 ∶ 1，35 岁以下的中青年占样本总量的 87.2%，教育背景为大学本科及以上的占样本总量的 79.6%，工作经验在 2 年以上的超过了样本总量的 60%。

从表 5.2 可以看到，知识贡献行为动力问卷的样本数量共计 181 人，其中男性 134 人，女性 47 人；25 岁以下的 109 人，25 ～ 35 岁的 41 人，36 ～ 45 岁的 23 人，45 岁以上的 8 人；教育背景为高中及以下的 23 人，大学专科 17 人，大学本科 92 人，研究生及以上 49 人；职业为公司职员的 71 人，公务员 15 人，教师 32 人，学生 58 人，其他 5 人；工作经验在 2 年以下的 112 人，2 ～ 5 年的 21 人，6 ～ 10 年的 26 人，10 年以上的 22 人。样本反映出来的总体情况有：男女比例为 2.9 ∶ 1，25 岁以下的年轻人占样本总量的 60.2%，这也反映出在本书所

涉及的组织内部中，年轻的男性是知识贡献行为的主要参与者。教育背景在大学本科及以上的占样本总量的 77.9%，这也在一定程度上说明了知识贡献行为可能与个体的受教育水平相关。

从表 5.3 可以看到，管理支持行为动力问卷的样本数量共计 122 人，其中男性 78 人，女性 44 人；25 岁以下的 74 人，25 ～ 35 岁的 36 人，36 ～ 45 岁的 12 人；具有大学专科教育背景的有 21 人，大学本科 57 人，研究生及以上 44 人；普通职员 98 人，管理人员 24 人；工作经验在 2 年以下的有 74 人，2 ～ 5 年的 24 人，6 ～ 10 年的 20 人，10 年以上的 4 人。样本反映出来的总体情况有：男女比例为 1.8 ∶ 1，25 岁以下的年轻人占样本总量的 60.7%，教育背景在大学本科及以上的占样本量的 82.8%；普通职员占样本总量的 80.3%，工作经验在 5 年及以下的占样本总量的 80.4%，这一现象可能与样本年龄总体偏小有关。

本书将按照以问卷形式进行实证分析的相关要求和步骤，对实际所得问卷数据一分为二，一部分利用 SPSS 进行探索性因素分析，另一部分使用结构方程模型进行验证性因素分析。

5.2 问卷的信、效度检验

为保证问卷的合理性、可靠性与准确性，需要对问卷进行检验。问卷的检验主要包括对问卷信度和效度的检验两个方面。通过信度与效度检验，研究人员可以了解调查问卷本身是否优良、适当，并可以以此作为修改和完善的根据，避免做出错误的判断。

信度又称可靠性，是指测评结果的可靠性，即一个量表的正确性或准确性。信度可以衡量问卷的可靠度、一致性与稳定性。如果调查的结果能反映被调查者真实的想法，而不受其他因素（如调查时间、被调查者的心理状态、调查目的、性质等）的影响，那么这个调查结果就是可靠的。

问卷的效度是指测量结果与试图要达到的目标之间的接近程度，它反映了调查的真实性。效度越高，则表明结果越真实地测量到了调查对象的实际情况和特征。本书中主要涉及内容效度和结构效度。

1）内容效度。内容效度又称表面效度或逻辑效度，它是指测量工具内容的适合性，即所设计的问题项能否代表所要测量的全部内容或主题。对内容效度通常采用逻辑分析与统计分析相结合的方法进行评价。大部分变量的测量题项或是来自理论分析，或是采用已有量表，或是在已有量表的基础上根据研究目标进行改编，这在一定程度上保证了问卷的内容效度。此外，更为重要的是，此前提及的 12 位专家学者对问卷的维度和题项设置的意见征询结果，又进一步确立了此次研究问卷在内容效度方面的有效性。关于这一点不再赘述。

2）结构效度。对问卷结构效度进行分析，主要是为了验证调查问卷中实际的指标结构体系与设计问卷之前的理论假设的指标体系结构是否一致，它是由聚合效度和区分效度组成的。聚合效度表示在理论上相关的变量指标多大程度上在实际测量中也是相关的，区分效度是指两个不同变量多大程度上在实证测量中是相互区别的。

本书采用 SPSS 对问卷的整体信度和效度进行初步检验，并在此基础上进行单个变量内部的信、效度分析，以尽量保证问卷在内容和结构上的有效性。

5.2.1　问卷整体的信、效度检验

1. 信度与效度检验

研究者在设计量表时，实际上是假设有某种结构存在的，对测量数据进行因子分析可考察所用的问卷是否能反映出这种内在的结构，反过来也可验证研究者的假设是否成立。因子分析一般分为四个步骤：第一步是判断观测数据是否适合做因子分析。因子分析的前提是变量间有较强的相关关系，研究中选择 KMO 和 Bartlett 球形检验作为判断样本是否适合进行因子分析的依据。第二步是提取公共因子。主要是通过主成分分析法来确定公共因子数量，一般采用的是特征值准则，每个题项都应在其中一个公共因子上有较高负荷值（> 0.5），而对其他公共因子的负荷值较低，而且选取公共因子的数量应使累积解释方差达到 60% 以上。第三步是进行因子旋转。这一步的目的是通过坐标变换使因子的含义更容易解释，一般选用的是正交旋转的方差最大法（varimax）。第四步是计算因子得分，并对结果进行解释。

本书采用Cronbach's α 系数测算问卷的信度。Cronbach's α 系数可衡量测量题项的关联性。一般来说，Cronbach's α 系数等于或大于0.7，才能满足问卷内部一致性信度的要求，Cronbach's α 系数越高，代表其检验的问卷内部一致性程度越高，问卷的信度越好。通过SPSS17.0统计软件对问卷的整体信度进行分析，结果如表5.4所示。

表5.4　问卷的可靠性统计

问卷类型	Cronbach's α	项数
知识获取行为动力问卷	0.892	27
知识贡献行为动力问卷	0.851	36
管理支持行为动力问卷	0.812	38

知识获取行为动力、知识贡献行为动力、管理支持行为动力三类问卷的Cronbach's α 系数分别为0.892、0.851和0.812，三者都在0.7以上，说明问卷的信度符合相关要求。

在对题项进行信度分析之后，利用探索性因子分析来测量量表中各研究变量的效度。探索性因子分析是一种用来决定一个结构性概念是由几个维度构成的检验方法。在进行因子分析之前，需要进行KMO和Bartlett球形检验，以分析统计数据是否适合进行因子分析。在Bartlett球形检验结果小于0.001的情况下：KMO > 0.9，非常适合进行因子分析；0.8 < KMO < 0.9，适合进行因子分析；0.7 < KMO < 0.8，一般适合进行因子分析；0.6 < KMO < 0.7，不太适合进行因子分析；KMO < 0.6，不适合进行因子分析。

由表5.5可以看出，三份问卷的KMO值均大于0.7，且Bartlett球形检验的结果均小于0.001，达到显著水平，适合进行因子分析。因子分析的结果如表5.6～表5.11所示。

表5.5　问卷的KMO和Bartlett球形检验

问卷类型		知识获取行为动力问卷	知识贡献行为动力问卷	管理支持行为动力问卷
取样足够度的KMO度量		0.830	0.758	0.718
Bartlett球形检验	近似卡方	4 576.747	3 882.674	3 766.449
	df	625	595	703
	p	0.000	0.000	0.000

表 5.6 知识获取行为动力问卷因子分析解释的总方差

成分	初始特征值			旋转平方和载入		
	合计	方差百分比 /%	累积方差百分比 /%	合计	方差百分比 /%	累积方差百分比 /%
SKS1	7.508	27.809	27.809	3.355	12.427	12.427
KNC2	2.831	10.485	38.294	2.925	10.835	23.262
CIS3	2.387	8.839	47.133	2.609	9.663	32.925
SE4	2.009	7.439	54.572	2.485	9.203	42.128
ESR5	1.720	6.371	60.943	2.462	9.117	51.245
PEU6	1.678	6.215	67.158	2.435	9.018	60.263
ALT7	1.489	5.515	72.673	2.410	8.928	69.191
PE8	1.459	5.403	78.076	1.851	6.857	76.048
KSB9	1.126	4.172	82.248	1.674	6.202	82.250

注：表中字母含义见正文论述，余同

表 5.7 知识贡献行为动力问卷因子分析解释的总方差

成分	初始特征值			旋转平方和载入		
	合计	方差百分比 /%	累积方差百分比 /%	合计	方差百分比 /%	累积方差百分比 /%
KC1	6.984	19.401	19.401	3.912	10.867	10.867
KE2	4.488	12.468	31.869	3.848	10.689	21.556
DK3	3.879	10.775	42.644	3.806	10.573	32.129
RCC4	2.805	7.790	50.434	3.495	9.707	41.836
POI5	2.753	7.647	58.081	3.293	9.148	50.984
RPC6	2.173	6.035	64.116	2.572	7.145	58.129
ATC7	1.804	5.010	69.126	2.537	7.048	65.177
PEU8	1.679	4.664	73.790	2.334	6.484	71.661
KCB9	1.508	4.189	77.979	1.826	5.071	76.732
PE10	1.138	3.162	81.141	1.587	4.409	81.141

表 5.8 管理支持行为动力问卷因子分析解释的总方差

成分	初始特征值			旋转平方和载入		
	合计	方差百分比 /%	累积方差百分比 /%	合计	方差百分比 /%	累积方差百分比 /%
POS1	5.954	15.669	15.669	4.994	13.143	13.143
CS2	4.960	13.052	28.721	4.570	12.026	25.169
POI3	4.381	11.528	40.249	3.278	8.627	33.796
SMS4	2.876	7.568	47.817	3.276	8.621	42.417
SIM5	2.669	7.024	54.841	2.774	7.300	49.717
ERM6	2.340	6.159	61.000	2.587	6.807	56.524
ASM7	2.266	5.964	66.964	2.412	6.347	62.871

续表

成分	初始特征值			旋转平方和载入		
	合计	方差百分比 /%	累积方差百分比 /%	合计	方差百分比 /%	累积方差百分比 /%
ALM8	1.856	4.884	71.848	2.337	6.151	69.022
LUM9	1.580	4.159	76.007	2.112	5.559	74.581
MSB10	1.398	3.679	79.686	1.940	5.105	79.686

表 5.9 知识获取行为动力问卷因子分析的旋转成分矩阵（N=152）

题项	成分								
	1	2	3	4	5	6	7	8	9
SKS3	0.907								
SKS2	0.891								
SKS1	0.869								
SKS4	0.843								
KNC2		0.826							
KNC3		0.819							
KNC1		0.810							
KNC4		0.719							
CIS2			0.910						
CIS1			0.886						
CIS3			0.837						
SE2				0.887					
SE3				0.867					
SE1				0.811					
ESR2					0.891				
ESR1					0.857				
ESR3					0.854				
PEU2						0.852			
PEU1						0.821			
PEU3						0.818			
ALT2							0.883		
ALT1							0.835		
ALT3							0.834		
PE2								0.909	
PE1								0.898	
KSB1									0.908
KSB2									0.899

表 5.10 知识贡献行为动力问卷因子分析的旋转成分矩阵（N=91）

题项	成分									
	1	2	3	4	5	6	7	8	9	10
KC5	0.878									
KC4	0.877									
KC2	0.857									
KC3	0.842									
KC1	0.814									
KE2		0.854								
KE1		0.852								
KE5		0.847								
KE4		0.846								
KE3		0.783								
DK4			0.893							
DK5			0.833							
DK1			0.833							
DK2			0.805							
DK3			0.776							
RCC2				0.943						
RCC3				0.938						
RCC1				0.903						
RCC4				0.850						
POI3					0.876					
POI2					0.853					
POI4					0.844					
POI1					0.810					
RPC2						0.930				
RPC3						0.924				
RPC1						0.845				
ATC2							0.928			
ATC1							0.907			
ATC3							0.850			
PEU1								0.880		
PEU2								0.832		
PEU3								0.829		
KCB1									0.931	
KCB2									0.930	

续表

题项	成分									
	1	2	3	4	5	6	7	8	9	10
PE2										0.857
PE1										0.814

表 5.11 管理支持行为动力问卷因子分析的旋转成分矩阵（N=61）

题项	成分									
	1	2	3	4	5	6	7	8	9	10
POS2	0.917									
POS1	0.886									
POS5	0.884									
POS3	0.873									
POS6	0.868									
POS4	0.836									
CS5		0.885								
CS6		0.865								
CS3		0.857								
CS4		0.848								
CS2		0.843								
CS1		0.766								
POI4			0.895							
POI3			0.892							
POI2			0.869							
POI1			0.847							
SMS5				0.844						
SMS3				0.838						
SMS4				0.836						
SMS2				0.784						
SMS1										
SIM2					0.951					
SIM3					0.944					
SIM1					0.893					
ERM3						0.890				
ERM2						0.889				
ERM1						0.854				
ASM2							0.858			

续表

题项	成分									
	1	2	3	4	5	6	7	8	9	10
ASM1							0.850			
ASM3							0.831			
ALM2								0.867		
ALM3								0.825		
ALM1								0.799		
LUM3									0.846	
LUM2									0.790	
LUM1									0.720	
MSB1										0.942
MSB2										0.934

2. 问卷的公共因子分析

知识获取行为动力问卷中提取出了 9 个特征值大于 1 的公共因子，分别是自我提升（SE）、认知兴趣（CIS）、利他（ALT）、知识需求编码（KNC）、知识查询控制（SKS）、查询结果评价（ESR）、感知的易用性（PEU）、感知的经济性（PE）和知识获取行为（KSB），累计解释方差为 82.248%。从因子负荷情况来看，这 9 个公共因子与之前设定的研究维度完全相同，同时每个题项在单一维度上的因子负荷系数在 0.719 ~ 0.910，每个题项没有同时在多个维度上具有较高的因子负荷。这些分析结果说明，量表具有较好的单维度性和收敛效度，同时也说明此前对知识获取行为维度的划分是合理的。

知识贡献行为动力问卷中提取出了 10 个特征值大于 1 的公共因子，分别是声誉（RPC）、互惠（RCC）、利他（ATC）、知识外化（KE）、知识组合（KC）、领域知识（DK）、感知的易用性（PEU）、感知的经济性（PE）、组织形象的感知（POI）和知识贡献行为（KCB），累计解释方差为 81.142%，从因子负荷情况来看，这 10 个公共因子与之前设定的研究维度完全相同，同时每个题项在单一维度上的因子负荷系数在 0.776 ~ 0.943，每个题项没有同时在多个维度上具有较高的因子负荷。这些分析结果说明，量表具有较好的单维度性和收敛效度，同时也说明此前对知识贡献行为维度的划分是合理的。

管理支持行为动力问卷中提取出了 10 个特征值大于 1 的公共因子，分别是利他（ALM）、成就（ASM）、学习（LUM）、社会交往（SIM）、经济回报（ERM）、沟通（CS）、自我管理（SMS）、组织支持感（POS）、组织形象感知（POI）和管理支持行为（MSB），累计解释方差为79.686%，从因子负荷情况来看，这10个公共因子与之前设定的研究维度完全相同，同时每个题项在单一维度上的因子负荷系数在0.720～0.943，每个题项没有同时在多个维度上具有较高的因子负荷。这些分析结果说明，量表具有较好的单维度性和收敛效度，同时也说明此前对管理支持行为维度的划分是合理的。

5.2.2 问卷各维度内部的信、效度检验

从表5.12中的Cronbach's α、KMO值以及Bartlett球形检验和探索性因子分析的相关结果来看，知识获取行为问卷、知识贡献行为问卷和管理支持行为问卷各维度内部的信度、效度和因子负荷情况都比较好，符合前文的理论研究模型的设定。

表5.12 问卷各维度内部的信度与效度检验

维度	Cronbach's α	题项	KMO值	Bartlett球形检验			解释的总方差	旋转因子负荷值
				df	近似卡方	*p*		
知识获取动机	0.875	9	0.803	36	1 878.529	0.000	84.533	0.815～0.913
知识获取机会	0.861	6	0.799	15	1 279.917	0.000	81.996	0.737～0.918
知识获取能力	0.835	11	0.814	55	2 098.087	0.000	77.636	0.868～0.927
知识贡献动机	0.669	10	0.725	45	1 307.530	0.000	80.141	0.732～0.942
知识贡献机会	0.759	10	0.734	45	1 012.571	0.000	75.231	0.785～0.910
知识贡献能力	0.846	15	0.816	105	2 100.972	0.000	74.012	0.724～0.909
管理支持动机	0.732	17	0.776	153	1 233.382	0.000	72.241	0.698～0.952
管理支持机会	0.838	10	0.805	66	1 366.164	0.000	73.387	0.734～0.915
管理支持能力	0.845	11	0.791	55	1 033.475	0.000	80.078	0.726～0.928

5.3　问卷的验证性因素分析

经过探索性因子分析，初步证实本书使用的三类问卷在内容和结构方面的信度和效度是可靠的。为了进一步检验问卷的概念模型与数据模型之间的拟合度，以得到更为客观的问卷调查结果，还需要进行验证性分析。本书通过Amos17.0 对理论模型与测量数据进行整体拟合度检验。

5.3.1　模型的拟合度指标与路径图

评价线性结构模型的好坏主要依据各种拟合指数。模型的拟合优度常用这样一些指标来评价：卡方（χ^2）与自由度（df）之比（χ^2/df）、拟合优度指数（GFI）、均方根残差（RMSEA）、赋范拟合指数（NFI）、非范拟合指数（TLI）和比较拟合指数（CFI）。

RMSEA 概念最早是由 Steiger 和 Lind（1980）两人提出的，他们认为，当 RMSEA $\leqslant$ 0.05 时，表示假设模型拟合程度好；当 0.05 $<$ RMSEA $\leqslant$ 0.08 时，表示拟合程度可以接受；当 0.08 $<$ RMSEA $\leqslant$ 0.1 时，表示拟合程度一般；当 RMSEA $>$ 0.1 时，则表示模型与数据的拟合较差。RMSEA 不受样本大小与模型复杂程度的影响，RMSEA 越小，表示模型的拟合程度越高。社会学家卡米尼斯和马克伊维尔认为，χ^2/df 在 2 ∶ 1 ～ 3 ∶ 1 都是可以接受的。GFI、CFI、TLI 的值一般大于 0.9，模型才被认为具有良好的拟合度。

本书在理论层面上设定了三个模型，这三个模型具体的拟合指标如表 5.13 所示。模型的各项指标都接近或者略高于一般设定的标准，表明三个模型的拟合优度虽然不是特别好，但是其结果在可以被接受的范围内。根据 AMOS17.0 的数据运行结果所得到的三个模型的路径分析图如图 5-1 ～图 5-3 所示。

表 5.13　各模型的拟合度指标测量结果

行为模型	NFI	TLI	χ^2/df	RMSEA	CFI	GFI
知识获取行为模型	0.9198	0.9588	1.7316	0.0491	0.9642	0.8935
知识贡献行为模型	0.9229	0.9811	1.2646	0.0383	0.9827	0.9501
管理支持行为模型	0.8699	0.9593	1.2494	0.0454	0.9628	0.8713

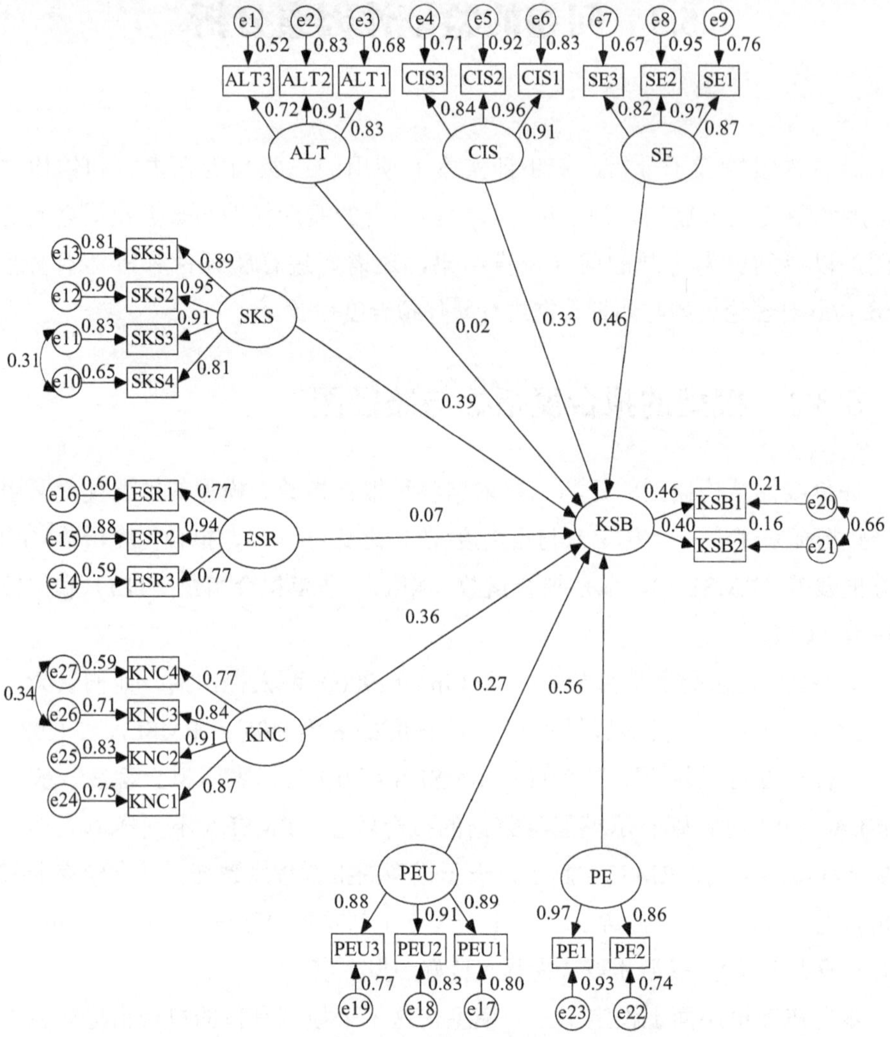

图 5-1　知识获取行为动力要素模型的路径分析

注：CIS＝认知兴趣、SE＝自我提升动机、ALT＝利他动机、KNC＝知识需求编码能力、SKS＝查询过程控制、ESR＝查询结果评价、PEU＝感知的易用性、PE＝感知的经济性、KSB＝知识获取行为，余同

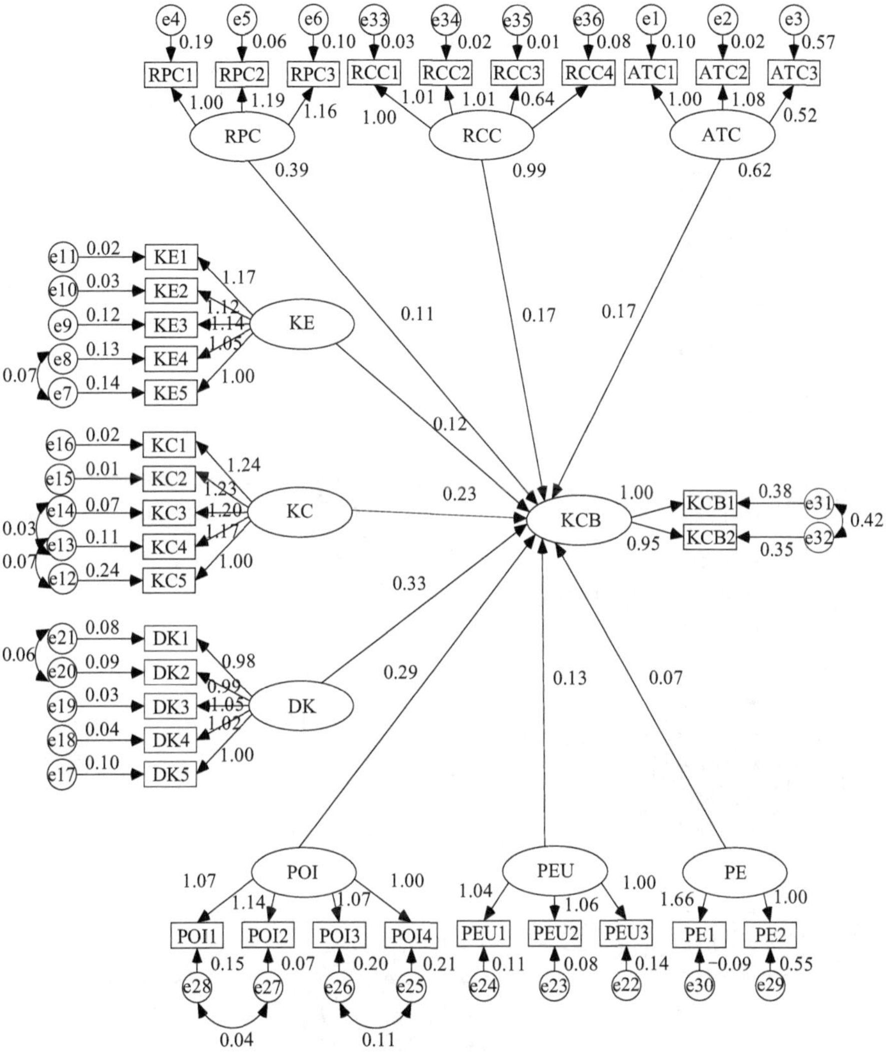

图 5-2　知识贡献行为动力要素模型的路径分析

注：ATC＝利他、RCC＝互惠、RPC＝声誉、KE＝知识外化、KC＝知识组合、DK＝领域知识、POI＝组织形象的感知、PEU＝感知的易用性、PE＝感知的经济性、KCB＝知识贡献行为，余同

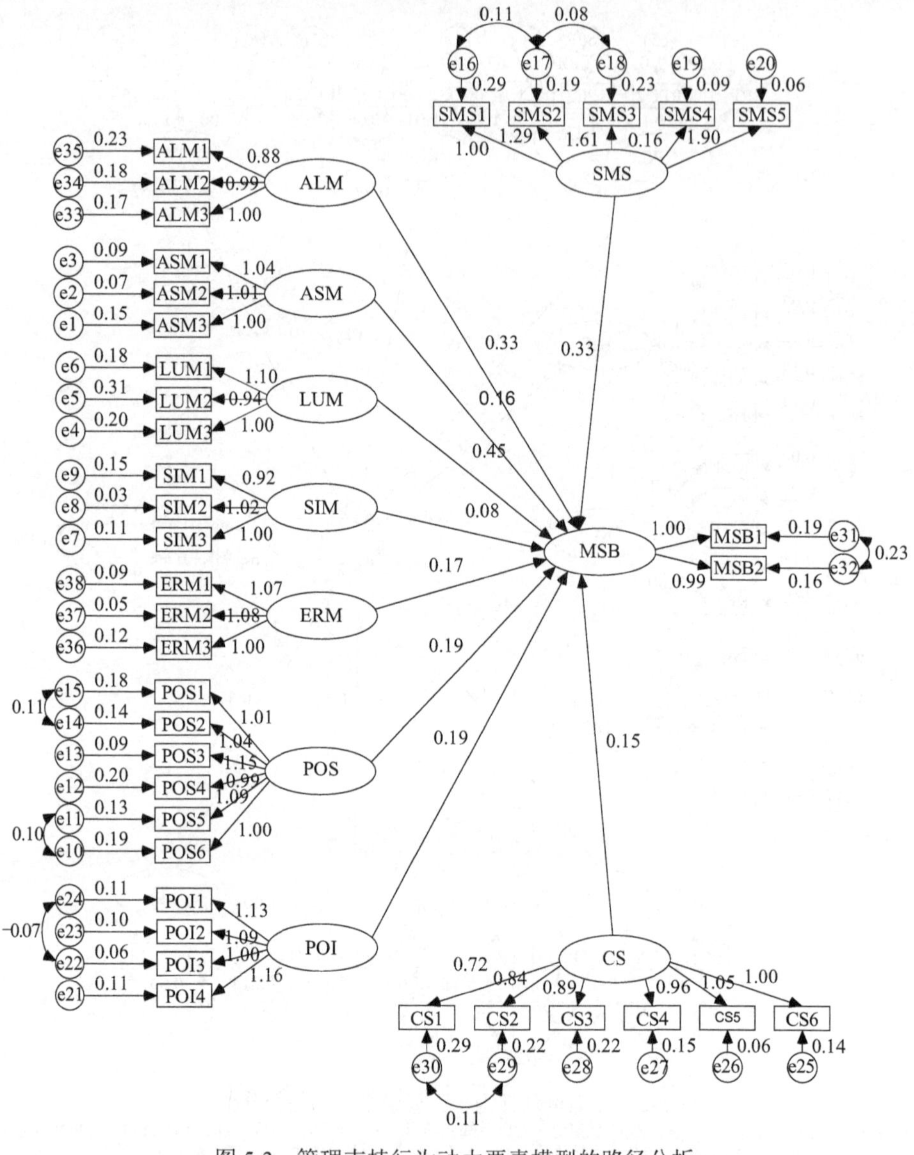

图 5-3 管理支持行为动力要素模型的路径分析

注：SIM＝社会交往、ASM＝成就、ALM＝利他、LUM＝学习、ERM＝经济回报、SMS＝自我管理、CS＝沟通、POS＝组织支持感、POI＝组织形象感知、MSB＝管理支持行为，余同

5.3.2　模型检验结果

一般认为，参数估计值 t 值（C.R.）的绝对值至少大于 1.96，p 小于 0.05，是假设通过检验的标志。

如表 5.14 所示，对于知识获取行为模型，认知兴趣动机、自我提升动机、知识需求的编码能力、知识查询过程的控制能力、感知的易用性以及感知的经济性与知识获取行为之间具有正向相关关系的假设得以验证支持，其中自我提升、知识查询控制和感知的经济性对行为的影响最为显著；而利他动机和查询结果评价与知识获取行为之间具有正向相关关系的假设被拒绝。

表 5.14　知识获取行为模型假设检验结果

假设项			Estimate	S.E.	C.R.	p	是否支持假设
KSB	＜---	SE	0.2130	0.0529	4.0282	***	是
KSB	＜---	CIS	0.1568	0.0534	2.9372	0.0033	是
KSB	＜---	ALT	0.0102	0.0639	0.1601	0.8728	否
KSB	＜---	SKS	0.2083	0.0603	3.4560	***	是
KSB	＜---	ESR	0.0415	0.0635	0.6536	0.5134	否
KSB	＜---	KNC	0.1673	0.0532	3.1428	0.0017	是
KSB	＜---	PEU	0.1223	0.0518	2.3605	0.0182	是
KSB	＜---	PE	0.2818	0.0577	4.8850	***	是

注：* 表示 $p < 0.05$；** 表示 $p < 0.01$；*** 表示 $p < 0.001$，下同

如表 5.15 所示，在知识贡献行为模型中，利他动机、互惠动机、知识组合能力、领域知识、组织形象的感知、感知的易用性与知识贡献行为之间具有正向相关关系，其中领域知识、组织形象的感知和知识组合对行为的影响最为显著；而声誉动机、知识外化能力以及感知的经济性与知识贡献行为之间具有正向相关关系的假设被拒绝。

表 5.15　知识贡献行为模型假设检验结果

假设项			Estimate	S.E.	C.R.	p	是否支持假设
KCB	＜---	PEU	0.1282	0.0637	2.0123	0.0442	是
KCB	＜---	PE	0.0681	0.0723	0.9419	0.3462	否
KCB	＜---	RCC	0.1697	0.0581	2.9227	0.0035	是
KCB	＜---	ATC	0.1739	0.0594	2.9289	0.0034	是

续表

假设项			Estimate	S.E.	C.R.	p	是否支持假设
KCB	<---	RPC	0.1126	0.0762	1.4784	0.1393	否
KCB	<---	POI	0.2876	0.0742	3.8769	***	是
KCB	<---	KC	0.2246	0.0675	3.3292	***	是
KCB	<---	KE	0.1211	0.0667	1.8149	0.0695	否
KCB	<---	DK	0.3137	0.0744	4.2191	***	是

如表 5.16 所示，在管理支持行为模型中，成就动机、利他动机、学习动机、经济回报动机、自我管理能力、沟通能力、组织支持感和组织形象的感知与管理支持行为之间具有正向相关关系，其中，利他动机和学习动机对管理支持行为的影响最显著；而社会交往动机与管理支持行为之间具有正向相关关系的假设被拒绝。

表 5.16　管理支持行为模型假设检验结果

假设项			Estimate	S.E.	C.R.	p	是否支持假设
MSB	<---	ASM	0.1617	0.0683	2.3696	0.0178	是
MSB	<---	LUM	0.4487	0.1022	4.3912	***	是
MSB	<---	SIM	0.0798	0.0481	1.6586	0.0972	否
MSB	<---	ERM	0.1693	0.0576	2.9383	0.0033	是
MSB	<---	POS	0.1884	0.0629	2.9939	0.0028	是
MSB	<---	POI	0.1861	0.0702	2.6520	0.0080	是
MSB	<---	CS	0.1469	0.0623	2.3566	0.0184	是
MSB	<---	ALM	0.3326	0.0840	3.9614	***	是
MSB	<---	SMS	0.3346	0.1140	2.9347	0.0033	是

5.4　对公共知识传播动力要素模型检验结果的分析

行为发生的原因是多样的。同样的原因可能会导致不同的行为，不同的原因也可能过会引发相同的行为。而且，行为的原因具有内隐性，不易被观察到，即便是被观察到了，我们也可能无法知道引发特定行为的真正原因是什么。所以我们在观察、实验和调查的基础上，生成了不同的行为理论以及观测和解释行为的各种模型，以期对行为进行比较客观的解释和准确的预测。

基于MOA框架下的公共知识传播活动的动力要素模型研究，本书设定了三种行为的动力要素模型，这三个模型各自包含不同的要素变量。正是这些不同变量的存在与组合，才使得三类参与者的行为得以被激发并维持。

经过实证分析得出的结果是，大部分理论假设得到了数据的支持和证实，而有一些理论假设未能得到有效的支持和证实。考虑到只是抽样调查，样本数量有限，其代表性也不足以完全反映出社会的全部状况；而且人的行为在不断发生着变化，那些未能得到证实的理论假设，也可能是由于研究误差或者模型设定问题而导致的。所以，这些假设也极有可能在其他人的相关研究中通过数据得以验证。本书仅就此次问卷调查的数据分析结果予以解释和讨论。

5.4.1 对知识获取行为动力要素模型检验结果的分析

结合本次调查的其他问题项，在知识获取行为问卷中，我们可以得到这样几种认识。

第一，人们使用互联网获取知识的频率很高，每天使用互联网获取知识的人数占到了使用互联网总人数的74.7%（227/304），他们通过互联网获取知识是出于求知兴趣和自我提高的原因，他们最关心的两个问题是知识的内容是否可靠和是否免费使用，两者所占比例分别是54.3%（165/304）和25.7%（78/304），其次是获得知识的难易程度（10.2%），这也可以解释为感知的经济性——节省时间、节约成本——成为吸引知识获取者通过互联网获取知识的机会因素，这也正是基于互联网的知识传播活动受到现代人喜爱的重要原因。获取知识有两个基本前提：一是要产生知识需求；二是要有知识可以被获取。任何人都存在知识需求，但并不是任何人在任何条件下都会意识到自己需要什么知识，并把这种需要表达出来。这种能够将知识需求使用语言、文字或其他符合形式进行明确表述的行为称为知识需求编码，即认识到自己需要什么知识，并将这种需要转化为查询的主题或词汇。如果知识需求处于模糊的、潜在的未编码状态，则知识查询就不会开始。在获取知识的过程中，对查询过程的掌控能力是不可或缺的，不熟悉查询过程，不了解查询条件和基本方法，是无法在互联网或者数据库里找到自己需要的知识的，因此，知识查询过程的控制能力是一项满足人对知识需求的基本能力，这种能力的高低会直接影响到知识查询结果的准确程度。

第二，人们通过互联网获取知识的另一个重要目的是自我提高，即为了能够更好地完成工作和学习任务，提高自身的能力。人类正在步入知识社会，知识成为创造财富、提升竞争优势的关键资源。互联网上聚集了丰富的知识资源，通过互联网获取知识，不但可以帮助人们解决工作、学习和生活中遇到的各式各样的问题，更会进一步提升人们的能力和优势，这也是一个通过互联网进行有目的的自我提高的过程。

第三，由于互联网的普遍性和开放性，任何人都可以通过一台联网的计算机而进入互联网的世界。随着 Web 2.0/Web3.0 时代的到来，网络应用变得越发人性化和生活化，它更重视个人的体验，也更容易被使用，感知的易用性应该是每个网站、每个数据库系统被经常使用的前提条件之一，一个操作起来复杂而且不便于使用的系统，无论内容多么丰富，其利用率都会大打折扣。除此之外，成本因素仍然是网络用户最为关心的问题之一，人们总是想以更少的成本获得更多的收益。在面对互联网的时候，那些免费的内容往往具有极高的关注度和使用率。

5.4.2 对知识贡献行为动力要素模型检验结果的分析

与知识获取者不同，知识贡献者的行为是具有明显利他性的，他们花费了大量的时间和精力，将自己熟悉并掌握的知识分享给其他人使用，正是因为有了这些愿意为他人提供帮助的人，互联网上免费的知识和信息才会呈现爆炸式的增长。当然作为一名知识贡献者，除了分享自己的知识以满足他人的需要以外，作为一个个体，他们也需要从他人那里获取自己需要的知识和信息。在企业中，声誉会对组织内部的知识共享活动产生重要影响，因为它可以通过确立或者扩大知识贡献者的知识权威和地位为其带来长远的、实际的利益；在内容开放式平台中，作为社会成员之一的知识贡献者自然也会想要获得好的名声和评价，但是他们却并没有把这个问题看作是一个重要的因素。“利人，然后利己”是对知识贡献者利他和互惠动机的最好诠释。

知识贡献者有两类：一类是属于创新型的知识贡献者；另一类是属于整合型的知识贡献者。创新型的知识贡献者往往会创造或发表一些带有原创性的作品或知识成果（即文中的知识外化），而整合型的知识贡献者则往往是对已有的知识进行摘录、编辑和整理，生成系统性和完整性的公共知识。前一种知识贡献者，除一部分人以外，大部分都会把创新性比较强的作品或知识成果通过知识产权的形式加以垄断和保护，考虑到个人利益的问题，他们一般也不会在公共领域分享这类知识。而后一种知识贡献者是公共知识传播活动的主体，他们通过将已有的、零散的或专业性比较强的知识片段整理并转化为系统性的、明确性的知识内容，从而为基于互联网的知识传播活动提供可以被传播和分享的内容，进而为内容开放式平台的产生和发展奠定基础。因此，作为知识贡献者贡献知识的一个前提条件，知识组合能力是知识贡献者所必须具备的能力因素，而具有创新性的知识外化能力并未得到数据的支持，这也说明，在公共知识传播活动中，人们对知识的创新性要求并不突出，重要的是知识的公共性和实用性。对领域知识的学习是知识贡献者贡献其知识的来源，它对产生知识贡献行为具有重要作用，任何具有贡献其知识意愿的人，首先要具备可以贡献的知识，其次才能最终通过内容开放式平台的相关操作将其知识贡献出来。

知识贡献者是一批具有利他和奉献精神的网络志愿者，在当下的网络空间里，他们中的大多数人无法通过贡献自己的知识而获取直接的经济利益或其他报酬，所以，传统的组织里用来吸引并激励员工为其努力工作的组织管理模式不适用于知识贡献者，他们之所以为这个网站而不是那个网站、为这个组织而不是那个组织、为这个社区而不是那个社区贡献知识，除了感知的易用性以外，他们对该网站、组织、社区的形象感知也发挥了很重要的作用。一个拥有良好的组织形象和知名度，并且可以为他们带来成就感和满足感的公益型组织，为吸引和激励知识贡献者创造了机会。感知的经济性未获得调查数据的支持，也从另外一个侧面说明了知识贡献者是一类利他性或者公益性较强的志愿者，他们为了达成贡献知识的目的，并不去过多地考虑成本（内容开放式平台的知识贡献和获取都是免费的，所以成本主要指的是时间和精力方面）的问题。

5.4.3　对管理支持行为动力要素模型检验结果的分析

因为管理支持者的数量较少且身份不容易被确认，所以在本次调查过程中，管理支持行为问卷的发放与回收是个难点。即使把中文维基百科、科学松鼠会、哈赛科技传播中心和知识共享组织所有能取得联系的成员加在一起，也只有80多人，而且组织的正式成员少。所谓正式成员，是指在组织中有明确职责和任务分工，领取适当报酬，并且拥有固定职位的人。调查数据显示，在122名被调查者中，正式成员仅有40人，占总人数的32.8%。管理支持者不同于知识贡献者，他们既是管理者，又是工作人员，他们不是纯粹意义上的志愿者，其行为既包含了志愿者的利他性，也包含了工作所带给他们的成就、学习和经济回报。他们是兼具公益与私利的“复杂人”。由于人员数量偏少，管理支持者所在的组织结构趋向扁平化，而且工作的自由性和自主性比较强，所以，这就要求他们对内具有良好的自我管理能力，对外具有良好的沟通能力。而最终吸引他们加入组织（平台提供方）并为之工作的机会因素源于他们的组织支持感和对组织形象的感知。

如表5.17所示，知识获取行为中的求知（认知与兴趣）与自我提高属于MOA中的“M”——动机，感知的易用性和感知的经济性属于“O”——机会，知识需求编码和知识查询过程控制属于“A”——能力；知识贡献行为中的利他和互惠属于MOA中的“M”——动机，对组织形象的感知和感知的易用性属于“O”——机会，知识组合和领域知识属于“A”——能力；管理支持行为中的成就、利他、学习、经济回报属于MOA中的“M”——动机，组织支持感和组织形象的感知属于“O”——机会，沟通和自我管理属于“A”——能力。也就是说，尽管最后得到的模型中的变量个数要少于之前的理论假设，但是“M—O—A”的基本框架被保留下来，虽然行为不同，引发行为的具体因素不同，但是动机、机会和能力对于行为的预测作用是毋庸置疑的。这也验证了前一章中提出的部分假设，即知识获取的动机、机会和能力与知识获取行为具有正向相关关系；知识贡献的动机、机会和能力与知识贡献行为具有正向相关关系；管理支持的动机、机会和能力与管理支持行为具有正向相关关系。

表5.17　各模型的实际影响因素

动力要素	知识获取行为	知识贡献行为	管理支持行为
动机（M）	求知、自我提高	利他、互惠	成就、利他、学习、经济回报
机会（O）	感知的易用性、感知的经济性	对组织形象的感知、感知的易用性	组织支持感、组织形象的感知
能力（A）	知识需求编码、知识查询过程控制	知识组合、领域知识	沟通、自我管理

依据数据分析和理论假设的验证情况，得到内容开放式平台中知识传播活动的微观动力要素模型，如图5-4所示。

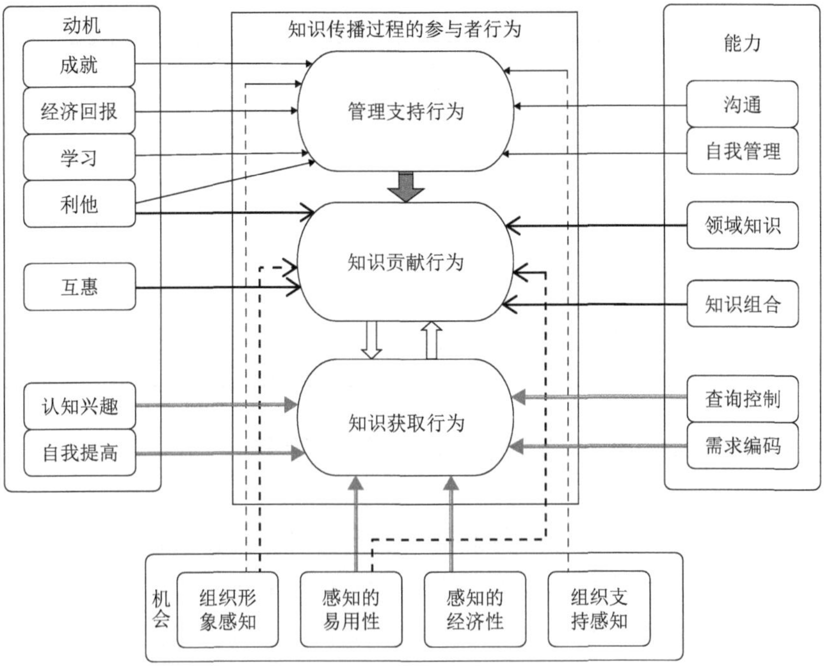

图 5-4　知识传播活动的微观动力要素模型

注：图中细线代表管理支持行为的影响因素，粗线代表知识贡献行为的影响因素，灰线代表知识获取行为的影响因素

5.5　对平台提供方动力要素模型的数据分析与结果讨论

将前文提及的宏观模型中的五种动力进行简单处理后，附在正式问卷的末尾，让知识贡献者、管理支持者和知识获取者三类主体分别填写，具体问题和选项参见附录 4、附录 5、附录 6。不同主体对问题回答的数据统计结果如表 5.18 所示。

表 5.18　不同主体对影响平台提供方外部动力因素的认知结果

外部因素	知识贡献者（n = 181）		管理支持者（n = 122）		知识获取者（n = 304）		合计（N = 607）	
	次数	百分比 /%	次数	百分比 /%	次数	百分比 /%	次数	百分比 /%
公益文化	158	87.3	93	76.2	155	51.0	406	66.9
社会需求	84	46.4	100	82.0	159	52.3	343	56.5
技术发展	169	93.4	122	100.0	277	91.1	568	93.6

续表

外部因素	知识贡献者（$n = 181$）		管理支持者（$n = 122$）		知识获取者（$n = 304$）		合计（$N = 607$）	
	次数	百分比 /%	次数	百分比 /%	次数	百分比 /%	次数	百分比 /%
法律法规	76	42.0	98	80.3	132	43.4	306	50.4
资金	149	82.3	122	100.0	223	73.4	494	81.4
教育水平	102	56.4	85	69.7	144	47.4	331	54.5
政府资助	74	40.9	65	53.3	161	53.0	328	54.0
私人资助	102	56.4	49	40.2	143	47.0	274	45.1
有偿服务	5	2.8	8	6.6	0	0	13	2.1
会员费	0	0	0	0	0	0	0	0

5.5.1　对不同参与者选择结果的解释

知识贡献者对六个因素的偏好是：技术发展＞公益文化＞资金＞教育水平＞社会需求＞法律法规。其中，认为技术发展重要的人数占到了总人数的93.4%。社会公益文化是培育志愿精神和志愿者队伍的重要因素。作为志愿者的知识贡献者，其具有明显的利他性，对这一问题的态度，也反映出他们对于自身价值的认同。

管理支持者对这六个因素的偏好依次是：技术发展＝资金＞社会需求＞教育水平＞法律法规＞公益文化。尽管在次序上可以得出这样的排列结果，但是从数据上来看，管理支持者对这几方面的因素都非常重视，即与知识贡献者和知识获取者相比较，管理支持者虽然并不直接参与公共知识传播活动，但是他们与组织之间的关系非常密切，对组织的内部运作和发展问题更为了解和关切，他们的选择结果对于平台提供方动力机制的运行具有重要的参考价值。

在三类参与者中，知识获取者与平台提供方的关系最为松散。当他们对于内容开放式平台有知识需求的时候，两者之间就会存在实质性关系，而一旦需求得到满足，他们就会变成组织（平台提供方）的旁观者。他们对六个因素的偏好是：技术发展＞资金＞社会需求＞公益文化＞教育水平＞法律法规。

5.5.2　对整体选择结果的解释

综合以上三类结果，之前设定的技术发展、资金、公益文化、法律法规、教育水平和社会需求六个要素对于平台提供方的重要性得到了证实，它们当中所占比例最小的是法律法规，其重要程度也得到了超过半数（50.4%）被调查者的肯定，六个要素中，技术应用和发展、资金和公益文化和精神被认为是最重要的三个因素（图 5-5）。技术发展是支撑力，没有技术的发展，就没有内容开放式平台及平台提供方（组织）的产生与发展；资金是保障力，是组织成立和运转的基础资源，缺少了资金的支持，组织将无法维持生存，更无法开展活动；公益文化和精神是原动力，志愿精神的弘扬、志愿者的积极参与是平台提供方的生命力所在。这三个要素也是所有社会组织生存和发展的三个根本性要素。

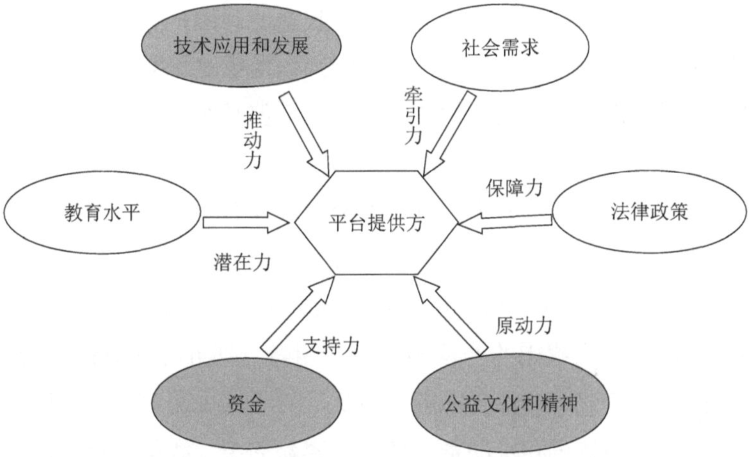

图 5-5　影响平台方提供方行为的动力要素模型

注：图中灰色椭圆代表对平台提供方影响相对显著的因素

相对来说，社会成员的受教育水平、社会需求和法律法规的重要程度并没有得到应有的重视。社会需求未得到明显关注的原因可能有两个方面：一方面，平台提供方所面对的社会需求是人们对快速获取知识的渴望，它的普遍性和无偿性容易让人忽略其作为重要因素的存在；另一方面，获取资源的前提是有资源能够被获取，与获取知识相比，贡献知识的难度要大得多，因此得到的关注就越多。而法律法规未能得到知识贡献者和知识获取者关注的原因是他们不直接参与组织的运作和管理，不能体会法律法规带给组织的约束和限制，而且法律作为一项制度，其在相当长的一段时间里是稳定的、很难改变的，我们对它造成的种种问题已经习以为常。教育水平作为一种潜在力，它对平台提供方的影响主要体现在对知识贡献者、知识获取者、管理支持者的行为能力的培养和形成方面，以及对社会公益文化的传承与发扬方面，它对公共知识传播活动的开展以及平台提供方的生存与运作都具有一定程度的间接影响。因此，作为一种隐性力量，教育水平对于平台方的重要性未能得到应有的肯定。

5.5.3 对筹资渠道回答结果的解释

对筹资渠道的看法，三类参与者的态度基本上保持一致，即政府资助对于组织的发展最重要，私人资助其次，而会员缴费有悖于平台提供方的组织特性与宗旨，因此基本上未得到认同。关于有偿收费的问题，要视具体情况而定，对于绝大多数的普通用户来讲，获得一般性的知识内容是无须付费的，这也是内容开放式平台和平台提供方开展活动的宗旨所在，但是对于由组织或组织成员提供的知识增值服务所带来的收入，则可以作为组织用于开展活动的资金来源，这也是在知识贡献者和管理支持者中，有少部分人选择有偿服务的原因之一。只是对于平台提供方来讲，这部分业务开展起来难度比较大，资金来源不够稳定。

对于我国的非营利组织（主要是事业单位）来讲，能够获得政府资助并非一件困难的事，因为我国的非营利组织有相当一部分与政府保持着密切的关系，或者说它们承担着政府的部分职能。但是，对于缺少政府背景的民间非营利组织来说，得到政府的认可和资助是一件不太容易的事。我国是典型的“大政府—小社会”的社会管理模式，政府在社会生活中占据主导位置，对于平台提供方而言，它或者是本土滋生的，如科学松鼠会的运营单位——哈赛科技传播中心，或者是国外的非营利组织在国内的分部，如知识共享组织和中文维基百科，缺少政府的认同和资助对于这类组织的生存和发展十分不利。目前，科学松鼠会在经历了长时间的努力之后终于实现了政府部门的挂靠，得到了政府的资助。知识共享的大陆项目由中国人民大学法学院承办，并且得到了福特基金会的支持。但是，中文维基百科由于种种原因依然尚未得到政府部门的完全认可。

5.6　本章小结

公共知识传播活动的动力机制是指推动主体参与公共知识传播活动的各种动力要素以及各动力要素间的关联与组合方式。参与者的行为动力是公共知识传播活动得以开展的动力来源，在划分公共知识传播活动参与者及其行为的基础上，以“动机—行为”为基本分析框架，本书设定了影响知识贡献者、知识获取者和管理支持者的行为动力要素模型。本书在系统理论和非营利组织理论的基础上，以“组织—环境”为基本分析框架，设定了影响内容开放式平台提供方的行为动力要素模型。

通过实证分析得出的结果是：技术应用和发展、资金、公益文化和精神、法律法规、教育水平和社会需求对于平台提供方的重要性得到了证实。在六个要素中，技术发展、资金和公益文化是最重要的三个因素。

在知识获取行为动力要素模型中，认知兴趣动机、自我提升动机、知识需求的编码能力、知识查询过程的控制能力、感知的易用性以及感知的经济性与知识获取行为之间具有正向相关关系的假设得以验证，其中，自我提高、对查询过程的控制和感知的经济性对知识获取行为的影响最为显著；而利他动机和查询结果评价与知识获取行为之间具有正向相关关系的假设被拒绝。

在知识贡献行为模型中，利他动机、互惠动机、知识组合能力、领域知识、组织形象的感知、感知的易用性与知识贡献行为之间具有正向相关关系的假设得以验证，其中，领域知识、组织形象的感知和知识组合能力对知识贡献行为的影响最为显著；而声誉动机、知识外化能力以及感知的经济性与知识贡献行为之间具有正向相关关系的假设被拒绝。

在管理支持行为动力要素模型中，成就动机、利他动机、学习动机、经济回报动机、自我管理能力、沟通能力、组织支持感和组织形象的感知与管理支持行为之间具有正向相关关系的假设得以验证，其中，利他动机和学习动机对管理支持行为的影响最为显著；而社会交往动机与管理支持行为之间具有正向相关关系的假设被拒绝。

第6章

知识传播的动力机制与运行条件

6.1　知识传播活动动力机制的综合模型

知识传播活动的动力机制是指推动主体参与知识传播活动的各种动力的构成及其相互关联的方式。它是在知识传播行为动力模型和知识传播的平台提供方动力模型的基础上产生的。由于两个模型中动力要素的复杂性，对于动力机制综合模型这个问题的回答，需要分为两部分来进行。

6.1.1　平台提供方的动力要素模型与知识行为动力要素模型的关系

通过对知识传播过程的三类参与主体，即知识贡献者、知识获取者和管理支持者的行为分析和行为动力要素模型的假设检验，最终得到了基于主体行为的知识传播的微观动力要素模型（图 5-4）。通过对影响内容开放式平台的平台提供方的组织外部环境的分析和调查，最终得到了基于组织整体行为视角的平台提供方行为的动力要素模型（图 5-5）。两个模型之间的关系如图 6-1 所示。

知识传播的微观动力要素模型通过管理支持和内容开放式平台与平台提供方的动力要素模型关联在一起。无论是知识贡献者的知识贡献行为、知识获取者的知识获取行为，还是管理支持者的管理支持行为，都受到动机、机会和能力三类要素的驱动，而各要素所包含的次级动力要素是影响三种行为的具体动力要素。内容开放式平台作为基于互联网开展公共知识传播活动的重要媒介，为知识贡献行为和知识获取获取行为提供了必要的物质基础和技术条件。平台提供方需要筹集平台运营所必需的资金、技术、制度等各类资源，作为社会大系统中的一个组成部分，其会受到来自以下因素的直接或潜在的影响与推动：①资金支持（支持力）；②网络技术应用与发展（推动力）；③社会需求（牵引力）；④法律政策（保障力）；⑤公益文化和精神（原动力）；⑥社会成员的教育水平（潜在力）。

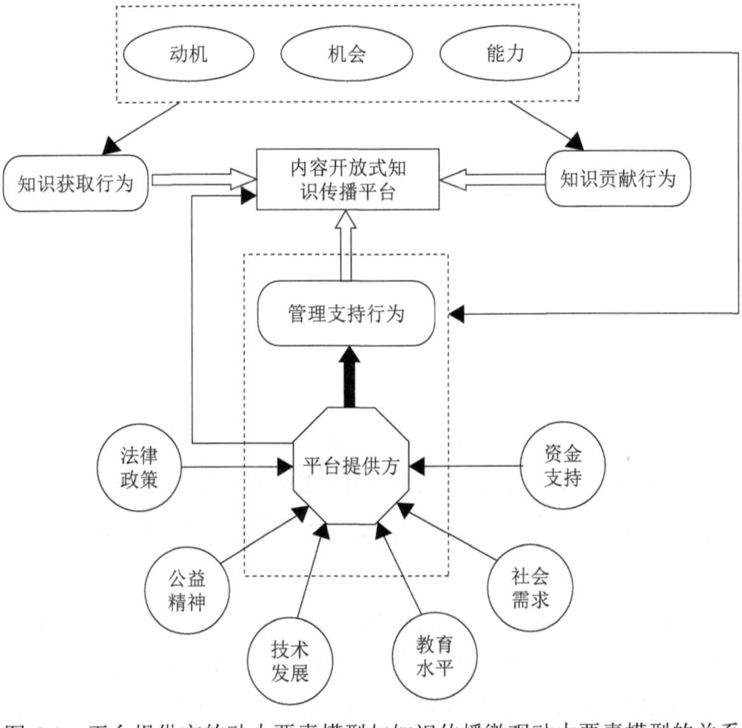

图 6-1　平台提供方的动力要素模型与知识传播微观动力要素模型的关系

注：图中细线代表主体行为的直接影响因素，粗白线代表不同主体行为对内容开放式知识传播平台的影响，粗黑线代表平台提供方对管理支持行为的影响

6.1.2　平台提供方的动力要素与行为动力要素的关联

平台提供方的动力要素模型是一种宏观意义上的认知结果，各个动力要素是社会大环境中的组成部分，对于社会个体和社会组织的活动具有普遍性影响。它们不仅影响着平台提供方的生存与发展，还通过直接或者间接方式具体化为影响知识贡献者、知识获取者和管理支持者行为的动机、机会和能力等动力要素，

以此来影响这些参与者的行为动力。这方面的情况比较复杂，如图 6-2 所示。

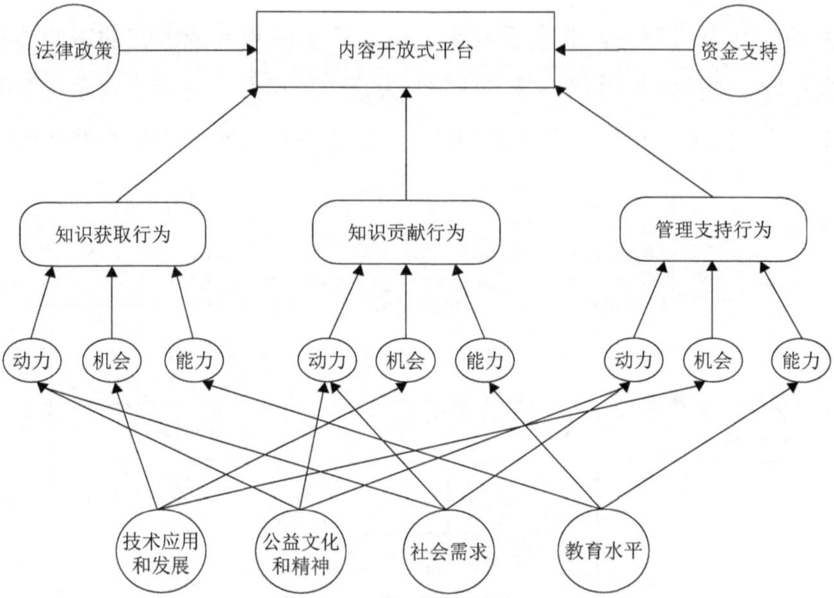

图 6-2 平台提供方动力要素与行为动力要素的关系

实证结果的分析表明，知识获取者的行为动机来自认知兴趣和自我提高，具有内部动机的性质，作为知识传播活动中的客体或知识受传者，其构成了个体对于知识传播活动以及内容开放式平台的社会需求的一部分。知识获取者的行为能力来自感知的易用性和感知的经济性，属于对技术和系统的交互性和便捷性的要求，新技术的应用和网站的开放式架构就是为满足这一要求而形成的。知识获取者的行为能力包含知识需求编码能力和知识查询过程控制能力，知识需求编码能力体现出知识获取者对于自身所要查询的问题的认识程度，知识查询过程控制能力体现出个体对于内容开放式平台和网络查询策略的认识。能力既与个性化特征有关，也与个体的教育水平和实际经验有关。

对于知识贡献者来说，一方面，其行为动机中的利他和互惠属于公益或互益精神的一种表现，作为知识传播活动中的传播主体和知识发送方，这也构成了内容开放式平台中的知识内容的主要来源；另一方面，知识传播平台的存在也在一定程度上满足了知识贡献者作为志愿者参与具有公益性的社会活动的心理需求。知识贡献者的行为动机受到感知的易用性和对组织形象的感知的影响，这两个因素分别与内容开放式平台的特征、所使用的技术和平台提供方的组织使命（即公益精神）有关。知识贡献者的知识组合能力和领域知识对知识贡献行为具有显著的影响，这两个要素与个体的受教育水平、学习情况和实践经验有关。

管理支持者具有双重身份。他们既参与内容开放式平台的管理与维护，又与平台提供方保持着密切的关联。作为个体，他们的行为受到动机、机会和能力的影响，作为组织的成员，他们会受到组织所处外部环境中的动力要素的影响。因此，他们身上所体现出来的内容比较丰富。管理支持者的行为动机受到成就感、利他性、学习和经济回报等要素的影响，其动机模型相对复杂。在这些动机中，成就感、学习和经济回报是管理支持者作为个体的人对组织的社会需要，属于明显的利己动机；而利他动机则与公共知识传播活动的公益性、平台提供方的公益性相关联，属于公益文化和公益精神对于个体行为的影响和导向。管理支持者的行为机会受到组织支持感和对组织形象的感知的影响，也可以说是对组织成员的需求的满足和组织的公益形象，吸引着管理支持者参与内容开放式平台和组织的其他活动，这主要涉及组织自身的管理与建设。管理支持者的行为能力受到沟通和自我管理的影响，沟通是人与人之间的交互，涉及组织内部的管理机制；自我管理是主体的素质和修养，涉及个体的个性特征和受教育水平。

作为知识在互联网上传播的重要媒介和活动空间，内容开放式平台由平台提供方负责建设和运营。先前的实证分析结果表明，尽管资金和法律政策对于平台提供方的影响并不是最显著的，但是其重要性也得到了大部分人的认可，即资金和法律政策是保障平台提供方有效运作和发展的重要因素。在实践过程中，没有获得法律认可和政策支持的组织无法正常获得组织发展所需的各类资源（含资金），其生存会受到多方面的威胁和挑战。而资金作为基础性资源，其充足与否也在很大程度上决定着组织发展的规模和可能性，进而影响到内容开放式平台的运营。科学松鼠会的合法化过程就充分说明了这一点。因此，我们说内容开放式平台不是空中楼阁，它需要资金和法律政策为之提供支持和保障。

从图 6-2 也可以直观地发现，对平台提供方产生重要影响的六个宏观要素分别与知识传播活动的三类参与者的行为动力要素之间建立了关联，由此，也进一步明确了知识传播活动的动力要素的组合关系。

6.2 知识传播动力机制的运行条件

知识传播的动力机制是一个复杂的动力要素系统。研究动力机制的意义在于，除了探明影响知识传播活动的各类动力要素及其关联结构之外，还需要使得动力机制真正“动”起来，充分发挥机制对于知识传播活动以及内容开放式平台的实际价值。因此，明确动力要素及其关联结构发挥作用的基础条件，即动力机制的运行条件，应该是动力机制研究的重要组成部分。基于前文的分析和结论，本书主要从宏观和微观两个层面来分析知识传播动力机制的运行条件。其中，宏观层面是以政府为主导的，微观层面是以平台提供方为主导的。具体内容如图6-3所示。

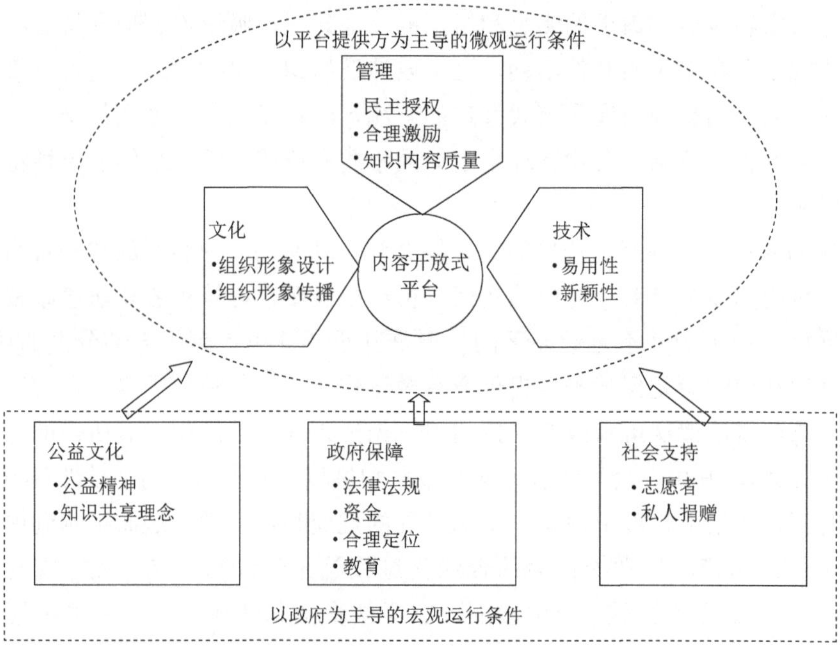

图 6-3 知识传播动力机制的运行条件

6.2.1 知识传播动力机制的宏观运行条件

知识传播动力机制的宏观运行条件主要包括政府保障、公益文化和社会支持。

1. 政府保障

来自政府的支持与许可历来是影响各类社会组织生存和发展的关键条件。政府保障是指政府通过法律法规、政策文件、资金支持等动力因素为组织开展知识传播活动营造良好的外部环境，推动传播活动的有效运行，具体来说包括以下四方面的内容。

第一，非营利组织的成立要得到相关法律的支持与许可，在法律框架内享受相应的保护并接受有关政府部门的监管。作为一个组织机构，内容开放式知识平台及其提供方要获得自身的发展，显然同其他非营利组织一样有着对合法性的基本诉求。如果法律法规体系健全、功能完善，则有利于组织的发展，否则会阻碍和限制组织的发展。

第二，政策是政府在一定时期内活动内容和活动导向的指示器。它能够表明组织开展的活动能否获得政府的优先考虑和照顾。政策的扶持和倾向性会给内容开放式平台及其提供方的发展带来更多的机会和更丰富的资源，同时也是消除一些障碍的重要依据。

第三，资金是持续开展知识传播活动的基本保障之一。要维持一个组织机构长久的发展，除了要明确其合法性以外，获得充足的资金支持具有不可否认的重要性。目前，政府为组织机构提供经费的方式有三种：一是直接拨款资助；二是政府购买社会组织的服务；三是为向社会组织捐赠的企业提供税收优惠。

第四，发展教育，增加公民的受教育机会和提高其受教育水平。教育可以提升公民自身的综合素质，影响他们对于知识的需求，也会在很大程度上促使公民向“知识人”的转变。政府在直接发展教育的同时，更应该通过政策鼓励社会力量开展各种形式的社会教育，营造全民学习的社会氛围，改善社会的知识环境。

2. 公益文化

公益文化，主要是指公益精神的传承、发扬以及共享理念的培养，包括以下几个方面。

第一，公益精神。公益精神也称志愿精神，是一种典型的利他主义的社会表现。它是公益主体基于一定的关怀和利他意识而面向特定社会群体或人类发展共同关注问题的行为的一种心理态度、价值观念和人格品质，内含着一种社会责任感、团结互助意识、参与精神和文化精神。[①] 公益精神寓于公益文化建设之中。只有建立起系统完善的公益文化机制，才能增强民众的慈善意识和营造良好的公益氛围，从而为内容开放式知识平台及其提供方的发展争取更多机会，而且能够从根本上改善社会环境，增加社会资本，推动社会的进步。

第二，共享理念。共享知识是人类的一种共同诉求。从人类交往的本性和文明的发展过程来看，知识一旦被生产出来，就已经在客观上具有了公共产品的性质，尽管某些知识产品因知识产权而具有一定时限的私有性，但任何私有性的知识一旦超过其保护期限，最终还是要进入公共领域。所以说，知识是人类社会的公共产品，应该得到广泛传播和共享。在知识社会中，这种对于知识共享的需求显得更为广泛和迫切。互联网建立的初衷也是为了能够在最大范围和最大程度上实现资源的共享。因此，知识通过互联网得以传播和共享，有着技术和社会文化的双重背景。理念是行为的先导，知识共享是一种有目的的自愿行为，对知识共享理念的普及、接受与认同，会让更多的人通过互联网贡献出自己的知识，从而加速知识的积累、传播与利用。

3. 社会支持

社会支持所体现的是人们基于利他主义的公益精神所采取的一种志愿行为，是建立在社会成员与非营利组织之间的一种基于信任、志愿和公益的资源支持与委托代理关系。通过社会支持，致力于公共知识传播的非营利组织向社会表达其致力于公共利益的理念，得到社会的回应和信赖，并因此而汇聚来自社会的志愿者和获得来自社会的捐赠。

内容开放式平台及其提供方以公益为使命，具有志愿精神的知识贡献者是平台中知识的主要提供者，同时，作为非营利性的社会组织需要通过向其他类型的组织和社会公众开展有效的劝募活动，以维持组织的长期活动。因此，社会的广泛关注、参与和支持对于平台及其提供方来说非常关键。

6.2.2 知识传播动力机制的微观运行条件

宏观运行机制主要解决的是改善知识传播活动的外部环境问题，而以平台

① 卓高生 . 公益精神概念辨析 . 理论与现代化，2010，（1）：87-91.

提供方为主导的微观运行机制，则主要解决的是提升平台提供方的管理与发展能力的问题，主要包括组织文化、组织管理和技术三个层面。

1. 组织文化层面

组织文化是组织成员的共同价值观体系，它对人们行为的产生具有持久深刻的影响。组织文化并不是自产生以来就具有的，而是在组织生存和发展过程中逐渐总结、培育和积累而形成的。组织精神、组织的价值观和组织形象是组织文化的基本要素。对于平台及其提供方来说，组织精神和价值观统一于其非营利性、公益性和知识性的组织使命，并最终通过组织形象的塑造与传播而得以确立。

组织形象的塑造与传播主要包括以下两个方面的内容。

第一，组织形象的设计与规划。平台及其提供方是公益性的社会组织，它们在一定程度上能够在保证知识完整性和可靠性的前提下，促进知识在最大范围内的传播与共享。但是，相对于商业化运作的百度百科来讲，中文维基百科在普通民众中的知名度和使用率都要稍逊一筹。而从中文维基百科到现在都未能获得我国政府的官方支持与认可（中文维基百科和维基百科的网站经常不能正常访问）的情况来看，它与政府关系的进展并不顺利。对于知识获取行为问卷中的题目“你了解平台及其提供方（如维基百科、科学松鼠会或者知识共享组织）吗”这一问题，虽然大多数人表示都不同程度地使用过，但是回答“不了解”的占到了总人数的74.3%，也就是说，他们并不真正了解平台及其提供方这种类型的组织究竟是何种性质的以及是如何运作的。尽管这些组织从事的活动有益于公众和社会的发展，但是其社会知名度并不高。另外，组织支持感和组织形象感知与知识贡献行为及管理支持行为的正向相关关系，则又说明了组织的形象和社会知名度对于组织的重要性。因此，对于平台及其提供方来说，如何塑造自身不同于其他商业组织的组织形象、如何提升组织的知名度和美誉度，是组织在发展过程中必须要解决的问题。

总体来看，平台提供方的共同特征是公益性、非营利性和知识性，从实际情况来看，平台及其提供方包含的组织类型非常多样，每一个组织都可以依据自身的特色来设计包括组织标识在内的不同的组织形象，关键是要突出组织的价值和不同于商业、企业的独特文化理念。平台及其提供方应将自己的文化理念、行为规范以及产品属性等运用完美的视觉一体化设计，塑造成个性化、明晰化、有序化、与众不同的可视形象或可听形象。

第二，组织形象的传播。组织形象的传播本质上就是通过各种有效的手段，形成一种极具凝聚力、积极向上的文化心理和精神氛围，以展示组织的特色、价值和使命，并统一地传播给社会公众，以求在公众心目中留下深刻的印象和产生一定的影响力，最终使得目标群体熟悉、接受并认可组织以及组织的产品和服务。对于平台及其提供方来讲，它们基本上都有自己较为明确的组织形象和组织使命，关键在于组织形象的传播。

组织形象传播的过程要经历初创、发展和巩固三个阶段。初创时期，组织形象传播的重心以制订战略规划和提高组织知名度为主；发展时期，组织形象的传播以增加形象内涵、提升组织美誉度为主；巩固阶段，组织形象的传播要体现组织的规范化和持久性。

平台及其提供方属于非营利组织的范畴，因而组织的资金不可能大量地用于组织形象的传播。从现状来看，网站宣传和人际传播是平台及其提供方所使用的两种最主要的传播途径，但传播效果并不理想，这就要求组织的管理者合理规划，在力所能及的范围内选择最有效的传播途径。

2. 组织管理层面

组织管理层面主要涉及具体的管理方式和激励方式两个方面的内容。

第一，管理方式。管理方式是对管理方法所做的思路性和框架性的实践概括与理论总结，是管理理念、管理内容、管理程序、管理制度和管理方法体系的具体表现。本书中的管理支持者具有复杂的动机结构，对组织支持感和组织形象的要求较高，其自我管理能力和沟通能力比较突出。针对此种状况，平台及其提供方的管理方式主要涉及两方面的内容：一是民主互动型管理；二是组织对成员的人文关怀。

民主互动型管理，一方面要求组织能够适应复杂、多变的组织内外环境，通过建立扁平化、网络化的组织结构，以提高自身的适应能力和竞争能力；另一方面要求组织提倡人性化和民主式管理，通过改善组织领导与管理者、管理者与普通员工之间的关系，提高员工参与组织规划和项目规划的积极性，对自我管理和成就感较强的员工予以充分授权和信任，发挥他们的能动性。

组织对成员的人文关怀，一方面，要求组织在对成员的工作和生活予以关怀的基础上，尊重他们的意见和建议，重视他们的工作和价值，通过良好的互动建立和谐的组织内部关系；另一方面，要求组织关心组织成员的个人发展，通过定期或者不定期的指导、学习和培训，不断提升组织成员的自身素质和业务能力，满足组织成员多元化的需要。

第二，激励方式。激励方式倡导合理激励，物质激励与精神激励并举。平台及其提供方的组织激励对象包括两类：一类是数量较少但是较为固定的管理支持者；另一类是数量庞大但是并非固定的知识贡献者。

一般而言，非营利组织管理者的薪酬通常（但不限于）由固定工资、奖金以及福利构成，而缺少诸如公司制的股票和股票期权等所有权激励。对于管理支持者而言，他们大多为组织的正式员工。依据组织的性质不同，正式员工的报酬可以分为三种类型：一是稳定的“工资＋福利”，如科学松鼠会；二是固定的工资，如知识共享组织；三是以精神奖励为主，如维基百科。与一般的组织相比，尽管非营利组织更强调公益性、慈善性和志愿性，理想主义、献身精神和使命感在非营利组织中占有重要的地位，但是，就本次问卷调查的结果而言，对于组织中的正式员工来说，薪酬和工作条件也是激发他们努力工作的重要推动力。因此，平台及其提供方应该对组织的薪酬管理加以重视。同时，利他动机对激发管理支持行为的显著性影响也说明，管理支持者在重视经济回报的同时，应特别注重精神层面的激励。因此，精神与物质激励并举能够较好地满足管理支持者的需求。

对于平台及其提供方来说，知识贡献者的数量和质量是影响组织能否有效发展的重要因素。一般认为，通过具有虚拟特性的互联网所获的回报更多属于精神或心理层面的，对于具有利他精神的知识贡献者而言，他们不需要具体的回报。但调查结果表明，尽管利他动机是知识贡献者开展活动的重要动机类型，但是互惠动机也显示了它对知识贡献行为的重要作用，即知识贡献者并非单纯的“知识人”，他们在以知识服务他人的同时，往往也希望能从其服务的组织那里得到自己需要的东西。这既包括知识的需要也包括交流的需要。所谓交流的需要，即知识贡献者在贡献知识的过程中会遇到诸多的问题和不确定性，他们需要通过和其他知识贡献者的沟通与交流来解决一些问题，或者寻求一种“志同道合者”的帮助与肯定，这会在一定程度上增加他们持续贡献知识的动力。维基百科设置的“互助客栈”、科学松鼠会设置的“松鼠论坛”以及知识共享组织设置的“CC社区”等就是为满足这种需求而出现的。此外，笔者在调查过程中还发现，知识贡献者通过参加组织或者自发组织的线上线下活动，也会在很大程度上提升他们对组织的忠诚度，增强他们贡献知识的动力。

因此，对于知识贡献者的激励，不能仅仅依赖于其自身所具有的公益精神或者利他精神，而是要通过满足其基于互惠和其他层面的精神或心理需要，增加其对组织的忠诚度，保持其贡献知识的活跃性和持久性。

第三，知识内容的质量控制。有效的组织形象设计与传播，可以提高组织的知名度，但是，组织美誉度的获得最终仍然要以组织产品的质量为基础。知识性是平台及其提供方的重要特征，以数字化形式存在的知识内容是其发挥价值的主要方式。知识获取者在使用平台的过程中最关心的问题有两个：一个是知识内容是否免费；另一个是知识内容的质量。

由于开放性，任何人都可以成为百科全书类平台及其提供方的知识贡献者，因此，缺乏权威性与专业性是对诸如网络百科全书类平台及其提供方质疑最多的问题。但是，专业人士还是会逐步修正知识内容，让其变得更加严谨和科学。百科全书类平台及其提供方已经制定了一些方针和规范，来指导参与者如何编撰出比较专业的知识内容。此外，读者的在线评论或留言可以实现作者和读者之间的有效交互，这也可以作为完善知识内容、评价或控制知识质量的一种方式。

3. 技术层面

Web 2.0 是信息技术发展引发网络革命所带来的面向未来、以人为本的创新。对于 Web 2.0 的价值和意义，现在比较普遍的说法是它为用户带来了真正的个性化、去中心化和信息主动权。在实际应用中，它除了使原先的 IM、P2P 等得到新的发展，更是促使涌现出了很多社会化的新事物，如博客、微博、网络百科全书、社交网络等。技术的创新带来了知识新的应用和传播方式，平台及其提供方就是这类新技术与社会资本相结合的产物。

技术总是在进步，新的技术也必将超越现有的技术。在用户看来，技术的易用性是系统平台与用户交互的主要特性。因为完美的内容是用来使用的，如果一个系统或网站的操作流程烦琐或操作不便，那么其就不会受到用户的欢迎。我们无法预言何时会出现何种新技术，但是，“技术以人为本”的发展理念是其核心趋势。

现代信息通信技术和网络技术是平台及其提供方得以存在的基础，没有网络技术的更新换代，就不会出现平台及其提供方，而知识贡献者和知识获取者对易用性的重视，在某种程度上也说明了平台及其提供方所使用的技术和系统平台具有易用性的特点。这也是吸引他们参与平台及其提供方的知识传播活动的重要影响因素。平台及其提供方在发展过程中也必将面临技术和系统平台的更新换代问题，但是，坚持技术的人性化和易用性设计应该成为这类组织的宗旨之一。

内容开放式平台中的知识贡献者是以知识服务于他人的网络志愿者，这类群体的共同点是，他们是具有公益性或互益性的“知识人”。以中文维基百科为例，截至 2018 年 7 月，中文维基百科共有 1 154 681 名注册用户，其中活跃的知识贡献者有 6824 名。[①] 尽管用户数量的多少和用户增长速度的快慢一方面可以表明公众参与公共知识传播活动的积极性和规模，另一方面也反映出了社会的公益文化是否繁荣，但更关键的问题是，知识贡献者是否能够持续性地贡献自己的知识。因此，如何通过社会环境的营造来推动或吸引具有专业知识和技术背景的“知识人”成为知识贡献者，并维持这些知识贡献者的积极性和活力，是所有基于互联网的知识传播活动能否持续下去的核心问题之一。

6.3　保障知识传播活动的动力机制有效运行的建议

第一，政府给予非营利组织合理的定位。世界各国的实践已经表明，非营利组织的产生与发展是民主化和良好的社会治理的必然要求，也是弥补政府和市场失灵、合理有效地提供公共产品和服务的必然选择。非营利组织不是政府的对立面，两者之间是合作互补的伙伴关系。对非营利组织的合理引导与扶持，可以有效地提升政府的形象和提高政府工作的效率。而作为以传播公共知识、促进知识共享、提升社会成员知识水平为目的的非营利组织，政府更应该认识到其在实现公共利益方面所具有的社会价值，并给予其更多的支持与鼓励。

① 中文维基百科 . http://zh.wikipedia.org[2018-07-29].

第二，政府简化非营利组织的登记注册手续，降低门槛，放宽准入，从根本上改变制度设置与规定。根据现实的情况，可以考虑设置专门的管理部门，对非营利组织进行统一的登记管理，适当放宽对特定类型的组织的登记限制；建立非营利组织的等级评估制度，实现分类监管，分级控制；严格审计非营利组织的营利分配和财务状况。

第三，增加对公益性非营利组织的公共资金与政策扶持。对税制性因素进行适当的调整与改进，通过更多的政府激励政策，鼓励个人和企业向非营利组织进行捐赠，在促进社会资本流动的同时，营造和谐的社会环境；修改现行有关非营利组织的减免税收政策，使政策惠及的目标群体更为明晰。

第四，加强公民道德教育，提高公民素质是发挥政府文化职能的重要内容，也是培育公益精神的重要渠道。公民的公益精神不是先天就有的，而是在社会主流力量的影响、舆论导向的引导下逐步形成的。政府要通过运用包括家庭、市场和非营利组织在内的各类政策工具，进行传统文化和公共道德方面的建设与宣传，例如，可以考虑在学校尤其是中学和大学中设置公益学分，鼓励学生走出校园，更多地体验公益活动。

第五，逐步建立网络志愿服务的激励机制。可以借鉴国外的成功经验，推行志愿者注册制度和志愿者工作计量制度，通过统计社会公众对网络志愿者所做贡献的反应和评价，把无形的志愿服务变成一种有形的现象，促使更多的人认识到志愿服务的价值，进而投入到志愿活动中来。

第六，平台及其提供方的独立发展。要在继续争取政府资助的同时适度参与社会竞争，可以在不超出组织使命的前提下，利用自身的社会优势实现与企业和政府之间的合作，以获得适度的资金，并逐步建立起一个多元化、高效率的筹资渠道。这样才能使自己从根本上解决在经济上对政府和社会捐助的过度依赖，真正成为相对独立的社会主体。

第七，塑造良好的平台及其提供方的组织形象。组织形象对于平台及其提供方的发展非常重要。非营利组织在保证组织绩效的基础上，要明确规划组织的形象和宣传策略，积极广泛地与新闻媒体合作，拓宽传播渠道，提高组织的知名度，吸引社会各界的关注与参与。同时，要积极寻求政府的支持，改善组织外部的政治环境。

第八，实现平台提供方内部的良好治理。良好的内部治理意味着要确立组织的使命，根据组织的具体情况建立富有弹性的管理机制，形成民主的管理风格和具有活力的工作团队；要注重对人才的引进、配置、培训和激励，强化组织内部员工的组织支持感和归属感，增强组织的凝聚力；要重视对志愿者的关怀与奖励，提升志愿者对组织的忠诚度。

6.4　本章小结

知识传播活动的动力机制是在知识传播行为动力要素模型和公共知识传播的平台提供方动力要素模型的基础上构建起来的。

平台提供方的动力要素模型是一种宏观意义上的认知结果，各个动力要素是社会大环境中的组成部分，对于社会个体和社会组织的活动具有普遍性影响。它们不仅影响着平台提供方的生存与发展，还通过直接或者间接的方式具体化为影响知识贡献者、知识获取者和管理支持者行为的动机、机会和能力等动力要素，从而影响这些参与者的行为动力。

知识传播动力机制的实现需要基本的运行条件。在对知识传播活动的行为动力要素模型以及平台提供方的动力要素模型分析的基础上，确立了以政府为主导的宏观运行条件和以平台提供方为主导的微观运行条件。其中，前者主要包括政府保障、公益文化和社会支持，后者主要包括组织管理、组织文化和技术三个层面；前者主要解决的是改善知识传播活动的社会环境问题，后者主要解决的是提升平台提供方能力的问题。知识传播的动力机制的运行在我国的现实情况下遭遇了一些障碍，笔者依据研究过程中的感受提出了相应建议。

6.4 本章小结

第7章
知识传播动力机制运行的政策环境

内容开放式平台中的知识传播动力机制的运行条件包括宏观和微观两个层面。本章将从以下几个方面阐述我国政府对网络环境下知识传播活动的各项相关规定：①对非营利组织的管理（包括对其申请登记、运行机制、内部管理等方面的要求与规范）；②对网络空间的治理（规范网络空间知识和信息传播活动各类主体的权利与义务、职责与手段等）；③面向公益事业的税收优惠与立法；④政府资助（政府向社会力量购买服务）；⑤倡导公益精神和志愿者管理等。其主要涉及的政策法规如表 7.1 所示。

表 7.1 网络环境下知识传播活动的部分相关政策法规

序号	时间	文件名称	政策法规内容涉及领域
1	1998 年 10 月发布 2016 年 2 月修订	《社会团体登记管理条例》	①
2	1998 年 10 月发布 2016 年 8 月修订	《民办非企业单位登记管理暂行条例》	
3	1999 年 6 月发布	《中华人民共和国公益事业捐赠法》	③
4	2004 年 2 月发布	《基金会管理条例》	①
5	2000 年 9 月发布 2011 年 1 月修订	《互联网信息服务管理办法》	②
6	2006 年 5 月发布 2013 年 1 月修订	《信息网络传播权保护条例》	
7	2013 年 9 月发布	《国务院办公厅关于政府向社会力量购买服务的指导意见》	④
8	2014 年 8 月发布	《即时通信工具公众信息服务发展管理暂行规定》	②
9	2015 年 9 月发布	《志愿服务信息系统基本规范》	⑤
10	2016 年 3 月发布	《中华人民共和国慈善法》	①③⑤
11	2016 年 6 月发布	《移动互联网应用程序信息服务管理规定》	②
12	2016 年 6 月发布	《互联网信息搜索服务管理规定》	
13	2016 年 7 月发布	《关于加强和改进社会组织薪酬管理的指导意见》	①

续表

序号	时间	文件名称	政策法规内容涉及领域
14	2016 年 11 月发布	《中华人民共和国网络安全法》	②
15	2017 年 5 月发布	《互联网新闻信息服务管理规定》	
16	2017 年 10 月发布	《互联网新闻信息服务单位内容管理从业人员管理办法》	
17	2017 年 10 月发布	《互联网新闻信息服务新技术新应用安全评估管理规定》	
18	2017 年 8 月发布	《互联网论坛社区服务管理规定》	
19	2017 年 8 月发布	《互联网跟帖评论服务管理规定》	
20	2017 年 8 月发布	《志愿服务条例》	⑤
21	2017 年 9 月发布	《互联网群组信息服务管理规定》	②
22	2017 年 9 月发布	《互联网用户公众账号信息服务管理规定》	

7.1　对非营利组织的管理

许多国家都有相关法律对非营利组织及其活动进行保护或监管。在我国的官方文件和管理机构设置上，一般称这类组织为社会组织或慈善组织。

7.1.1　对社会组织的管理

经本书作者查询中国社会组织公共服务平台的数据显示，截至 2018 年 7 月 29 日，我国经民政部门登记的各类社会组织共 797 996 个，其中社会团体 365 791 个，社会服务机构（民办非企业单位）425 467 个，基金会 6 673 个。以社会团体、社会服务机构和基金会为主体组成的社会组织，是我国社会主义现代化建设的重要力量，在促进经济发展、繁荣社会事业、创新社会治理、扩大对外交往等方面发挥了积极作用。[①]

1. 社会团体

社会团体，是指中国公民自愿组成，为实现会员共同意愿，按照其章程开

① 中共中央办公厅　国务院办公厅印发《关于改革社会组织管理制度促进社会组织健康有序发展的意见》.http://www.gxnpo.gov.cn/info/53704（2016-09-02）[2018-10-21].

展活动的非营利性社会组织。国家机关以外的组织可以作为单位会员加入社会团体。我国现行的《社会团体登记管理条例》制定于1998年10月，并于2016年2月经过修订。该条例规定，成立社会团体，应当具备下列条件。[①]

1）有50个以上的个人会员或者30个以上的单位会员；个人会员、单位会员混合组成的，会员总数不得少于50个。

2）有规范的名称和相应的组织机构。

3）有固定的住所。

4）有与其业务活动相适应的专职工作人员。

5）有合法的资产和经费来源，全国性的社会团体有10万元以上活动资金，地方性的社会团体和跨行政区域的社会团体有3万元以上活动资金。

6）有独立承担民事责任的能力。

满足以上六个条件，并不意味着就可以成立社会团体。成立社会团体还必须满足以下几个方面的要求。

第一，申请成立社会团体，应当经其业务主管单位审查同意，由发起人向登记管理机关申请登记。如果发起人在筹备社会团体时不能找到一个符合条件的政府部门或者政府部门授权的机构作为自己的业务主管单位，就没有可能成立社会团体。目前，大量民间社会团体不能够登记成立，主要是因为找不到业务主管单位。

第二，在同一行政区域内没有业务范围相同或者相似的社会团体。如果在同一行政区域内已有业务范围相同或者相似的社会团体，登记管理机关认为没有必要再成立社会团体的，便可以做出不予批准筹备的决定。这一规定赋予了登记管理机关相当充分的自由裁量权。

《社会团体登记管理条例（修订草案征求意见稿）》降低了准入门槛，支持鼓励城乡社区服务类社会团体发展；明确了行业协会商会类、科技类、公益慈善类、城乡社区服务类社会团体可以直接进行登记；明确了社会团体发起人、拟任负责人的条件及其责任；规定了登记管理机关、社会团体的信息公开义务，鼓励社会公众对社会团体进行监督；强化了对社会团体财产使用和处置的监管，以切实保障社会团体的非营利性；引导社会团体通过建立完善的内部治理机制，规范

① 社会团体登记管理条例.http://www.hebmz.gov.cn/zcfg/mjzzgl/201610/t20161031_48617.html[2018-10-21].

会员大会或者会员代表大会、理事会、监事（会）相关权利与义务，健全内部监督制度，保障依法自治。

2. 社会服务机构

社会服务机构，是指自然人、法人或者其他组织为了提供社会服务，主要利用非国有资产设立的非营利性法人。2016 年 8 月，中华人民共和国民政部对 1998 年 10 月发布的《民办非企业单位登记管理暂行条例》进行修订，将“民办非企业单位”名称修改为“社会服务机构”，将《民办非企业单位登记管理暂行条例》名称修改为《社会服务机构登记管理条例》。[①]《社会服务机构登记管理条例》规定，申请设立社会服务机构，应当具备下列条件。[②]

1）不以营利为目的。

2）有明确的社会服务范围。

3）有规范的名称、章程。

4）有与开展服务相适应的合法财产。

5）有与其业务活动相适应的组织机构、场所、工作人员。

6）有独立承担民事责任的能力。

7）法律、行政法规规定的其他条件。

与此前的《民办非企业单位登记管理暂行条例》相比，《社会服务机构登记管理条例》在以下几个方面具有显著变化。

第一，对双重管理体制进行了调整完善。规定对科技类、公益慈善类、城乡社区服务类社会服务机构实行直接登记，设立其他社会服务机构，应当先经其业务主管单位审查同意。为了加强对社会服务机构的行业管理，社会服务机构开展服务需要取得行业许可的，应当按照法律、行政法规的规定，向有关行业审批机关申请行业许可证或者批准文件。

第二，将社会服务机构统一为非营利性法人。增加了组织机构、活动准则和财产管理的内容，对社会服务机构财产的管理和使用、接受和使用捐赠、会计和审计监督、注销和清算程序提出了明确的要求，以加强对社会服务机构的非营

---

① 中华人民共和国中央人民政府 . 民政部就《民办非企业单位登记管理暂行条例（修订草案征求意见稿）》公开征求意见 . http://www.gov.cn/xinwen/2016-05/26/content_5077073.htm[2018-10-25].

② 中国公益在线 . 社会服务机构登记管理条例 . http://www.gyzx.org/news/szxw/2016-05-26/7696.html[2018-10-22].

利性监管。

第三，限定在县级人民政府民政部门登记的社会服务机构可在其住所地县级行政区域范围内设立分支机构。

第四，将年度检查调整为社会服务机构应当履行的年度工作报告和信息公开义务。同时，登记管理机关通过实施随机抽查，将不履行义务的社会服务机构列入异常名录等方式，加强监督。

国家对兴办社会服务机构的支持与鼓励体现在：通过政府补助、购买服务、土地划拨、人才培养等方式，支持社会服务机构发展；社会服务机构以及对社会服务机构进行捐赠的个人和组织，依照法律、行政法规的规定享受税收优惠。对在经济社会发展中做出突出贡献的社会服务机构，按照国家有关规定给予表彰和奖励。

3. 基金会

基金会，是指利用自然人、法人或者其他组织捐赠的财产，以开展公益慈善活动为目的，按照《基金会管理条例》的规定成立的非营利性法人。我国现行的《基金会管理条例》于2004年2月通过，并于2016年5月发布《基金会管理条例（修订草案征求意见稿）》，该文件中明确要求设立基金会需满足以下几个条件。①

1）以开展公益慈善活动为宗旨。

2）不以营利为目的。

3）有一定数额的注册资金，并且为到账货币资金。

4）有自己的名称、章程、住所、组织机构和负责人，以及与其业务活动相适应的专职工作人员。

5）能够独立承担民事责任。

此外，在国务院民政部门登记的基金会，除符合上述第一条规定以外，还应当具备下列条件。

1）注册资金不低于8000万元人民币。

2）面向全国以资助慈善组织和其他组织为主要活动方式。

---

① 中华人民共和国中央人民政府．基金会管理条例．http://www.gov.cn/xinwen/2016-05/26/content_5077075.htm [2017-11-12].

3）发起人在有关领域内，具有全国范围内的广泛认知度和影响力。

《基金会管理条例》规定了直接登记和双重管理混合的登记管理体制，并降低了基金会准入门槛，鼓励基金会的发展，特别是基金会在基层的发展；要求基金会应当“以开展公益慈善活动为宗旨”，基金会应当在登记证书中载明其慈善组织属性，同时明确基金会应当适用慈善法的有关规定；规定了基金会的财产及其他合法收入受法律保护，任何单位和个人不得私分、侵占、挪用。①

《基金会管理条例》完善了基金会组织机构和内部治理的一系列制度，保障基金会的依法自治。还规定了针对基金会的行业自律、社会监督与政府监管相结合的综合监管机制。

国家对基金会的促进与推动表现在：国家制定扶持鼓励措施，通过购买服务、财政资助、人才培养等方式支持基金会发展；国家对在经济社会发展中做出突出贡献的基金会，给予表彰和奖励；基金会及其捐赠人、受益人依照法律、法规的规定享受税收优惠。

4. 关于社会组织的薪酬管理

针对激励机制不足、分配模式较为单一、从业人员薪酬待遇较低等现状，2016 年 7 月 14 日，民政部发布《关于加强和改进社会组织薪酬管理的指导意见》，要求社会组织应建立薪酬管理制度，并将其纳入会员（代表）大会或理事会决策事项中，接受民主监督。

该意见规定，社会组织对内部薪酬分配享有自主权，其从业人员主要实行岗位绩效工资制，薪酬一般由基础工资、绩效工资、津贴和补贴等部分构成。工资分配要向关键岗位和核心人才倾斜，对社会组织发展有突出贡献的从业人员，要加大激励力度。对市场化选聘和管理的社会组织负责人、引进的急需紧缺人才，结合社会组织发展实际，其薪酬水平可由双方协商确定。

7.1.2 对慈善组织与慈善活动的管理

慈善组织是指依法成立、符合《中华人民共和国慈善法》规定，以面向社

① 中华人民共和国民政部 . 基金会管理条例 . http://www.mca.gov.cn/article/gk/fg/shzzg/201507/20150715847909.shtml[2019-09-16].

会开展慈善活动为宗旨的非营利组织，可以采取基金会、社会团体、社会服务机构等组织形式。慈善活动是指自然人、法人和其他组织以捐赠财产或者提供服务等方式，在扶贫、济困；扶老、救孤、恤病、助残、优抚，救助自然灾害、事故灾难和公共卫生事件等突发事件造成的损害，促进教育、科技、文化、卫生、体育等事业的发展，防止污染和其他公害，保护和改善生态环境等领域自愿开展的公益活动。

为更好地发展慈善事业，规范慈善活动，由中华人民共和国第十二届全国人民代表大会第四次会议于 2016 年 3 月通过并予以公布了《中华人民共和国慈善法》。该法是我国慈善制度建设的基础性、综合性法律。

《中华人民共和国慈善法》规定，申请成立慈善组织，应当符合下列条件。①

1）以开展慈善活动为宗旨。

2）不以营利为目的。

3）有自己的名称和住所。

4）有组织章程。

5）有必要的财产。

6）有符合条件的组织机构和负责人。

7）法律、行政法规规定的其他条件。

该法规确立了慈善组织的法律地位。鼓励慈善活动主体多元化，自然人、法人和其他组织都可以开展慈善活动以及与慈善有关的活动。要全面保护慈善组织、志愿者、受益人等慈善活动参与者的合法权益。

该法规要求慈善组织的财产不得在发起人、捐赠人以及慈善组织成员中分配；慈善项目终止后捐赠财产有剩余的，应当用于目的相同或者近似的其他慈善项目。同时授权民政部制定相关管理制度，对慈善组织财产保值增值投资，具有公募资格的基金会以外的慈善组织的年度支出和管理费用标准进行规范。

该法规强化了慈善信息公开制度。一方面，要求政府建立健全信息统计和发布制度，通过统一的信息平台及时向社会公开慈善信息；另一方面，要求慈善组织和慈善信托受益人履行信息公开义务，并对信息的真实性负责。

《中华人民共和国慈善法》确定民政部门是慈善工作的主要监管部门。另外，

---

① 中华人民共和国中央人民政府．中华人民共和国慈善法.http://www.gov.cn/zhengce/2016-03/19/content_5055467.htm[2017-11-12].

还赋予财政、税务、公安、监察、广电、网信、海关等政府部门相应的监管责任，鼓励公众、媒体对慈善活动进行监督。

7.2 对网络空间的治理

网络空间是一种重要的公共空间，它由全体社会成员共建共享，维护互联网的良好秩序是公共利益之所在。近些年来，我国政府部门出台了大量的政策与法规，逐渐形成了网络空间的治理体系。

7.2.1 《互联网信息服务管理办法》

互联网信息服务是指通过互联网向上网用户提供信息的服务活动，分为经营性和非经营性两类。经营性互联网信息服务，是指通过互联网向上网用户有偿提供信息或者网页制作等服务活动。非经营性互联网信息服务，是指通过互联网向上网用户无偿提供具有公开性、共享性信息的服务活动。[①]为了规范互联网信息服务活动，促进互联网信息服务健康有序发展，国务院于 2000 年 9 月公布《互联网信息服务管理办法》，并于 2011 年 1 月修订。

我国政府对经营性互联网信息服务实行许可制度；对非经营性互联网信息服务实行备案制度。未取得许可或者未履行备案手续的，不得从事互联网信息服务。从事新闻、出版、教育、医疗保健、药品和医疗器械等互联网信息服务，依照法律、行政法规以及国家有关规定须经有关主管部门审核同意的，在申请经营许可或者履行备案手续前，应当依法经有关主管部门审核同意。

互联网信息服务提供者应当按照经许可或者备案的项目提供服务，不得为超出经许可或者备案的项目提供服务。

互联网信息服务提供者应当向上网用户提供良好的服务，并保证所提供的信息内容合法。从事新闻出版以及电子公告等服务项目的互联网信息服务提供

① 中华人民共和国国家互联网信息办公室．互联网信息服务管理办法．http://www.cac.gov.cn/2000-09/30/c_126193701.htm[2017-10-08].

者，应当记录提供的信息内容及其发布时间、互联网地址或者域名；互联网接入服务提供者应当记录上网用户的上网时间、用户账号、互联网地址或者域名、主叫电话号码等信息。

国务院信息产业主管部门和省、自治区、直辖市电信管理机构依法对互联网信息服务实施监督管理。新闻、出版、教育、卫生、药品监督管理、工商行政管理和公安、国家安全等有关主管部门，在各自职责范围内依法对互联网信息内容实施监督管理。

7.2.2 《信息网络传播权保护条例》

信息网络传播权是指以有线或者无线方式向公众提供作品、表演或者录音录像制品，使公众可以在其个人选定的时间和地点获得作品、表演或者录音录像制品的权利。2006 年 5 月，国务院发布《信息网络传播权保护条例》，并于 2013 年 1 月修订。

该条例规定了权利人、信息网络服务提供者和使用人之间的权利义务关系。除法律、行政法规另有规定的外，任何组织或者个人将他人的作品、表演、录音录像制品通过信息网络向公众提供，应当取得权利人许可，并支付报酬。属于以下八种情形通过信息网络提供他人作品的，可以不经著作权人许可，不向其支付报酬。①

1）为介绍、评论某一作品或者说明某一问题，在向公众提供的作品中适当引用已经发表的作品。

2）为报道时事新闻，在向公众提供的作品中不可避免地再现或者引用已经发表的作品。

3）为学校课堂教学或者科学研究，向少数教学、科研人员提供少量已经发表的作品。

4）国家机关为执行公务，在合理范围内向公众提供已经发表的作品。

5）将中国公民、法人或者其他组织已经发表的、以汉语言文字创作的作品翻译成的少数民族语言文字作品，向中国境内少数民族提供。

---

① 中华人民共和国国家互联网信息办公室．信息网络传播权保护条例 .http://www.cac.gov.cn/2013-02/08/c_126468776.htm [2017-10-15]．

6）不以营利为目的，以盲人能够感知的独特方式向盲人提供已经发表的文字作品。

7）向公众提供在信息网络上已经发表的关于政治、经济问题的时事性文章。

8）向公众提供在公众集会上发表的讲话。

该条例还规定了信息网络传播权领域的“避风港”原则，对涉及提供信息存储空间或者提供搜索、链接服务的网络服务提供者的免责情况进行了详细说明。

7.2.3 《即时通信工具公众信息服务发展管理暂行规定》

即时通信工具是指基于互联网面向终端使用者提供即时信息交流服务的应用。公众信息服务是指通过即时通信工具的公众账号及其他形式向公众发布信息的活动。[①]2014 年 8 月，国家互联网信息办公室发布《即时通信工具公众信息服务发展管理暂行规定》。

即时通信工具服务提供者应当取得法律法规规定的相关资质。即时通信工具服务提供者应当按照“后台实名、前台自愿”的原则，要求即时通信工具服务使用者通过真实身份信息认证后注册账号。即时通信工具服务使用者为从事公众信息服务活动开设公众账号，应当经即时通信工具服务提供者审核，由即时通信工具服务提供者向互联网信息内容主管部门分类备案。

即时通信工具服务提供者应当落实安全管理责任，保护用户信息及公民个人隐私，自觉接受社会监督，及时处理公众举报的违法和不良信息。对违反协议约定的即时通信工具服务使用者，即时通信工具服务提供者应当视情节采取警示、限制发布、暂停更新直至关闭账号等措施，并保存有关记录，履行向有关主管部门报告义务。

国家互联网信息办公室负责统筹协调指导即时通信工具公众信息服务发展管理工作，省级互联网信息内容主管部门负责本行政区域的相关工作。

① 中华人民共和国国家互联网信息办公室 . 即时通信工具公众信息服务发展管理暂行规定 .http://www.cac.gov.cn/2014-08/07/c_1111983456.htm [2017-10-15] .

7.2.4 《移动互联网应用程序信息服务管理规定》

移动互联网应用程序是指通过预装、下载等方式获取并运行在移动智能终端上、向用户提供信息服务的应用软件。为加强对移动互联网应用程序（APP）信息服务的管理，2016 年 6 月，国家互联网信息办公室发布《移动互联网应用程序信息服务管理规定》。国家和地方互联网信息办公室分别负责全国和本行政区域内的移动互联网应用程序信息内容的监督管理执法工作。

移动互联网应用程序提供者应当严格落实信息安全管理责任，依法履行以下义务。①

1）按照“后台实名、前台自愿”的原则，对注册用户进行基于移动电话号码等真实身份信息认证。

2）建立健全用户信息安全保护机制，收集、使用用户个人信息应当遵循合法、正当、必要的原则，明示收集使用信息的目的、方式和范围，并经用户同意。

3）建立健全信息内容审核管理机制，对发布违法违规信息内容的，视情采取警示、限制功能、暂停更新、关闭账号等处置措施，保存记录并向有关主管部门报告。

4）依法保障用户在安装或使用过程中的知情权和选择权，未向用户明示并经用户同意，不得开启收集地理位置、读取通讯录、使用摄像头、启用录音等功能，不得开启与服务无关的功能，不得捆绑安装无关应用程序。

5）尊重和保护知识产权，不得制作、发布侵犯他人知识产权的应用程序。

6）记录用户日志信息，并保存六十日。

互联网应用商店服务提供者应当对应用程序提供者履行以下管理责任。②

1）对应用程序提供者进行真实性、安全性、合法性等审核，建立信用管理制度，并向所在地省、自治区、直辖市互联网信息办公室分类备案。

2）督促应用程序提供者保护用户信息，完整提供应用程序获取和使用用户信息的说明，并向用户呈现。

---

① 中华人民共和国国家互联网信息办公室 . 移动互联网应用程序信息服务管理规定 .http://www.cac.gov.cn/2016-06/28/c_1119122192.htm [2017-10-19] .

② 中华人民共和国国家互联网信息办公室 . 移动互联网应用程序信息服务管理规定 .http://www.cac.gov.cn/2016-06/28/c_1119122192.htm [2017-10-19].

3）督促应用程序提供者发布合法信息内容，建立健全安全审核机制，配备与服务规模相适应的专业人员。

4）督促应用程序提供者发布合法应用程序，尊重和保护应用程序提供者的知识产权。

移动互联网应用程序提供者和互联网应用商店服务提供者应当配合有关部门依法进行监督检查，自觉接受社会监督，设置便捷的投诉举报入口，及时处理公众投诉举报。

7.2.5 《互联网信息搜索服务管理规定》

互联网信息搜索服务是指运用计算机技术从互联网上搜集、处理各类信息供用户检索的服务。2016年6月，国家互联网信息办公室发布《互联网信息搜索服务管理规定》。该规定内容集中在以下几个方面。①

1）国家和地方互联网信息办公室负责全国和本行政区域内互联网信息搜索服务的监督管理执法工作。

2）互联网信息搜索服务提供者应当取得法律法规规定的相关资质。互联网信息搜索服务行业组织应当建立健全行业自律制度和行业准则，指导互联网信息搜索服务提供者建立健全服务规范，督促互联网信息搜索服务提供者依法提供服务、接受社会监督，提高互联网信息搜索服务从业人员的职业素养。

3）互联网信息搜索服务提供者应当提供客观、公正、权威的搜索结果，不得损害国家利益、公共利益，以及公民、法人和其他组织的合法权益。互联网信息搜索服务提供者不得以链接、摘要、快照、联想词、相关搜索、相关推荐等形式提供含有法律法规禁止的信息内容。

4）互联网信息搜索服务提供者应建立健全公众投诉、举报和用户权益保护制度，在显著位置公布投诉、举报方式，主动接受公众监督，及时处理公众投诉、举报，依法承担对用户权益造成损害的赔偿责任。互联网信息搜索服务提供者应当落实主体责任，建立健全信息审核、公共信息实时巡查、应急处置及个人信息保护等信息安全管理制度，具有安全可控的防范措施，为有关部门依法履行

① 节选自中华人民共和国国家互联网信息办公室．互联网信息搜索服务管理规定．http://www.cac.gov.cn/2016-06/25/c_1119109085.htm[2018-10-29].

职责提供必要的技术支持。

7.2.6 《中华人民共和国网络安全法》

2016 年 11 月，中华人民共和国第十二届全国人民代表大会常务委员会第二十四次会议通过我国第一部全面规范网络空间安全管理问题的基础性法律——《中华人民共和国网络安全法》。该法规是我国网络空间法制建设的重要里程碑，旨在保障网络安全，维护网络空间主权和国家安全、社会公共利益，保护公民、法人和其他组织的合法权益，促进经济社会信息化健康发展。①

该法将信息安全等级保护制度上升为法律；明确了网络产品和服务提供者的安全义务和个人信息保护义务；明确了关键信息基础设施的范围和关键信息基础设施保护制度的主要内容；明确了国家网信部门对网络安全工作的统筹协调职责和相关监督管理职责；明确了网络实名制，并明确了网络运营者对公安机关、国际安全机关维护网络安全和侦查犯罪的活动提供技术支持和协助的义务；进一步完善了网络运营者收集、使用个人信息的规则及其保护个人信息安全的义务与责任；明确建立国家统一的监测预警、信息通报和应急处置制度和体系；对支持、促进网络安全发展的措施做了规定。②

国家网信部门负责统筹协调网络安全工作和相关监督管理工作。国务院电信主管部门、公安部门和其他有关机关依照本法和有关法律、行政法规的规定，在各自职责范围内负责网络安全保护和监督管理工作。

7.2.7 《互联网新闻信息服务管理规定》等文件

1.《互联网新闻信息服务管理规定》

新闻信息包括有关政治、经济、军事、外交等社会公共事务的报道、评论，以及有关社会突发事件的报道、评论。互联网新闻信息服务包括互联网新闻信息采编发布服务、转载服务、传播平台服务。2017 年 5 月，国家互联网信息办公

---

① 中华人民共和国国家互联网信息办公室 . 中华人民共和国网络安全法 .http://www.cac.gov.cn/2016-11/07/c_1119867116.htm[2018-01-09].

② 中国吉林网 .《中华人民共和国网络安全法》全解读 .http://jl.sina.com.cn/news/m/2017-06-01/detail-ifyfuzym7591289.shtml. [2018-05-08].

室发布《互联网新闻信息服务管理规定》。

该规定指出，通过互联网站、应用程序、论坛、博客、微博客、公众账号、即时通信工具、网络直播等形式向社会公众提供互联网新闻信息服务，应当取得互联网新闻信息服务许可，禁止未经许可或超越许可范围开展互联网新闻信息服务活动。

申请互联网新闻信息服务许可，应当具备下列条件。①

1）在中华人民共和国境内依法设立的法人。

2）主要负责人、总编辑是中国公民。

3）有与服务相适应的专职新闻编辑人员、内容审核人员和技术保障人员。

4）有健全的互联网新闻信息服务管理制度。

5）有健全的信息安全管理制度和安全可控的技术保障措施。

6）有与服务相适应的场所、设施和资金。

任何组织不得设立中外合资经营、中外合作经营和外资经营的互联网新闻信息服务单位。互联网新闻信息服务提供者的采编业务和经营业务应当分开，非公有资本不得介入互联网新闻信息采编业务。

该规定把对公民和法人合法权益的保护作为重点内容之一。一是规定了用户个人信息保护的要求；二是对互联网新闻信息服务提供者及其从业人员非法牟利做出了禁止性规定；三是明确了著作权保护的要求；四是强化了举报监督制度。

该规定对互联网新闻信息服务提供者主要是从强化主体责任的角度进行了规定。一是明确了总编辑及从业人员管理制度；二是规定了信息安全管理制度、实名制登记、平台用户管理等日常运营的要求，明确了互联网新闻信息服务提供者常态化的运行规范；三是强调了转载规范；四是强化了违法信息处置的规定。

国家和地方互联网信息办公室负责全国和本行政区域内互联网新闻信息服务的监督管理执法工作。

2.《互联网新闻信息服务单位内容管理从业人员管理办法》

互联网新闻信息服务单位内容管理从业人员（以下简称“从业人员”），是

---

① 中华人民共和国国家互联网信息办公室．互联网新闻信息服务管理规定.http://www.cac.gov.cn/2017-05/02/c_1120902760.htm[2018-01-11].

指互联网新闻信息服务单位中专门从事互联网新闻信息采编发布、转载和审核等内容管理工作的人员。[①]2017年10月，国家互联网信息办公室发布《互联网新闻信息服务单位内容管理从业人员管理办法》。

该办法指出，互联网新闻信息服务单位应当建立健全从业人员劳动人事制度，加强从业人员管理。从业人员不得从事有偿新闻活动；不得利用互联网新闻信息采编发布、转载和审核等工作便利从事广告、发行、赞助、中介等经营活动，谋取不正当利益；不得利用网络舆论监督等工作便利进行敲诈勒索、打击报复等活动。从业人员提供互联网新闻信息服务，应当自觉接受社会监督。互联网新闻信息服务单位应当建立举报制度，畅通社会公众监督举报的渠道。

国家和地方互联网信息办公室负责全国和本地区内互联网新闻信息服务单位从业人员教育培训工作的规划指导和从业情况的监督检查，指导互联网新闻信息服务单位建立健全从业人员准入、奖惩、考评、退出等制度。

3.《互联网新闻信息服务新技术新应用安全评估管理规定》

互联网新闻信息服务新技术新应用（以下简称“新技术新应用”），是指用于提供互联网新闻信息服务的创新性应用（包括功能及应用形式）及相关支撑技术。互联网新闻信息服务新技术新应用安全评估（以下简称“新技术新应用安全评估”），是指根据新技术新应用的新闻舆论属性、社会动员能力及由此产生的信息内容安全风险确定评估等级，审查评价其信息安全管理制度和技术保障措施的活动。[②]2017年10月，国家互联网信息办公室发布《互联网新闻信息服务新技术新应用安全评估管理规定》。

互联网新闻信息服务提供者应用新技术、调整增设具有新闻舆论属性或社会动员能力的应用功能的；新技术、新应用功能在用户规模、功能属性、技术实现方式、基础资源配置等方面的改变导致新闻舆论属性或社会动员能力发生重大变化的，应当自行组织开展新技术新应用安全评估，编制书面安全评估报告，并对评估结果负责。互联网新闻信息服务提供者应当建立健全新技术新应用安全评估管理制度和保障制度。

---

① 中华人民共和国国家互联网信息办公室．互联网新闻信息服务单位内容管理从业人员管理办法 .http://www.cac.gov.cn/2017-10/30/c_1121877917.htm[2018-03-02].

② 中华人民共和国国家互联网信息办公室．互联网新闻信息服务新技术新应用安全评估管理规定 .http://www.cac.gov.cn/2017-10/30/c_1121878049.htm[2018-03-09].

国家互联网信息办公室负责全国新技术新应用安全评估工作。省、自治区、直辖市互联网信息办公室依据职责负责本行政区域内新技术新应用安全评估工作。

7.2.8 《互联网论坛社区服务管理规定》《互联网跟帖评论服务管理规定》

为规范互联网论坛社区服务和互联网跟帖评论服务，保护公民、法人和其他组织的合法权益，维护国家安全和公共利益，2017年8月，国家互联网信息办公室发布《互联网论坛社区服务管理规定》《互联网跟帖评论服务管理规定》。

1.《互联网论坛社区服务管理规定》

互联网论坛社区服务是指在互联网上以论坛、贴吧、社区等形式，为用户提供互动式信息发布社区平台的服务。①

互联网论坛社区服务提供者应当落实主体责任，建立健全信息审核、公共信息实时巡查、应急处置及个人信息保护等信息安全管理制度，具有安全可控的防范措施，配备与服务规模相适应的专业人员，为有关部门依法履行职责提供必要的技术支持。

互联网论坛社区服务提供者应当按照“后台实名、前台自愿”的原则，要求用户通过真实身份信息认证后注册账号，并对版块发起者和管理者实施真实身份信息备案、定期核验等。用户不提供真实身份信息的，互联网论坛社区服务提供者不得为其提供信息发布服务。互联网论坛社区服务提供者应当加强对注册用户虚拟身份信息、版块名称简介等的审核管理，不得出现法律法规和国家有关规定禁止的内容。互联网论坛社区服务提供者应当保护用户身份信息，不得泄露、篡改、毁损，不得非法出售或者非法向他人提供。互联网论坛社区服务提供者应当建立健全公众投诉、举报制度，在显著位置公布投诉、举报方式，主动接受公众监督，及时处理公众投诉、举报。国家和地方互联网信息办公室依据职责，对举报受理落实情况进行监督检查。

① 中华人民共和国国家互联网信息办公室．互联网论坛社区服务管理规定．http://www.cac.gov.cn/2017-08/25/c_1121541921.htm[2018-09-20].

2.《互联网跟帖评论服务管理规定》

跟帖评论服务是指互联网站、应用程序、互动传播平台以及其他具有新闻舆论属性和社会动员功能的传播平台，以发帖、回复、留言、“弹幕”等方式，为用户提供发表文字、符号、表情、图片、音视频等信息的服务。跟帖评论服务提供者应当严格落实主体责任，依法履行以下义务。[①]

1）按照“后台实名、前台自愿”原则，对注册用户进行真实身份信息认证，不得向未认证真实身份信息的用户提供跟帖评论服务。

2）建立健全用户信息保护制度，收集、使用用户个人信息应当遵循合法、正当、必要的原则，公开收集、使用规则，明示收集、使用信息的目的、方式和范围，并经被收集者同意。

3）对新闻信息提供跟帖评论服务的，应当建立先审后发制度。

4）提供“弹幕”方式跟帖评论服务的，应当在同一平台和页面同时提供与之对应的静态版信息内容。

5）建立健全跟帖评论审核管理、实时巡查、应急处置等信息安全管理制度，及时发现和处置违法信息，并向有关主管部门报告。

6）开发跟帖评论信息安全保护和管理技术，创新跟帖评论管理方式，研发使用反垃圾信息管理系统，提升垃圾信息处置能力；及时发现跟帖评论服务存在的安全缺陷、漏洞等风险，采取补救措施，并向有关主管部门报告。

7）配备与服务规模相适应的审核编辑队伍，提高审核编辑人员专业素养。

8）配合有关主管部门依法开展监督检查工作，提供必要的技术、资料和数据支持。

《互联网跟帖评论服务管理规定》对属地管理责任提出了明确要求。各级互联网信息办公室应当建立健全日常检查和定期检查相结合的监督管理制度，依法规范各类传播平台的跟帖评论服务行为。

① 中华人民共和国国家互联网信息办公室. 互联网跟帖评论服务管理规定 .http://www.cac.gov.cn/2017-08/25/c_1121541842.htm[2018-09-20].

7.2.9 《互联网群组信息服务管理规定》《互联网用户公众账号信息服务管理规定》

为规范互联网群组信息服务和互联网用户公众账号信息服务，维护国家安全和公共利益，保护公民、法人和其他组织的合法权益，国家互联网信息办公室于 2017 年 9 月印发《互联网群组信息服务管理规定》《互联网用户公众账号信息服务管理规定》。

1.《互联网群组信息服务管理规定》

互联网群组是指互联网用户通过互联网站、移动互联网应用程序等建立的，用于群体在线交流信息的网络空间，如微博群、微信群、QQ 群、贴吧群等各类互联网群组。互联网群组信息服务提供者是指提供互联网群组信息服务的平台。互联网群组信息服务使用者包括群组建立者、管理者和成员。

《互联网群组信息服务管理规定》指出[①]，互联网群组信息服务提供者应当落实信息内容安全管理主体责任，配备与服务规模相适应的专业人员和技术能力，建立健全用户注册、信息审核、应急处置、安全防护等管理制度。互联网群组信息服务提供者应当制定并公开管理规则和平台公约，与使用者签订服务协议，明确双方权利义务。采取必要措施保护使用者个人信息安全制度，建立使用者信用等级管理体系，对互联网群组实行分级分类管理，建立黑名单管理制度。

互联网群组信息服务提供者应根据群组规模类别，分级审核群组建立者真实身份、信用等级等建群资质，完善建群、入群等审核验证功能，并标注群组建立者、管理者及成员群内身份信息。互联网群组建立者、管理者应当履行群组管理责任，依据法律法规、用户协议和平台公约，规范群组网络行为和信息发布，构建文明有序的网络群体空间。

互联网群组信息服务提供者和使用者应当接受社会公众和行业组织的监督，建立健全投诉举报渠道，设置便捷举报入口，及时处理投诉举报。国家和地方互联网信息办公室依据职责，对举报受理落实情况进行监督检查。

---

① 中华人民共和国国家互联网信息办公室．互联网群组信息服务管理规定 .http://www.cac.gov.cn/2017-09/07/c_1121623889.htm[2018-03-15].

2.《互联网用户公众账号信息服务管理规定》

互联网用户公众账号信息服务是指通过互联网站、应用程序等网络平台以注册用户公众账号形式，向社会公众发布文字、图片、音视频等信息的服务。互联网用户公众账号信息服务提供者是指提供互联网用户公众账号注册使用服务的网络平台。互联网用户公众账号信息服务使用者是指注册使用或运营互联网用户公众账号提供信息发布服务的机构或个人。

《互联网用户公众账号信息服务管理规定》指出[①]，互联网用户公众账号信息服务提供者应当落实信息内容安全管理主体责任……建立健全用户注册、信息审核、应急处置、安全防护等管理制度。采取必要措施保护使用者个人信息安全，建立互联网用户公众账号信息服务使用者信用等级管理体系，对互联网用户公众账号实行分级分类管理。

互联网用户公众账号信息服务使用者应当履行信息发布和运营安全管理责任，互联网用户公众账号信息服务提供者应加强对本平台公众账号的监测管理。

互联网用户公众账号信息服务提供者和使用者应当接受社会公众、行业组织监督。互联网用户公众账号信息服务提供者应当设置便捷举报入口，健全投诉举报渠道，完善恶意举报甄别、举报受理反馈等机制，及时公正处理投诉举报。

国家互联网信息办公室负责全国互联网用户公众账号信息服务的监督管理执法工作，地方互联网信息办公室依据职责负责本行政区域内的互联网用户公众账号信息服务的监督管理执法工作。

7.3 税收优惠与立法

在公益与慈善事业的各种激励机制中，税收政策是最为有效的政策杠杆。税收法律不但提供了对非营利组织的税收优惠，更重要的是使税收制度成为重要的管理手段。在我国，通过税收制度引导、加强对非营利组织的管理，是近年来

① 中华人民共和国国家互联网信息办公室．互联网用户公众账号信息服务管理规定 .http://www.cac.gov.cn/2017-09/07/c_1121624269.htm[2018-03-19].

才逐渐实现并付诸立法实践的。

7.3.1 《中华人民共和国公益事业捐赠法》中的规定

1999 年 6 月，第九届全国人民代表大会常务委员会第十次会议通过了《中华人民共和国公益事业捐赠法》，该法第三条规定：公益事业是指非营利的下列事项。①

1）救助灾害、救济贫困、扶助残疾人等困难的社会群体和个人的活动。

2）教育、科学、文化、卫生、体育事业。

3）环境保护、社会公共设施建设。

4）促进社会发展和进步的其他社会公共和福利事业。

国家鼓励公益事业的发展，对公益性社会团体和公益性非营利的事业单位给予扶持和优待。公益性社会团体是指依法成立的，以发展公益事业为宗旨的基金会、慈善组织等社会团体。公益性非营利的事业单位是指依法成立的，从事公益事业的不以营利为目的的教育机构、科学研究机构、医疗卫生机构、社会公共文化机构、社会公共体育机构和社会福利机构等。

国家鼓励自然人、法人或者其他组织对公益事业进行捐赠。对公益事业捐赠有突出贡献的自然人、法人或者其他组织，由人民政府或者有关部门予以表彰。

《中华人民共和国个人所得税法》规定，个人将其所得对教育、扶贫、济困等公益慈善事业进行捐赠，捐赠额未超过纳税人申报的应纳税所得额 30% 的部分，可以从其应纳税所得额中扣除。② 国务院规定对公益慈善事业捐赠实行全额税前扣除的，从其规定。

目前，国家法律还没有关于企业捐赠财产用于公益事业的所得税优惠方面的比例规定，但国务院行政法规做了规定，实践中按此执行。国务院制定的《中华人民共和国企业所得税暂行条例》规定，企业用于公益、救济性的捐赠，在年度应纳税所得额 3% 以内的部分，准予扣除。即企业捐赠财产用于公益事业的，

---

① 中华人民共和国民政部 . 中华人民共和国公益事业捐赠法 .http://www.mca.gov.cn/article/gk/fg/shflhcssy/201507/20150700848528.shtml[2018-03-22] .

② 中华人民共和国国家税务总局 . 中华人民共和国个人所得税法 .http://www.chinatax.gov.cn/n810755/c3967308/content.html[2019-09-16].

在交纳所得税时，在年度应纳税所得额3%以内的部分，可以从应纳税的所得额中扣除。

另外，根据《中华人民共和国企业所得税法》的相关规定，企业发生的公益性捐赠支出，在年度利润总额12%以内的部分，准予在计算应纳税所得额时扣除。①

7.3.2 《中华人民共和国慈善法》中的规定

《中华人民共和国慈善法》对税收的优惠包含了多个方面。②

一是慈善组织及其取得的收入依法享受税收优惠。

二是自然人、法人和其他组织捐赠财产用于慈善活动的，依法享受税收优惠。企业慈善捐赠支出超过法律规定的准予在计算企业所得税应纳税所得额时当年扣除的部分，允许结转以后三年内在计算应纳税所得额时扣除。境外捐赠用于慈善活动的物资，依法减征或者免征进口关税和进口环节增值税。

三是受益人接受慈善捐赠，依法享受税收优惠。

四是国家对开展扶贫济困的慈善活动，实行特殊的优惠政策。

另外，捐赠人向慈善组织捐赠实物、有价证券、股权和知识产权的，依法免征权利转让的相关行政事业性费用。

我国的税收优惠政策与条款日渐完善。但现在的问题有：第一，我国大量的社会组织和慈善组织由于找不到业务主管部门而无法成立，或者因为无法登记而成为非法组织，而部分组织则作为企业登记，享受不到国家减免税的待遇。第二，免税资格标准不统一。由于公益事业的税收优惠制度尚未得到落实，政府虽然在税收立法上对属于非营利组织的事业单位、社会团体等有一定的税收优惠的规定，但是在总体上还存在权利与义务配置失衡的问题。

---

① 中华人民共和国国家税务总局．中华人民共和国企业所得税法（中华人民共和国主席令第六十三号）.http://www.gov.cn/zhengce/2007-03/19/content_2602200.htm[2019-09-16].

② 中华人民共和国中央人民政府．中华人民共和国慈善法（中华人民共和国主席令第四十三号）.http://www.gov.cn/zhengce/2016-03/19/content_5055467.htm[2017-03-19].

7.4　政府资助

政府资助是非营利组织发展所不可或缺的资源。政府补贴、项目委托和政府采购等来自各级政府财政的公共资金是非营利组织获得政府资助的主要形式。在世界上许多国家和地区，政府提供的各种公共资金占到非营利组织运作资金的30% 左右，例如，在英国，政府每年提供给各种非营利组织的财政资源共约 33 亿英镑，占各类非营利组织年度运作经费的 1/3 左右。在我国，除了少数具有官方色彩和政府重点支持的社会组织和慈善组织以外，大多数组织没有渠道获得来自政府的公共资金资助。而能够得到政府资助的大多数理由是它们承担政府委托的部分公共管理的职能或项目，或者政府以采购的方式委托其向公众提供一定的公共服务。

为了加强和创新社会管理，改进政府提供公共服务的方式，有效动员社会力量，构建多层次、多方式的公共服务供给体系，提供更加方便、快捷、优质、高效的公共服务。2013 年 9 月，国务院办公厅发布《国务院办公厅关于政府向社会力量购买服务的指导意见》。

该意见指出[①]，政府向社会力量购买服务，就是通过发挥市场机制作用，把政府直接向社会公众提供的一部分公共服务事项，按照一定的方式和程序，交由具备条件的社会力量承担，并由政府根据服务数量和质量向其支付费用。

政府向社会力量购买服务的主体是各级行政机关和参照公务员法管理、具有行政管理职能的事业单位。纳入行政编制管理且经费由财政负担的群团组织，也可根据实际需要，通过购买服务方式提供公共服务。承接政府购买服务的主体包括依法在民政部门登记成立或经国务院批准免予登记的社会组织，以及依法在工商管理或行业主管部门登记成立的企业、机构等社会力量。

该意见的基本定位是做好顶层设计，相关政策设计注重原则性、方向性、统筹性和指导性。既鼓励支持开展政府向社会力量购买服务的主动性、积极性，又明确一些基本原则要求，确保规范操作、稳妥推进。

地方各级人民政府可根据本地区实际情况，建立“政府统一领导，财政部门

① 中国政府采购网 . 国务院办公厅关于政府向社会力量购买服务的指导意见 ..http://www.ccgp.gov.cn/zcfg/gwy-wj/201407/t20140723_4651358.htm[2018-03-22].

牵头，民政、工商管理以及行业主管部门协同，职能部门履职，监督部门保障”的工作机制，拟定购买服务目录，确定购买服务计划，指导监督购买服务工作。

7.5 公益精神与志愿者

近年来，我国逐步建立起一整套完善的保障公益活动和志愿服务相关权益的法律体系，为公益活动的开展，公益精神的传承与宏扬，以及志愿者的培养和管理，提供了越来越多的支持与鼓励。

7.5.1 《中华人民共和国慈善法》中的规定

《中华人民共和国慈善法》将慈善活动定义为公益活动。国家对慈善组织和慈善活动的促进措施包括以下十五个方面。①

1）县级以上人民政府应当根据经济社会发展情况，制定促进慈善事业发展的政策和措施。县级以上人民政府有关部门应当在各自职责范围内，向慈善组织、慈善信托受托人等提供慈善需求信息，为慈善活动提供指导和帮助。

2）县级以上人民政府民政部门应当建立与其他部门之间的慈善信息共享机制。

3）慈善组织及其取得的收入依法享受税收优惠。

4）自然人、法人和其他组织捐赠财产用于慈善活动的，依法享受税收优惠。企业慈善捐赠支出超过法律规定的准予在计算企业所得税应纳税所得额时当年扣除的部分，允许结转以后三年内在计算应纳税所得额时扣除。境外捐赠用于慈善活动的物资，依法减征或者免征进口关税和进口环节增值税。

5）受益人接受慈善捐赠，依法享受税收优惠。

6）慈善组织、捐赠人、受益人依法享受税收优惠的，有关部门应当及时办理相关手续。

① 中华人民共和国中央人民政府．中华人民共和国慈善法（中华人民共和国主席令第四十三号）.http://www.gov.cn/zhengce/2016-03/19/content_5055467.html[2017-03-19].

7）捐赠人向慈善组织捐赠实物、有价证券、股权和知识产权的，依法免征权利转让的相关行政事业性费用。

8）国家对开展扶贫济困的慈善活动，实行特殊的优惠政策。

9）慈善组织开展本法第三条第一项、第二项规定的慈善活动需要慈善服务设施用地的，可以依法申请使用国有划拨土地或者农村集体建设用地。慈善服务设施用地非经法定程序不得改变用途。

10）国家为慈善事业提供金融政策支持，鼓励金融机构为慈善组织、慈善信托提供融资和结算等金融服务。

11）各级人民政府及其有关部门可以依法通过购买服务等方式，支持符合条件的慈善组织向社会提供服务，并依照有关政府采购的法律法规向社会公开相关情况。

12）国家采取措施弘扬慈善文化，培育公民慈善意识。学校等教育机构应当将慈善文化纳入教育教学内容。国家鼓励高等学校培养慈善专业人才，支持高等学校和科研机构开展慈善理论研究。广播、电视、报刊、互联网等媒体应当积极开展慈善公益宣传活动，普及慈善知识，传播慈善文化。

13）国家鼓励企业事业单位和其他组织为开展慈善活动提供场所和其他便利条件。

14）经受益人同意，捐赠人对其捐赠的慈善项目可以冠名纪念，法律法规规定需要批准的，从其规定。

15）国家建立慈善表彰制度，对在慈善事业发展中做出突出贡献的自然人、法人和其他组织，由县级以上人民政府或者有关部门予以表彰。

《中华人民共和国慈善法》指出，慈善服务是指慈善组织和其他组织以及个人基于慈善目的，向社会或者他人提供的志愿无偿服务以及其他非营利服务。慈善组织开展慈善服务，应当尊重受益人、志愿者的人格尊严，不得侵害受益人、志愿者的隐私。开展医疗康复、教育培训等慈善服务，需要专门技能的，应当执行国家或者行业组织制定的标准和规程。慈善组织招募志愿者参与慈善服务，需要专门技能的，应当对志愿者开展相关培训。

慈善组织招募志愿者参与慈善服务，应当公示与慈善服务有关的全部信息，告知服务过程中可能发生的风险。慈善组织根据需要可以与志愿者签订协议，明确双方权利义务，约定服务的内容、方式和时间等。慈善组织应当对志愿者实名登记，记录志愿者的服务时间、内容、评价等信息。根据志愿者的要求，慈善组织应当无偿、如实出具志愿服务记录证明。慈善组织安排志愿者参与慈善服务，应当与志愿者的年龄、文化程度、技能和身体状况相适应。

志愿者接受慈善组织安排参与慈善服务的，应当服从管理，接受必要的培训。慈善组织应当为志愿者参与慈善服务提供必要条件，保障志愿者的合法权益。慈善组织安排志愿者参与可能发生人身危险的慈善服务前，应当为志愿者购买相应的人身意外伤害保险。

7.5.2 《志愿服务条例》中的相关规定

志愿服务是现代社会文明进步的重要标志，是加强精神文明建设、培育和践行社会主义核心价值观的重要内容。[①]2017 年 8 月，国务院公布《志愿服务条例》。

该条例规定：志愿者是指以自己的时间、知识、技能、体力等从事志愿服务的自然人。志愿服务组织是指依法成立，以开展志愿服务为宗旨的非营利性组织。志愿服务是指志愿者、志愿服务组织和其他组织自愿、无偿向社会或者他人提供的公益服务。[②]

国家和地方精神文明建设指导机构建立志愿服务工作协调机制，加强对志愿服务工作的统筹规划、协调指导、督促检查和经验推广。国务院民政部门负责全国志愿服务行政管理工作；县级以上人民政府民政部门负责本行政区域内志愿服务行政管理工作。县级以上人民政府有关部门按照各自职责，负责与志愿服务有关的工作。工会、共产主义青年团、妇女联合会等有关人民团体和群众团体在各自的工作范围内做好相应的志愿服务工作。需要志愿服务的组织或者个人可以向志愿服务组织提出申请，并提供与志愿服务有关的真实、准确、完整的信息，说明志愿服务过程中可能发生的风险。志愿服务组织应当对有关信息进行核实，并及时予以答复。志愿者、志愿服务组织、志愿服务对象可以根据需要签订协议。

---

① 中华人民共和国中央人民政府 . 规范志愿服务活动发展志愿服务事业——国务院法制办负责人就《志愿服务条例》答记者问 .http://www.gov.cn/zhengce/2017-09/06/content_5223100.htm[2017-09-06].

② 中华人民共和国中央人民政府 . 志愿服务条例 .http://www.gov.cn/zhengce/content/2017-09/06/content_5223028.htm [2017-11-12] .

为保障志愿者和志愿服务对象的权益，《志愿服务条例》规定，志愿服务组织招募志愿者应当说明有关信息；志愿服务组织安排志愿者参与志愿服务活动，应当与其年龄、知识、技能和身体状况相适应，并提供必要条件；需要专门知识、技能的，应当开展相关培训；志愿服务组织应当如实记录志愿者的志愿服务情况等信息，无偿、如实为志愿者出具志愿服务记录证明；志愿服务组织、志愿服务对象应当尊重志愿者人格尊严，未经志愿者本人同意，不得公开或者泄露其有关信息；志愿服务组织、志愿者应当尊重志愿服务对象人格尊严，不得侵害志愿服务对象个人隐私，不得向志愿服务对象收取或者变相收取报酬。任何组织和个人不得强行指派志愿者、志愿服务组织提供服务。①

志愿者应承担的义务包括：接受志愿服务组织安排参与志愿服务活动的，应当服从管理，接受必要的培训；志愿者应当按照约定提供志愿服务，因故不能按照约定提供志愿服务的，应当及时告知志愿服务组织或者志愿服务对象。

为了促进志愿服务事业发展，《志愿服务条例》规定了多项扶持和保障措施。

一是由政府和有关部门采取的促进措施。其包括县级以上人民政府应当将志愿服务事业纳入国民经济和社会发展规划，合理安排志愿服务所需资金，促进广覆盖、多层次、宽领域开展志愿服务；制定促进志愿服务事业发展的政策和措施，为志愿服务提供指导和帮助；通过购买服务等方式，支持志愿服务运营管理；对有突出贡献者予以表彰、奖励；采取措施鼓励公共服务机构等对志愿者给予优待等。

二是鼓励有关单位、组织采取的促进措施。其包括为开展志愿服务提供场所和其他便利条件；在同等条件下优先招用有良好志愿服务记录的志愿者；学校、家庭和社会应当培养青少年的志愿服务意识和能力；将学生参与志愿服务活动纳入实践学分管理；广播、电视、报刊、网络等媒体积极开展志愿服务宣传活动等。

除了《志愿服务条例》以外，与规范志愿活动、促进志愿服务和培养社会公益精神相关的政策文件还包括 2013 年中国共产主义青年团中央委员会关于修订印发的《中国注册志愿者管理办法》，2014 年中国共产党中央精神文明建设指导委员会印发的《关于推进志愿服务制度化的意见》，2014 年中央精神文明建设

① 中华人民共和国中央人民政府．规范志愿服务活动发展志愿服务事业——国务院法制办负责人就《志愿服务条例》答记者问 .http://www.gov.cn/zhengce/2017-09/06/content_5223100.htm[2017-09-06].

指导委员会办公室印发的《社区志愿服务方案》，2015 年教育部印发的《学生志愿服务管理暂行办法》，中国共产党中央委员会宣传部、中央精神文明建设指导委员会办公室、民政部等 8 部门 2016 年联合印发的《关于支持和发展志愿服务组织的意见》，中华人民共和国文化部 2016 年印发的《文化志愿服务管理办法》。

7.5.3 《志愿服务信息系统基本规范》

为推进志愿服务制度化发展，进一步提高志愿服务管理信息化水平，2015 年 7 月，民政部发布了《志愿服务信息系统基本规范》（MZ/T 061-2015），这是我国志愿服务信息化建设领域第一个全国性行业标准，是开发、完善志愿服务信息系统的基础标准和重要参考，是推进志愿服务制度化建设的重要举措。①

民政部依据《志愿服务信息系统基本规范》，把全国志愿者队伍建设信息系统升级改造为全国志愿服务信息系统（以下简称“信息系统”），提供给各地区、各部门和志愿服务组织无偿使用。信息系统面向社会公众、广大志愿者、志愿服务组织和志愿服务管理部门提供服务。

2016 年 11 月，信息系统上线试运行。通过信息系统，社会公众可以便捷注册为志愿者参与志愿服务；志愿者可以参与自己感兴趣的志愿团体和项目，记录、转移、接续自己的志愿服务时间；志愿服务组织可以按照规范的流程发布项目、招募管理志愿者、开展服务，实现供需有效对接；党政管理部门可以全面了解志愿服务情况、开展数据决策分析。②

信息系统以中国志愿服务网站为前台，以“中国志愿”APP 为手机端应用，网站、手机端应用和系统直接关联。③其中，网站和信息系统具有志愿服务活动开展和监管全流程的各项功能，手机端应用具有查找、参加志愿服务团体或项目、扫描二维码记录志愿服务时间等功能。

《志愿服务信息系统基本规范》的制定与实施，以及全国志愿服务信息系统的应用，大大提升了公众参与志愿服务的便捷度、志愿服务供需对接的精准度和志愿服务决策管理的科学度。民政部依托全国志愿服务信息系统推进志愿服务数

① 《中国民政》编辑部．我国志愿服务信息化建设领域第一个全国性行业标准——《志愿服务信息系统基本规范》解读．中国民政，2015，(18)：36-38.

② 汪彩霞，谭建光．改革开放 40 年与志愿组织的发展变迁．青年探索，2017，(5)：32-40.

③ 钱洪伟，范靖文．应急志愿者项目管理模式探究．安全，2017，38（10）：46-51.

据信息归集，实现志愿服务数据信息的互联互通、统一汇集、共享使用，逐步建成全国志愿者基础信息数据库，为志愿者参与志愿服务提供便捷平台。①

7.6　本章小结

目前，我国的政策法规体系中与公共知识传播动力机制运行有关的政策法规包括三种类型：一是面向社会组织的内部与外部管理；二是针对公益精神和公益活动的引导与激励；三是面向网络空间的信息与知识传播活动的规范。

《社会团体登记管理条例》《社会服务机构登记管理条例》《基金会管理条例》是我国政府目前针对不同类型社会组织实施分类管理的主要法规，涉及社会组织的管辖、成立登记、变更登记、注销登记、监督管理、处罚措施等内容，形成了直接登记和双重管理混合的登记管理体制，行业自律、社会监督与政府监管相结合的综合监管机制，以及年度报告与信息公开制度等。《关于加强和改进社会组织薪酬管理的指导意见》则规范了社会组织内部的薪酬管理问题。

《中华人民共和国慈善法》是我国社会领域的重要法律，内容涉及慈善组织、慈善募捐、慈善捐赠、慈善信托、慈善财产、慈善服务、信息公开、促进措施、监督管理、法律责任等内容，明确了一系列促进慈善事业的措施，是慈善制度建设的基础性、综合性法律。

《中华人民共和国公益事业捐赠法》《中华人民共和国慈善法》对于公益组织、公民和其他主体捐助公益活动和公益事业的税收优惠给予了明确规定。

《国务院办公厅关于政府向社会力量购买服务的指导意见》则从政府资助社会组织提供公共服务，参与社会治理的视角，引导社会组织健康有序发展。

目前，我国公民的公益精神表现得不是很强烈，社会组织的发展缺少来自社会文化方面的支持。《中华人民共和国慈善法》《志愿服务条例》的颁布与实施，将在培育公益精神、规范志愿服务、保护志愿者的合法权益等方面发挥重要的作用。《志愿服务信息系统基本规范》以及全国志愿服务信息系统的应用在提

① 《中国民政》编辑部．我国志愿服务信息化建设领域第一个全国性行业标准——《志愿服务信息系统基本规范》解读．中国民政，2015，（18）：36-38.

升志愿服务信息化水平的同时，也为实现志愿服务的规范化与制度化提供了重要参考。

互联网的产生、应用与发展改变了人们学习、工作和生活的理念与方式。因此，基于互联网的网络空间治理问题受到政府部门越来越多的关注。从早期的《互联网信息服务管理办法》《信息网络传播权保护条例》，到《中华人民共和国网络安全法》的颁布与实施，从《即时通信工具公众信息服务发展管理暂行规定》《移动互联网应用程序信息服务管理规定》《互联网信息搜索服务管理规定》，到《互联网新闻信息服务管理规定》《互联网新闻信息服务单位内容管理从业人员管理办法》《互联网新闻信息服务新技术新应用安全评估管理规定》，从《互联网论坛社区服务管理规定》《互联网跟帖评论服务管理规定》，到《互联网群组信息服务管理规定》《互联网用户公众账号信息服务管理规定》的发布，关于网络治理和网络信息安全的法律法规数量快速攀升，我国政府逐步建立起一套较为完善的政策法规体系，明确了网络空间中与信息和知识传播活动有关的各类主体的责任、权利与义务。通过实名认证、用户分级分类管理、信息安全管理、黑名单、备案制等监管要求，进一步强化了互联网服务提供者的主体责任。

就本章所收集和介绍的政策法规而言，《中华人民共和国网络安全法》《中华人民共和国慈善法》《中华人民共和国慈善事业捐赠法》是法律层次较高的法律文件；《社会团体登记管理条例》《互联网信息服务管理办法》等是法律层次较高的行政法规；其他的大量政策法规文件属于法律层次较低的部门规章或规范性文件。

在各类文件中，与网络信息与知识传播活动有关的政策与法规数量最多，内容也最丰富，且大多数属于部门规章和规范性文件，这一方面说明我国政府高度重视对互联网内容的监管，旨在规范其生产与传播活动，净化网络化境，保障互联网健康有序的发展；另一方面，这也在某种程度上强化了网络服务提供者和使用者相应的责任与义务，客观上会对网络信息与知识的传播活动产生较大影响。

综合来看，我国在社会组织管理、保障与促进公益事业、网络空间治理等方面的政策法规体系日益完善。强调政府的监管责任、公益活动与服务主体的管理责任，建立信息安全与公开制度，保障公民的合法权益是立法的总体趋势。

参考文献

曹梅．略论用户信息行为研究的演进．图书情报工作，2010（2）55-58．

常静．百度百科及开源社区参与者的动机与行为关系的实证研究．华南理工大学博士学位论文，2010．

程红莉．知识创造场的动力机制与管理模式研究．科技进步与对策，2011（4）：133-136．

邓君．机构知识库发展的动力机制与动力模型研究．图书情报工作，2008（5）：44-47．

付立宏．基于知识管理的图书馆运行动力机制．中国图书馆学报，2005（6）：25-28，68．

关家麟．知识资源与服务对科技创新能力的支撑研究．情报探索，2007（10）：3-6．

郝英奇，刘金兰．动力机制研究的理论基础与发展趋势．暨南学报（哲学社会科学版），2006（6）：50-56．

何明芮，李永建．基于分布式认知对隐性知识显性化的研究．情报杂志，2010（8）：49-54．

何珍．我国非政府组织筹款能力的外部影响因素分析．法制与社会，2009（20）：373-374．

贾二鹏，陈建新．国内外虚拟社区研究．新世纪图书馆，2011（12）：32-36．

李春利．基于情境理论的知识转移情境的动力机制研究．图书馆学研究，2011（10）：2-5．

李涛，王兵．我国知识工作者组织内知识共享问题的研究．南开管理评论，2003（5）：16-19．

刘灿姣，黄立雄．知识服务动力机制研究．情报理论与实践，2010（1）：8-11．

刘娜．基于组织行为的知识传播模型研究．大连理工大学硕士学位论文，2011．

刘晓英，文庭孝．知识资源共享及其动力机制研究．情报理论与实践，2008（3）：356-359．

刘永，邓胜利．情报学发展的动力机制分析．图书情报工作，2006（7）：42-45．

刘智渊，关家麟，邱卓英．组织环境下用户信息需求与行为研究模式．图书馆理论与实践，2007（2）：55-56．

马建国．试论我国非政府组织成长困境及其政府规制因素．特区经济，2008（2）：290-291．
邱均平，文庭孝，张蕊，等．论知识管理学的构建．中国图书馆学报，2005（3）：11-16．
唐亮，张结魁，徐建华．网络消费者信息搜寻行为研究．图书与情报，2008（2）：40-43，74．
唐炎华，石金涛．我国企业知识型员工知识转移的影响因素实证研究．管理工程学报，2007(2)：34-41．
田鹏．Web 2.0 环境下组织知识共享机制研究．华中师范大学博士学位论文，2011．
田蓉．西方非政府组织转型及其影响因素分析．东岳论丛，2010（11）：158-161．
汪莉．非政府组织发展困境的制度性因素分析及制度重构．中国行政管理，2009（2）：83-85．
王飞绒，柴晋颖，龚建立．虚拟社区知识共享影响因素的实证研究．浙江工业大学学报（社会科学版），2008（3）：283-289．
王凤艳，艾时钟，厉敏．非交易类虚拟社区用户忠诚度影响因素实证研究．管理学报，2011(9)：1339-1344．
王杰．用户信息行为的理性解读．佳木斯大学社会科学学报，2011，29（3）：179-180．
王秀红，孙凤媛，周九常．员工隐性知识转移动力模型研究．科技进步与对策，2008（3）：161-165．
王运显．高校图书馆知识传播动力机制实证研究——以信阳师范学院图书馆为例．科技情报开发与经济，2011，21（25）：90-92．
魏江，王铜安．个体、群组、组织间知识转移影响因素的实证研究．科学学研究，2006（1）：91-97．
吴琼，邓胜利．虚拟社区中知识创新影响因素的实证研究．图书情报知识，2011（5）：115-121．
徐美凤，叶继元．学术虚拟社区知识共享行为影响因素研究．情报理论与实践，2011（11）：72-77．
徐升华．虚拟企业知识转移影响因素的实证分析．情报杂志，2011（6）：119-125．
徐小龙，王方华．虚拟社区研究前沿探析．外国经济与管理，2007（9）：10-16．
许博，邵兵家，陈璐．网络社区用户使用意向影响因素实证研究．情报杂志，2009（5）：151-154．
许博，邵兵家，姜洪涛．虚拟社区组织公民行为影响因素的实证研究．现代图书情报技术，2011（5）：55-61．
许博，胥正川，邵兵家．影响网络社区用户参与的社会因素及其实证研究．现代管理科学，2010（3）：8-10．
余文森．个体知识与公共知识——课程变革的知识基础研究．西南大学博士学位论文，2007．

张力，聂鸣．产学合作机构知识转移动力模型的实证研究．软科学，2010（1）：27-31．

张鼐，周年喜．虚拟社区知识共享行为影响因素的实证研究．图书馆学研究，2010（6）：44-48．

张新宇．图书馆实施知识管理的动力机制研究．图书情报工作，2006（2）：31-34．

周明非．基于知识工作结构化的知识共享实证研究．东华大学硕士学位论文，2011．

周庆山．论图书情报工作的公共传播原理．图书情报工作，1997（6）：11-13．

周群英．环境在组织研究中地位的演进——组织与环境互动的视角．社会科学论坛，2010(1)：52-56．

Ajzen I. The theory of planned behavior. Organizational Behavior and Human Decision Processes, 1991, 50(2), 179-211.

Allen B. Information Tasks: Toward a User-centered Approach to Information Systems.Orlando: Academic Press, 1996.

Ambrosini V, Collier N, Jenkins M. A configurational approach to the dynamics of firm level knowledge. Journal of Strategy and Management, 2009(1): 4-30.

Ancori B,Bureth A,Cohendet P. The tconomics of knowledge: The debate about codification and tacit knowledge. Industrial and Corporate Change, 2000, 9(2): 255-287.

Anderson A H, McEwan R, Bal J, et al. Virtual team meetings: An analysis of communication and context. Computers in Human Behavior, 2007,23(5): 2558-2580.

Bandura A. Social learning theory // Spence J T, Carson R C, Thibaut J W. Behavioral Approaches to Therapy. Morristown: General Learning Press, 1976.

Bandura A. Social Learning Theory. Oxford: Prentice-Hall, 1977.

Bandura A. The self system in reciprocal determinism. American Psychologist, 1978, 33(4): 344-358.

Bantel K A, Jackson S E. Top management and innovations in banking: Does the composition of the top team make a difference. Strategic Management Journal ,1989, 10 (S1): 107-124.

Barson R J, Foster G, Struck T, et al. Inter- and intra-organisational barriers to sharing knowledge in the extended supply chain. Proceedings of the eBusiness and eWork Conference and Exhibition, Madrid, Spain, 2000.

Bigné E, Hernández B, Ruiz C, et al. How motivation, opportunity and ability can drive online airline ticket purchases. Journal of Air Transport Management, 2010,16(6): 346-349.

Boer N I,Berends H,Van Baalen P.Relational models for knowledge sharing behavior. European Management Journal, 2011,29(2): 85-97.

Boh W F. Mechanisms for sharing knowledge in project-based organizations. Information and Organization, 2007,17(1): 27-58.

Boshier R W. Motivational orientations of adult education participants: A factor analytic exploration of Houle's typology. Adult Education, 1971, 21:3-26.

Chen C J, Hung S W. To give or to receive?Factors influencing members' knowledge sharing and community promotion in professional virtual communities. Information and Management, 2010,47(4):226-236.

Chiang C F, Hsieh T S. The impacts of perceived organizational support and psychological empowerment on job performance: The mediating effects of organizational citizenship behavior. International Journal of Hospitality Management, 2012,31(1): 180-190.

Clary E G, Snyder M, Ridge R D. Volunteers' motivations: A functional strategy for the recruitment, placement, and retention of volunteers. Nonprofit Management and Leadership,1992, 2(4): 333-350.

Cohen D. Toward a knowledge context: Report on the first annual U. C. Berkeley forum on knowledge and the firm. California Management Review, 1998, 40(3): 22-39.

Cohendet P, Meyer-Krahmer F. The theoretical and policy implications of knowledge codification. Research Policy, 2001,30(9): 1563-1591.

Courtright C. Context in information behavior research. Annual Review of Information Science and Technology, 2007, 41(1): 273-306.

Cruz N M, Pérez V M,Cantero C T. The influence of employee motivation on knowledge transfer. Journal of Knowledge Management, 2009, 13(6): 478-490.

Cyr S, Choo C W. The individual and social dynamics of knowledge sharing: An exploratory study. Journal of Documentation, 2010, 66(6): 824-846.

D'Aspremont C, Bhattacharya S, Gérard-Varetc L A. Knowledge as a public good: Efficient sharing and incentives for development effort. Journal of Mathematical Economics, 1998,30(4): 389-404.

Davis E. Knowledge and communication: A first-order theory. Artificial Intelligence, 2005,166: 81-139.

Davis F, Bagozzi R, Warshaw P. User acceptance of computer technology: A comparison two theoretical models. Management Science, 1989, 35(8): 982-1003.

Drejer I, Jørgensen B H. The dynamic creation of knowledge: Analysing public-private collaborations. Technovation, 2005, 25(2): 83-94.

Eisenberger R, Stinglhamber F, Vandenberghe C, et al. Perceived supervisor support: Contributions to perceived organizational support and employee retention. Journal of Applied Psychology, 2002, 87(3): 565-573.

Fang Y H, Chiu C M. In justice we trust: Exploring knowledge-sharing continuance intentions in virtual communities of practice. Computers in Human Behavior, 2010,26(2): 235-246.

Ferris G R, Blass F R, Douglas C, et al. Personal reputation in organizations//Greenberg J. Organizational Behavior: The State of the Science.Mahwah:Lawrence Erlbaum Associates Publishers,2003: 211-246.

Gray E R, Ballmer J M T. Managing corporate image and corporate reputation. Long Range Planning, 1998,31(5): 695-702.

Ho S C, Ting P H, Bau D Y, et al. Knowledge-sharing intention in a virtual community: A study of participants in the Chinese Wikipedia. Cyberpsychology, Behavior, and Social Networking, 2011,14(9): 541-545.

Holsapple C W. A new map for knowledge dissemination channels. Communications of the ACM, 2009, 52(3): 117-125.

Hooff B V D, Ridder J A D. Knowledge sharing in context: The influence of organizational commitment, communication climate and CMC use on knowledge sharing. Journal of Knowledge Managememnt, 2004, 8(6): 117-130.

Houle C. The Inquiring Mind. Madison: University of Wisconsin Press, 1961.

Hsu M H, Ju T L, Yen C H, et al. Knowledge sharing behavior in virtual communities: The relationship between trust, self-efficacy, and outcome expectations. International Journal of Human-Computer Studies, 2007,65(2): 153-169.

Huck J, Al R, Rathi D. Finding KM solutions for a volunteer-based non-profit organization. The Journal of Information and Knowledge Management Systems, 2011, 41(1): 26-40.

Johnson J D. On contexts of information seeking. Information Processing and Management, 2003,39(5): 735-760.

Kakabadse N, Kouzmin A, Kakabadse A. From tacit knowledge to knowledge management: Leveraging invisible assets. Knowledge and Process Management. 2001, 8(3): 137-154.

Kankanhalli A, Tan B C Y, Wei K K. Contributing knowledge to electronic knowledge repositories: An empirical investigation. MIS Quarterly, 2005, 29(1): 113-143.

Kim A, Merriam S B. Motivations for learning among older adults in a learning retirement institute. Educational Gerontology, 2004,30(6): 441-455.

Kimberly J R. Organizational size and the structuralist perspective: A review, critique, and proposal. Administrative Science Quarterly, 1976,21:571-597.

Kreiner K. Tacit knowledge management: The role of artifacts. Journal of Knowledge Management, 2002, 6(2): 112-123.

Law B M F, Shek D T L, Ma C M S. Exploration of the factorial structure of the revised personal functions of the volunteerism scale for Chinese adolescents. Social Indicators Research, 2011, 100(3): 517-537.

Lee D J,Ahn J H. Reward systems for intra-organizational knowledge sharing. European Journal of Operational Research, 2007,180(2): 938-956.

Lin H F. Impact of organizational support on organizational intention to facilitate knowledge sharing. Knowledge Management Research and Practice, 2006, 4(1): 26-35.

Lin M J J, Hung S W, Chen C J. Fostering the determinants of knowledge sharing in professional virtual communities. Computers in Human Behavior,2009,25(4): 929-939.

Lin T C, Wu S, Lu C T. Exploring the affect factors of knowledge sharing behavior: The relations model theory perspective. Expert Systems with Applications, 2012,39(1): 751-764.

Lindsey K L. Unmasking barriers to knowledge sharing using a communication framework. Memphis: University of Memphis, 2003.

Liu M S. Sources of knowledge acquisition and patterns of knowledge-sharing behaviors—An empirical study of Taiwanese high-tech firms. International Journal of Information Management, 2008,28(5): 423-432.

Matzler K, Mueller J. Antecedents of knowledge sharing-examining the influence of learning and performance orientation. Journal of Economic Psychology, 2011,32: 317-329.

Mitton C, Adair C E, Mckenzie E, et al. Knowledge transfer and exchange: Review and synthesis of the literature. The Milbank Quarterly, 2007, 85(4): 729-768.

Moenaert R K, Caeldries F, Lievens A, et al. Communication flows in international product innovation teams. Journal of Product Innovation Management, 2000,17(5): 360-377.

Nielsen A P. Understanding dynamic capabilities through knowledge management. Journal of Knowledge Management, 2006, 10(4):59-71.

Nokes T J. Mechanisms of knowledge transfer. Thinking and Reasoning, 2009, 15(1): 1-36.

Oluseyi A S, Ayo H T. Influence of work motivation, leadership effectiveness and time management on employees' performance in some selected industries in Ibadan, Oyo State, Nigeria. European Journal of Economics, Finance and Administrative Sciences, 2009,16: 7-17.

Peelle H E. Reciprocating perceived organizational support through citizenship behaviors. Journal of Managerial Issues, 2007, 19(4): 554-575.

Ponte D, Simon J. Scholarly communication 2.0: Exploring researchers' opinions on Web 2.0 for scientific knowledge creation, evaluation and dissemination. Serials Review, 2011, 37(3): 149-156.

Prugsamatz R. Factors that influence organization learning sustainability in non-profit organizations. The Learning Organization, 2010, 17(3): 243-267.

Ray C, Bhawuk D P S. From ideas to market applications: Dynamics of knowledge transfer and the role of champions. Environment Engineering and Policy, 2001,3(1):33-43.

Reagans R, McEvily B. Network structure and knowledge transfer: The effects of cohesion and range. Administrative Science Quarterly, 2003,48(2): 240-267.

Riege A. Three-dozen knowledge-sharing barriers managers must consider. Journal of Knowledge Management, 2005, 9(3): 18-35.

Sandhu M S, Jain K K, Ahmad I U K B. Knowledge sharing among public sector employees: Evidence from Malaysia. International Journal of Public Sector Management, 2011, 24(3): 206-226.

Seba I, Rowley J, Lambert S. Factors affecting attitudes and intentions towards knowledge sharing in the Dubai Police Force. International Journal of Information Management, 2012, 32(4):372-380.

Serenko A, Bontis N, Hardie T. Organizational size and knowledge flow: A proposed theoretical link. Journal of Intellectual Capital, 2007, 8(4): 610-627.

Siemsen E, Roth A V, Balasubramanian S. How motivation, opportunity, and ability drive knowledge sharing: The constraining-factor model. Journal of Operations Management, 2008,26(3): 426-445.

Syed-lkhsan S O S, Rowland F. Knowledge management in a public organization: A study on the relationship between organizational elements and the performance of knowledge transfer. Journal of Knowledge Management, 2004, 8(2): 95-111.

Thorngate W. Accounting for person-context relations and their development // Kindermann T A, Valsiner J. Development of Person-Context Relations. Hillsdale: Lawrence Earlbaum Associates, 1995: 39-54.

Tsai M J. The model of strategic e-learning: Understanding and evaluating student e-learning from metacognitive perspectives.Journal of Educational Technology and Society, 2009,12(1):34-48.

Tsur Y,Zemel A. On the dynamics of knowledge-based economic growth. Journal of Optimization Theory and Applications, 2007,135(1): 101-115.

Valsiner J, Leung M. From intelligence to knowledge construction: A sociogenetic process approach// Sternberg R J, Wagner R K. Mind in Context. Cambridge: Cambridge University Press, 1994: 202-217.

Wasko M L, Faraj S. "It is what one does" : Why people participate and help others in electronic communities of practice. Journal of Strategic Information Systems, 2000, 9(2-3): 155-173.

Whitaker V M, Parker C M. The factors enabling and inhibiting the development of agricultural Internet virtual communities: An Australian case study. Proceedings of the 8th European Conference on Information Systems,Trends in Information and Communication Systems for the 21st Century. Vienna, 2000.

Wilson J, Musick M A. Work and volunteering: The long arm of job. Social Forces, 1997, 76(1): 251-272.

Wilson J. Volunteering. Annual Review of Sociology, 2000, 26: 215-240.

Yang B. NPOs in China: Some issues concerning internet communication.Knowledge,Technology and Policy, 2008,21(1): 37-42.

Yang C W, Fang S C, Lin J L. Organisational knowledge creation strategies: A conceptual framework. International Journal of Information Management, 2010,30(3): 231-238.

附　　录

附录 1　知识获取行为动力的初始量表

维度	可操作性定义	题项	来源
自我提高	个体获取知识是基于个人职业或学业进展的需要	SE1 保持工作或学习方面的优势	Boshier(1971); Boshier(1991)
		SE2 提高工作或生活能力	
		SE3 完成工作或学习任务	
求知	获取知识受到兴趣和好奇心的驱使	CIS1 开阔眼界，增长见识	Boshier(1991); Kim 和 Merriam(2004)
		CIS2 了解感兴趣的知识内容	
		CIS3 成为更博学的人	
利他	获取知识的目的是为服务社会	ALT1 多做一些对社会有意义的事	Gars 和 Ried(1999)
		ALT2 更好地帮助他人解决问题	
		ALT3 增进对更多社会问题的认识和关注	
知识需求编码	将知识需求转化为明确的查询概念	KNC1 选取不同词汇来描述查询的内容	改编自 Tsai(2003)
		KNC2 明确查询的主题	
		KNC3 把查询的想法转化成文字	
		KNC4 尝试让需求变得明确	
控制查询过程	以目标为导向，通过规划和调整使得查询过程得以顺利进行	SKS1 使用逻辑检索式来提高检索结果的准确度	改编自 Tsai(2003)
		SKS2 使用多种查询条件及其组配来提高查询结果的准确度	
		SKS3 使用一个网站或搜索引擎里的高级查询功能	
		SKS4 用其他相近的词汇扩大查询范围	
评价查询结果	查询结果与知识需求进行相关性和准确性的匹配	ESR1 判断哪些查询结果符合自己的要求	自拟
		ESR2 通过浏览标题或摘要过滤掉不符合要求的结果	
		ESR3 查询结果不理想的时候尝试找出可能的原因	

续表

维度	可操作性定义	题项	来源
感知易用性	个体在使用系统过程中感受到的容易使用的程度	PEU1 使用起来很容易	Davis(1989); He 和 Wei(2009)
		PEU2 使用起来很方便	
		PEU3 完成操作很简单	
感知的经济性	对收益与代价的感知	PE1 获取知识不需要什么费用	自拟
		PE2 获取知识不需要花费太多时间	
知识获取行为	通过 KCI-NPO 前台查询知识	KSB1 KCI-NPO 是我获取知识的重要渠道	改编自 Subramanian 和 Soh(2009)
		KSB2 我通常会使用 KCI-NPO 来查找知识	

附录 2　知识贡献行为动力的初始量表

维度	可操作性定义	题项	来源
声誉	贡献知识是为了能够获得良好评价	RPC1 贡献知识会让我得到别人的尊重	Constant 等 (1994); Wasko 和 Faraj(2005)
		RPC2 贡献知识会提高我的知名度	
		RPC3 贡献知识会让我得到赞赏	
互惠	当下的知识贡献会使得日后的需求得到满足	RCC1 如果我贡献别人需要的知识，别人也会贡献我需要的知识	Kankanhalli 等 (2005); Chennamaneni(2006); Jeon 和 Kim(2011)
		RCC2 面对他人给我的帮助，我需要有所回馈	
		RCC3 我有义务帮助那些曾经帮助过我的人	
		RCC4 贡献知识和获取知识同样重要	
利他	贡献知识出于自愿，不期望因此获得回报	ATC1 希望将我的知识分享给他人	Lin(2007); He 和 Wei(2009); Jeon 和 Kim(2011)
		ATC2 愿意通过贡献我的知识来为他人提供帮助	
		ATC3 愿意多做一些对社会有益的事	
知识外化	个体将头脑中的隐性知识转化为显性知识	KE1 能够使用网络论坛、博客或微博等工具发表个人观点	自拟
		KE2 能够使用多种媒体来描述我对一个问题或事物的认识	
		KE3 能够发布一些具有创新性的作品或观点	
		KE4 能够对他人的观点进行补充和完善	
		KE5 能够通过形象（如比喻）的方式表达较为抽象的问题	
知识组合	个体对显性知识的组织与整合	KC1 摘录有价值的知识或信息并把它们保存下来	自拟
		KC2 根据文件的类型和用途，分别设立不同的文件夹	
		KC3 给有用的文件设立明确的标记	
		KC4 能熟练使用 Word、Excel、PowerPoint 等常用软件	
		KC5 根据需要摘录不同文章里的知识片段并对它们重新组配	
领域知识	个体的专业背景和对知识主题的熟悉程度	DK1 对比较熟悉的问题做出回应	Wang 和 Lai(2006)
		DK2 缺乏某些领域的知识是不能对一些问题做出回应的原因	

续表

维度	可操作性定义	题项	来源
领域知识	个体的专业背景和对知识主题的熟悉程度	DK3 关注某个领域能够让我帮助他人解决一些问题	Wang 和 Lai(2006)
		DK4 掌握专业知识能够提高分析问题的准确性和系统性	
		DK5 专业背景能够增加我对问题做出正确回应的信心	
感知易用性	感受到的系统容易使用的程度	PEU1 完成操作很简单	Davis(1989); He 和 Wei(2009)
		PEU2 系统使用起来很容易	
		PEU3 使用起来很方便	
感知的经济性	对贡献知识成本因素的感知	PE1 编辑和发布知识不需要花费我太多时间	自拟
		PE2 完成任务需要的费用很低	
组织形象感知	知识拥有者对组织的综合评价	POI1 熟悉组织的名称和标识	自拟
		POI2 了解组织的工作性质和使命	
		POI3 组织的社会知名度很高	
		POI4 组织的各类宣传让我对组织产生好感	
知识贡献行为	使用 KCI-NPO 前台贡献其知识	KCB1 我使用 KCI-NPO 来编辑或发布知识条目	改编自 Subramanian 和 Soh(2009)
		KCB2 KCI-NPO 对我编辑或发布知识条目来说很重要	

附录 3　管理支持行为动力的初始量表

维度	可操作性定义	题项	来源
利他	表达对他人的利他关怀	ALM1 帮助他人并不一定要得到回报	Law(2008); Ziemek(2006)
		ALM2 做对社会有意义的事	
		ALM3 我喜欢助人为乐	
学习	通过工作体验或运用能力而更好地认识世界	LUM1 工作让我学习到很多知识	Clary 等 (1992)
		LUM2 工作让我获得看待事物的新视角	
		LUM3 工作让我掌握很多直接经验	
社会交往	享受与他人交往的社会因素	SIM1 工作扩大我的社会交往范围	Clary 等 (1992); Clary 等 (1998)
		SIM2 工作带给我的社交机会非常重要	
		SIM3 工作让我结识更多的朋友	
经济回报	希望能够获得更多的奖励	ERM1 通过努力工作得到晋升	Bock 等 (2005)
		ERM2 通过努力工作获得更好的待遇	
		ERM3 通过努力工作提高生活水平	
成就	为了获得成就感，提升自身的价值	ASM1 我能够从工作中获得满足感	改编自 Bock 等 (2005); Esmond 和 Dunlop(2004)
		ASM2 我喜欢具有适度挑战性的工作	
		ASM3 我想通过自己的努力工作来完成一定的目标	

续表

维度	可操作性定义	题项	来源
沟通	能够有效地传递和交换信息，以实现相互的理解与合作	CS1 在计算机的帮助下进行快速写作	改编自 Hellriegel 等 (2005)
		CS2 使用简洁的语言表达观点	
		CS3 留有足够的时间倾听对方的意见	
		CS4 促进与他人达成共识	
		CS5 准确地传达信息	
		CS6 选择适当方式与他人交谈	
自我管理	利用对自身的认知，积极引导自身行为	SMS1 了解并遵守组织或团队的行为规范	改编自 Hellriegel 等 (2005)
		SMS2 合理地安排工作和生活	
		SMS3 通过积极的方式发泄情绪和降低挫折感	
		SMS4 我知道自己的缺点和优点	
		SMS5 我会反思工作或生活里的经验与教训	
组织支持感知	感受到的组织珍视自己的贡献和关心自己福利的程度	POS1 当我遇到困难的时候能从组织获得帮助	Rhoades 和 Eisenberger(2002)
		POS2 组织关心我的福利	
		POS3 我的同事对我的工作有帮助	
		POS4 组织关心员工的个人发展	
		POS5 组织公平地对待我和其他同事	
		POS6 组织赞赏员工所做的贡献	
组织形象感知	对组织形象的综合感知与评价	POI1 我熟悉组织的名称和标识	自拟
		POI2 我了解组织的工作性质和组织使命	
		POI3 组织的社会知名度很高	
		POI4 组织的各类宣传让我对组织产生好感	
管理支持行为	对 KCI-NPO 前台的支持与管理	MSB1 我为组织努力工作	自拟
		MSB2 我的工作对组织的发展有帮助	

附录 4　知识获取行为问卷

尊敬的女士 / 先生：

您好！

本问卷是研究基于互联网的知识获取行为的学术问卷。由于调查样本有限，希望您能够抽出宝贵的时间帮助我完成此次问卷调查。非常感谢您的支持与配合！

填写问卷说明：

◆本问卷包括三部分，共37道题，完成这些题目大概会占用您10分钟的时间。

◆对各类问题的回答不存在标准答案或者正确答案，请根据您的直接经验或体会回答即可。

◆调查数据仅用于学术研究，绝不会泄露任何个人信息，不会给您带来不利影响，请放心作答。

第一部分　受访者基本信息

请在符合您情况选项后的“□”中画“√”。

1. 性别：

   A. 男□

   B. 女□

2. 年龄：

   A. 25岁以下□

   B. 25～35岁□

   C. 36～45岁□

   D. 45岁以上□

3. 教育背景：

   A. 高中及以下□

   B. 大学专科□

   C. 大学本科□

   D. 研究生及以上□

4. 职业：

   A. 公司职员□

   B. 公务员□

   C. 教师□

   D. 学生□

   E. 其他□

5. 工作经验：

A. 2 年以下□

B. 2 ～ 5 年□

C. 6 ～ 10 年□

D. 10 年以上□

第二部分　问卷主体内容

请根据您的真实情况，将与左边各题项的描述认同程度相对应的分值填入右边的空格。一般模式是“5（代表完全符合）、4（代表比较符合）、3（代表基本符合）、2（代表基本不符合）、1（代表完全不符合）”，您对每个题项的回答只能选定其中的一个分值。请您务必填写完每一个题项。

	题项	完全符合	比较符合	基本符合	不太符合	完全不符合
		5	4	3	2	1
	通过维基百科或科学松鼠会等网站获取知识，可以让我……					
1	保持我在工作或学习上的优势					
2	提升我在工作或生活方面的能力					
3	更好地完成工作或学习任务					
4	了解我感兴趣的内容					
5	开阔眼界，增长见识					
6	成为更有学问的人					
7	多做一些对社会有意义的事					
8	更好地帮助他人解决问题					
9	增进对更多社会问题的认识和关注					
	在我借助维基百科、科学松鼠会或知识共享组织查找知识的过程中……					
10	我通常选取不同词汇来表达我要查询的内容					
11	我通常都能明确查询的主题是什么					
12	我通常会把查询的想法转化成文字					
13	我会尝试让我的想法变得清晰					
14	我能够使用一些检索符号来提高检索结果的准确度					
15	我能组合多种查询条件来提高查询结果的准确度					
16	我知道如何使用常用网站或搜索引擎里的高级查询功能					
17	我会尝试使用其他相近的词汇扩大查询范围					
18	我一般能够判断哪些结果符合我的要求					

续表

	题项	完全符合	比较符合	基本符合	不太符合	完全不符合
		5	4	3	2	1
19	我会通过浏览标题或摘要过滤掉一些不太符合要求的结果					
20	如果查询结果不理想，我会尝试找出可能的原因					
	我愿意使用维基百科、科学松鼠会或知识共享组织获取知识，是因为我觉得……					
21	这些网站使用起来很容易					
22	这些网站使用起来很方便					
23	完成相关查询对我来说很简单					
24	获取知识是免费的					
25	不需要花费太多时间和精力					
	我认为……					
26	使用维基百科、科学松鼠会或知识共享组织是我获取知识的重要渠道					
27	我通常会使用维基百科、科学松鼠会或是知识共享组织来解决我遇到的问题					

第三部分　意见征询

请在您认为准确选项后的“□”中画“√”。

6．您使用互联网获取知识的频率是：

A．每天使用□

B．每周使用□

C．每月使用□

D．不定期使用□

7．通过互联网获取知识您最关心的问题是（单选）：

A．知识内容的质量□

B．系统反应速度□

C．是否免费使用□

D．获得知识的难易程度□

E．注册过程的复杂程度□

8．您了解维基百科、知识共享组织或科学松鼠会吗？

A．了解□

B．不了解□

9．您认为下列哪些因素会对维基媒体基金会、哈赛科技传播中心或知识共享组织的发展产生重要影响？（可多选）

A．社会的公益文化□

B．人们对这类组织的广泛需求□

C．科学技术的发展□

D．法律法规的完善□

E．资金支持□

F．社会成员的受教育水平□

10．您认为下列哪一种筹资渠道是中文维基百科、科学松鼠会和知识共享组织现在最需要的？（单选）

A．政府资助□

B．私人资助□

C．有偿服务□

D．会员费□

问卷到此结束，再次感谢您的配合与支持！

附录5　知识贡献行为问卷

尊敬的先生 / 女士：

您好！

我现在正在进行一项关于知识传播的学术性问卷调查，非常希望您能够抽出宝贵的时间帮助我完成此问卷。感谢您的支持与配合！

填写问卷说明：

◆本问卷包括三部分，共47道题，完成这些题目大概会占用您10分钟的时间。

◆对各类问题的回答不存在标准答案或者正确答案，请根据您的直接经验或体会回答即可。

◆调查数据仅用于学术研究，绝不会泄露任何个人信息，不会给您带来不利影响，请放心作答。

第一部分　受访者基本信息

请在符合您情况的选项后的“□”中画“√”。

1．性别：

A．男□

B．女□

2．年龄：

A．25 岁以下□

B．25 ～ 35 岁□

C．36 ～ 45 岁□

D．45 岁以上□

3．教育背景：

A．高中及以下□

B．大学专科□

C．大学本科□

D．研究生及以上□

4．职业：

A．公司职员□

B．公务员□

C．教师□

D．学生□

E．其他□

5．工作经验：

A．2 年以下□

B．2 ～ 5 年□

C．6 ～ 10 年□

D．10 年以上□

第二部分　问卷主体内容

请根据您的真实情况（而不是您认为应该的情况）将与左边各题项的描述

认同程度相对应的分值填入右边的空格。一般模式是“5（代表完全符合）、4（代表比较符合）、3（代表基本符合）、2（代表基本不符合）、1（代表完全不符合）”，您的回答只能选定其中的一个分值。

题项		完全符合	比较符合	基本符合	基本不符合	完全不符合
		5	4	3	2	1
我通过维基百科、科学松鼠会或知识共享组织来贡献知识（编辑或发布作品），是因为……						
1	贡献知识会让我得到别人的尊重					
2	贡献知识会提高我的知名度					
3	贡献知识会让我得到其他人的赞赏					
4	我相信如果我提供别人需要的知识，别人也会提供我需要的知识					
5	我认为面对他人给我的帮助，我需要有所回馈					
6	我觉得我有义务帮助那些曾经帮助过我的人					
7	贡献知识和获取知识都很重要					
8	我希望把我的知识分享给其他人					
9	我愿意通过贡献知识为其他人提供帮助					
10	我愿意多做一些对社会有益的事					
作为一名知识贡献者，我认为我个人具备了以下方面的能力……						
11	我能够使用网络论坛、博客或微博等网络工具发表我的个人观点					
12	我能够使用多媒体工具描述对一个问题或事物的认识					
13	我能够对他人发表的作品进行补充和完善					
14	我能够描述一个较为抽象的问题					
15	能够发布一些具有创新性的作品或观点					
16	我经常摘录有价值的知识或信息并把它们保存下来					
17	我经常按照资料的类型和用途，对它们进行整理					
18	我经常给有用的文件设立明确的标记，如时间、地点、主题等					
19	我能熟练完成 Word、Excel、PowerPoint、FrontPage 等常用软件的操作					
20	我能够根据需要摘录不同资料里的知识片段并对它们重新组配					
21	我能够对比较熟悉的问题做出回应					
22	缺乏某些领域的知识是我不能对一些问题予以回应的主要原因					
23	长时间关注某个领域，会让我比他人更擅长解决一些问题					
24	我的专业知识和背景能够提高我分析和解决问题的准确度					
25	我的专业知识和背景增强了我对问题做出正确回应的信心					
我之所以通过维基百科、科学松鼠会或知识共享组织贡献知识，可能是我认为……						
26	使用这类网站对我来说很容易					

续表

	题项	完全符合	比较符合	基本符合	基本不符合	完全不符合
		5	4	3	2	1
27	这类网站使用起来很方便					
28	完成知识的编辑与发布很简单					
29	发布作品不需要花费我太多时间和精力					
30	发布作品需要的成本比较低					
31	我不太会考虑发布作品的成本问题					
32	我熟悉组织的名称和标识					
33	我喜欢组织的工作方式					
34	我了解组织的工作性质和使命					
35	我觉得组织拥有一定的社会知名度					
36	各方面的宣传让我对组织产生好感					
	我认为……					
37	我使用维基百科、科学松鼠会或知识共享组织来编辑或发布知识					
38	维基百科、科学松鼠会或知识共享组织对我编辑或发布知识来说很重要					

第三部分　意见征询

请在符合您情况选项后的"□"中画"√"。

6．您编辑或发布知识条目或作品的频率是：

A．每天使用□

B．每周使用□

D．不定期使用□

7．如果让您给中文科学松鼠会提建议的话，您认为它应该改进的方面是：

A．知识内容的质量□

B．网络系统的响应速度□

C．组织的对外宣传□

D．发布作品的规则□

8．您认为下列哪些因素会对维基媒体基金会、哈赛科技传播中心或知识共享组织的发展产生重要影响？（可多选）

A．社会的公益文化□

B．人们对这类组织的广泛需求□

C．科学技术的发展□

D．法律法规的完善□

E．资金支持□

F．社会成员的受教育水平□

9．您认为下列哪一种筹资渠道是中文维基百科、科学松鼠会和知识共享组织现在最需要的？（单选）

A．政府资助□

B．私人资助□

C．有偿服务□

D．会员费□

问卷到此结束，再次感谢您的配合与支持！

附录 6　管理支持行为问卷

尊敬的先生 / 女士：

您好！

我现在正在进行一项关于知识传播的学术性问卷调查，涉及组织各位成员的工作行为。非常希望您能够抽出一些宝贵的时间帮助我完成此问卷。感谢您的支持与配合！

填写问卷说明：

◆本问卷包括三部分，共 49 道题，完成这些题目大概会占用您 10 分钟的时间。

◆对各类问题的回答不存在标准答案或者正确答案，请根据您的直接经验或体会回答即可。

◆调查数据仅用于学术研究，绝不会泄露任何个人信息，不会给您带来不利影响，请放心作答。

第一部分　受访者基本信息

请在符合您情况选项后的“□”中画“√”。

1．性别：

A．男□

B．女□

2．年龄：

A．25 岁以下□

B．25 ～ 35 岁□

C．36 ～ 45 岁□

D．45 岁以上□

3．教育背景：

A．高中及以下□

B．大学专科□

C．大学本科□

D．研究生及以上□

4．职业：

A．公司职员□

B．公务员□

C．教师□

D．学生□

E．其他□

5．工作经验：

A．2 年以下□

B．2 ～ 5 年□

C．6 ～ 10 年□

D．10 年以上□

第二部分　问卷主体部分

请根据您的真实情况（而不是您认为应该的情况）在与左边各题项的描述认同程度相对应的分值处画“√”。一般模式是“5（代表完全符合）、4（代表比较符合）、3（代表基本符合）、2（代表基本不符合）、1（代表完全不符合）”，您的回答只能选定其中的一个分值。

	题项	完全符合	比较符合	基本符合	基本不符合	完全不符合
		5	4	3	2	1
我为维基百科、科学松鼠会或者知识共享组织工作，是因为……						
1	通过我的工作可以为一些人提供帮助					
2	我喜欢助人为乐					
3	我愿意做一些对社会有意义的事					
4	我可以从工作中学习到很多新知识					
5	我可以从工作中获得看待事物的新视角					
6	我可以从工作中发现自己的优势					
7	我可以从工作中学习如何与不同的人相处					
8	我可以从工作中学习很多直接经验					
9	工作扩大了我的社会交往范围					
10	工作增加了我与他人的接触机会					
11	工作能让我结识更多的朋友					
12	工作带给我的社交机会对我来说很重要					
13	我希望通过努力工作得到更好的职位					
14	我期望通过工作获得更好的待遇					
15	我期望通过工作提高我的生活水平					
16	我能够从工作中获得满足感					
17	我喜欢具有适度挑战性的工作					
18	我想通过自己的努力工作来完成一定的目标					
我认为自己在工作中能够做到……						
19	在计算机的帮助下进行快速写作					
20	尽量使用简洁的语言表达自己的看法					
21	避免过多谈论自己的话题而留有足够的时间倾听对方的意见					
22	我会选择合适的时间和方式与他人交谈					
23	站在对方的立场上思考问题而不立即对他说的话做出评价					
24	在以任何形式交流我的观点之前，我会先考虑对方的情况					
25	了解并遵守组织或团队的行为规范					
26	合理地安排工作和生活					
27	通过积极的方式发泄情绪和降低挫折感					
28	反思工作或生活里的经验与教训					
29	知道自己的优点和缺点					
我现在能为维基百科、科学松鼠会或者知识共享组织工作，是因为……						
30	当我遇到困难的时候能从这里获得帮助					
31	组织关心我的福利					
32	我的同事对我的工作有帮助					

续表

题项		完全符合	比较符合	基本符合	基本不符合	完全不符合
		5	4	3	2	1
33	组织关心员工的个人发展					
34	在组织里我和其他同事受到公平的对待					
35	组织重视员工所做的贡献					
36	我熟悉组织的名称和标识					
37	我了解组织的工作性质和组织使命					
38	我喜欢组织的工作方式					
39	我认为组织的社会知名度很高					
我认为……						
40	我在努力做好自己的工作					
41	我的工作对组织的发展有帮助					

第三部分　意见征询

请在您认为准确选项后的“□”中画“√”。

6．目前这份工作是您的正式工作吗？

A．是□

B．不是□

7．您认为下列哪些因素会对维基媒体基金会、哈赛科技传播中心或知识共享组织的发展产生重要影响？（可多选）

A．社会的公益文化□

B．人们对这类组织的广泛需求□

C．科学技术的发展□

D．法律法规的完善□

E．资金支持□

F．社会成员的受教育水平□

8．您认为下列哪一种筹资渠道是中文维基百科、科学松鼠会和知识共享组织现在最需要的？（单选）

A．政府资助□

B．私人资助□

C．有偿服务□

D．会员费□

问卷到此结束，再次感谢您的配合与支持！

附录 7　专家访谈问卷

尊敬的专家 / 教授：

您好！

我现在正在进行一项关于知识传播的学术性问卷调查，非常希望您能够抽出宝贵的时间帮助我完成。感谢您的支持与配合！

基于互联网的知识传播组织是指以互联网为依托，以促进知识的自由传播和获取为使命，不以营利为目的的公益型组织，如维基百科。这类组织属于网络空间里的公共组织，具有非营利性、志愿性、公益性等特征，它们的出现对于知识传播起到了很好的推动作用。本次调查问卷的目的是征询您对影响这类组织的外部环境因素的看法和建议。

请在您认为具有重要影响的因素后的“□”中画“ √ ”(可多选)。

A. 社会的公益文化□

B. 人们对这类组织的广泛需求□

C. 网络技术的发展□

D. 法律法规的完善□

E. 政府资助□

F. 网络志愿者□

G. 有偿服务□

H. 私人资助□

I. 社会发展水平□

J. 社会总体上的教育水平□

如果您有其他的看法和建议，请在此处注明：

____

____

再次感谢您的支持和帮助，谢谢！